社会消防安全教育培训系列教材

Xiaofang Anquan Guanli

消防安全管理

《社会消防安全教育培训系列教材》编委会　编著

中国环境出版集团 · 北京

图书在版编目（CIP）数据

消防安全管理 / 《社会消防安全教育培训系列教材》编委会编著. — 北京：中国环境出版集团，2014.1（2023.2重印）
社会消防安全教育培训系列教材
ISBN 978-7-5111-1671-0

Ⅰ. ①消… Ⅱ. ①社… Ⅲ. ①消防－安全管理－中国－安全培训－教材 Ⅳ. ①D631.6

中国版本图书馆CIP数据核字(2013)第292056号

出 版 人 武德凯
责任编辑 丁莞歆 顾芮冰
责任校对 唐丽虹
装帧设计 彭 杉

出版发行 中国环境出版集团
（100062 北京市东城区广渠门内大街16号）
网 址：http://www.cesp.com.cn
电子邮箱：bjgl@cesp.com.cn
联系电话：010-67112765（编辑管理部）
010-67147349（第四分社）
发行热线：010-67125803，010-67113405（传真）
印 刷 玖龙（天津）印刷有限公司
经 销 各地新华书店
版 次 2014年1月第1版
印 次 2023年2月第5次印刷
开 本 787×1092 1 / 16
印 张 16.75
字 数 385千字
定 价 59.00元

社会消防安全教育培训系列教材

编委会

前　言

为了预防和减少火灾事故的发生，提高社会各单位消防安全意识，帮助社会各单位切实履行消防安全职责，依据《中华人民共和国消防法》、《机关、团体、企业、事业单位消防安全管理规定》、《建筑消防设施的维护管理》等有关消防法律法规和技术标准，结合重庆市消防工作实际情况，编写本教材。

编写本教材主要是要使培训对象熟悉消防法律、法规、规章和有关标准，知晓消防工作法定职责，掌握消防安全基本知识和消防安全管理基本技能，提高检查消除火灾隐患、组织扑救初起火灾、组织人员疏散逃生和消防宣传教育培训能力。本教材还附录了《中华人民共和国消防法》、《机关、团体、企业、事业单位消防安全管理规定》、《建筑消防设施的维护管理》等消防法律法规和技术标准，供大家学习参考。

本教材力求通俗易懂，集知识性、适用性和可操作性于一体，适合于各类机关、团体、企业、事业单位的消防安全责任人、管理人学习使用，既可做为培训教材，也可做为自学读本，定会对学习和掌握消防安全知识起到积极的作用。

本教材由刘梅梅、谢添、张剑军、查红海、蹇子平、肖璐、祝飞、薛宇丰、邢佳佳、杨灿剑、张媛等同志编写，庞钧、李伟民修订，周崇敏审定。由于时间仓促，作者水平有限，编写中存在不足之处，敬请广大读者指正。

目 录

第一章

消防安全管理

Xiaofang Anquan Guanli

第一节　消防安全管理概述

一、消防安全管理的概念

消防安全管理是指社会上一切组织及个人自觉遵守消防法规，各负其责地对本单位内部的消防安全工作进行管理。社会上的一切组织包括各类企业、事业单位、社会团体、群众组织以及国家机关等。社会各单位内部的消防安全管理基本模式是：社会各单位遵循“谁主管、谁负责”原则，自觉遵守消防法律法规，全员参与消防工作，自我管理，各负其责。

二、消防安全管理的特征

消防安全管理具有以下几个特征。

1. 全方位性

从消防管理的空间范围上看，消防管理活动具有全方位性的特征。在生产和生活中，可燃物、助燃物和着火源可以说是无处不在，凡是有用火的场所，凡是容易形成燃烧条件的场所，都是容易造成火灾的场所，也就是消防管理活动应该涉及和到位的场所。

2. 全天候性

从消防管理的时间范围上看，消防管理活动具有全天候性的特征。人们用火的无时限性，形成燃烧条件的偶然性，决定了火灾发生的偶然随即性，这就决定了消防管理活动在每一年的任何一个季节、月份、日期以及每一天的任何时刻都不应该放松警惕性。

3. 全过程性

从某一个系统的诞生、运转、维护、消亡的生存发展进程上看，消防管理活动具有全过程性的特征。如某一个生产装置系统，从计划、设计、制造、储存、运输、安装、使用、保养、维修直到报废消亡的整个过程中，都应该实施有效的消防管理活动。

4. 全员性

从消防管理的人员对象上看，消防管理活动具有全员性的特征。消防管理的人员对象是不分男女老幼的。

5. 强制性

从消防管理的手段上看，消防管理活动具有强制性的特征。因为火灾的破坏性很大，所以必须严格管理，处罚（包括行政处分、行政处罚、刑事处罚）不严格，不足以引起人们的高度重视。

三、消防安全管理的要素

消防安全管理的要素，主要包括消防安全管理主体（研究“谁来管”的课题）、消防安全管理的对象或资源（研究“管什么”的课题）、消防安全管理的依据（研究“根据什么来管”的课题）、消防安全管理的原理（研究“怎样管好”的课题）、消防安全管理的方法（研究“如何管”的课题）、消防安全管理的目标（研究“为什么管”的课题）六大方面。

（一）消防安全管理主体

《机关、团体、企业、事业单位消防安全管理规定》第四条明确规定，法人单位的法定代表人或非法人单位的主要负责人是本单位的消防安全责任人，对本单位的消防工作全面负责。他们是本单位内部消防安全管理工作的管理主体，又是人民政府及其公安机关消防机构对社会各单位实施消防行政管理工作的管理对象。

（二）消防安全管理对象

消防安全管理对象亦称消防安全管理资源，主要包括人、财、物、信息、时间、事务六个方面。

1. 人

人是指消防安全管理系统中被管理的人员。人是消防管理活动中最重要的对象或资源。因为任何的消防管理活动都需要人去参与和实施。

2. 财

财是指用于消防管理系统正常运转的经费开支。消防经费的开支应与经济增长速度相适应，以往欠账过多的城市消防基础设施，应力求多投入，以造福于子孙后代。

3. 物

物是指消防管理系统中的建筑设施、机器设备、物质材料、能源等。物是应严格控制的消防管理对象，也是消防技术标准所要调整和需要规范的对象。例如，可燃和助燃的原材料、半成品、成品等，引起火灾的能量来源即着火源，机器设备的故障，建筑设施的不安全因素等都是应该严格控制的对象物。在消防监督检查中，应检查可燃物、助燃物、着火源的不安全因素，控制系统中的物质流、能量流，使之正常流动，尽量避免形成燃烧的条件，尽量减少或消除火灾蔓延的条件。

4. 信息

信息是指开展消防管理活动的文件、资料、数据、消息等。信息是通过文字、图像、符号、颜色、声、光等载体在系统中进行传递的。信息流也是系统正常运转的流通质，应充分利用系统中的安全信息流，发挥它们在消防管理工作中的作用。如厂区内张贴“严禁烟火”标志，公安机关消防机构向管辖单位发出《责令限期改正通知书》等，都是向系统传递安全信息流。

5. 时间

时间是指消防管理活动的工作顺序、工作程序、工作时限、工作效率等。消防管理活动应统筹安排各项工作的先后顺序，注意工作的时限或时效性，提高工作效率。如责令限期改正，单位应当在限期内及时整改，采取积极有效措施，消除隐患，预防火灾事故的发生。

6. 事务

事务（亦称事情）是指消防管理活动中的工作任务、工作职责、工作指标等。消防管理活动应针对工作任务设置工作岗位，并确定岗位工作职责，建立健全逐级岗位责任制，明确完成各项任务的工作指标或工作标准，尽可能对各项工作进行量化管理。

（三）消防安全管理依据

消防安全管理的依据主要包括法律政策依据和规章制度依据两大类。

1. 消防安全管理的法律政策依据

消防安全管理的法律依据是指消防安全管理活动中应遵循的各种法律、法规、规章以及技术标准等规范性文件。

在消防安全管理活动中，由于法律依据往往不健全或具有滞后性，所以还应该以党和国家制定的有关方针政策作为指导原则和依据。

2. 消防安全管理的规章制度依据

消防安全管理的规章制度依据是指社会各单位内部消防安全管理活动应遵循的适用于本单位的消防安全管理规章制度。即社会各单位根据本单位特点制定的适用于本单位消防安全管理的规范性文件。

（四）消防安全管理的科学原理

消防安全管理的科学原理亦称消防安全管理的基本原理，灵活运用消防安全管理的科学原理，其目的是实现消防安全管理活动的最优化，亦即高质量、高效率地调整各种消防管理资源（或对象）自身或它们相互之间的关系，以实现最佳的消防安全管理目标。

消防安全管理的科学原理主要包括：系统原理、整分合原理、反馈原理、能级原理、封闭原理、时空变化原理、动力原理、弹性原理、效益原理等。

（五）消防安全管理的科学方法

消防安全管理的科学方法是指消防安全管理主体对消防管理对象施加作用的基本方式或者是消防安全管理主体行使管理职能的基本手段。消防安全管理的科学方法通常分为基本方法和技术方法两大类。

① 消防安全管理的基本方法主要包括：行政方法、法律方法、行为激励方法、咨询顾问方法、经济奖惩方法、宣传教育方法等。

② 消防安全管理的技术方法主要包括：ABC 分类法、因果图分析法、PDCA 循环法、网络分析方法、科学决策方法、安全检查表分析方法、危险性预先分析方法、事故树分析方法、事件树分析方法、原因—后果分析方法、防火安全评价方法等。

（六）消防安全管理的最佳安全目标

消防管理的过程就是从选择最佳消防安全目标开始到实现最佳消防安全目标的过程。消防管理的最佳安全目标是指某系统在使用功能、运转时间、投入成本等已规定的条件下，火灾发生的危险性（火灾发生频率）和火灾造成的危害性（火灾人员死亡率、火灾人员负伤率、火灾经济损失率）为最小程度。

系统的使用功能通常有高低强弱之分，高科技尖端技术比一般民用技术的使用功能要强，高级宾馆或大型商场比一般居民住宅的使用功能要强。系统的运转时间通常有长短之分，设备系统的使用寿命或大检修周期的时间长短取决于设备系统的质量好坏，质量的好坏又取决于投入成本的多少。

通常，若某系统要求使用功能强、运转时间长，则投入成本就必然多，这就要求消防安全的投入成本也较多。例如，高级宾馆的客房因为使用功能较高，使用（运转）时间较长，投入成本也较多，因而消防安全的投入成本也应该较多，要求安装火灾自动报警装置。对于一个小的稻草堆垛来说，假设堆垛总价值为 10 元，不能为了“火灾事故为零”的消防安全口号，而得不偿失地投资 10 万元安装一套自动喷水灭火系统或专设一支消防队昼夜值班以备及时灭火。系统消防安全思想认为，世界上不存在绝对的消防安全场所，通常不能要求某一个城市或工厂永远也不发生火灾事故，在使用功能、运转时间、投入成本等规定条件下，只要是火灾发生的危险率和火灾造成的危害率减少到最低限度或社会公众所能允许的限度，即达到了最佳消防安全目标。

四、消防安全管理的基本原则

消防安全管理的基本原则是指从事消防安全管理活动应遵循的指导性方针或准则。

（一）方向性原则

全社会消防安全管理的总体目标是预防火灾和减少火灾危害，着力构建火灾防控体系，维护公共安全，保障经济社会发展和人民群众生命财产安全。消防管理工作的方向性原则是指为了达到全社会消防安全管理的总体目标，在政治上和业务上应该遵循的指导方针。

1. 政治上的方向性原则

政治上的方向性原则是指坚持四项基本原则，服务于经济建设的中心任务，服从于党在各个时期的总任务。当前，我国已进入“全面建设小康社会，开创中国特色社会主义事业新局面”的新阶段，消防安全管理要服务、服从于这一中心任务，确保安全，为经济建设和改革开放构筑安全环境。

2. 业务上的方向性原则

业务上的方向性原则是指坚持“预防为主，防消结合”的消防工作方针。在实际工作中做到把预防火灾的工作摆在主要位置上，落实各项防火技术措施和管理措施，从根本上和源头上尽可能地减少火灾的危险性和火灾的危害性；另外，还要把防火工作和灭火工作有机地结合起来，即在做好防火工作的同时，大力加强灭火准备工作，做好灭火值勤备战工作。

（二）法制性原则

法制性原则亦称依法管理原则，是指依照国家制定的消防法律、法规、规章、技术标准、规范性文件，对消防事务进行管理的原则。

（三）“谁主管、谁负责”的原则

“谁主管、谁负责”的原则简称“两谁”原则，是指谁主管该项工作，谁就对该项工作中的消防安全工作负责。

“谁主管、谁负责”原则的具体内容包括：

① 一个地区、一个系统、一个单位的消防安全工作要由本地区、本系统、本单位负责。

② 单位的法定代表人要对本单位的消防安全工作全面负责，是理所当然的防火负责人，是防火工作的第一责任人。

③ 分管其他工作的领导和各业务部门，对分管业务范围内的消防安全工作负责。

④ 车间、班组领导要对本车间、班组的消防安全工作负责。

⑤ 生产或工作岗位上的职工，应该对岗位上的消防安全工作负责，亦即坚持“谁在岗、谁负责”的原则。

“谁主管、谁负责”原则体现了各地区、各单位、各部门内广泛实行的责、权、利相统一的管理原则。通过贯彻落实“谁主管、谁负责”原则，可以使各地区、各单位、各部门形成纵向层层负责，横向分头把关，纵横交错的消防安全管理网络。

（四）科学性原则

科学性原则是指在消防管理活动中，严格遵循科学规律，善于运用消防科学知识体系和现代化技术装备，不断提高消防管理的科学化、现代化水平。

（五）综合治理原则

综合治理原则是指在消防管理大系统中，充分发挥各方面管理主体的作用，利用各种手段，从各个方面对整个大系统的消防工作进行系统全面的管理和整治。

社会各企事业单位、机关、团体等法人代表作为本单位的第一防火负责人，应切实负责本单位消防工作的微观管理，把消防工作纳入本单位的生产、建设、设计、施工、科研、经营、管理之中。消防工作应该同公安机关的“四防”工作即防火、防盗、防破坏、防灾害事故等工作紧密联系起来，互相支持、互相配合。

五、消防安全管理的基本方法

（一）行政方法

行政方法指依靠行政（包括国家行政和内部行政）机构及其领导者的职权，通过强制性的行政命令，直接对管理对象产生影响，按照行政组织系统来进行消防管理的方法。例如，企事业单位向消防保卫人员发布命令、指示等都是运用行政方法。

行政方法的优点是，对于单位内部的行政管理系统来说，有利于统一指挥、统一步调。单位内部的行政管理过程中，可以实施经济奖惩和政纪处分手段来达到管理目标。

行政方法的缺点是要求行政管理机构的层次不能过多。管理层次过多，不便于分权，各部门信息沟通比较困难，不利于发挥各管理层次机构的积极性。

行政方法可与法律方法、宣传教育方法、经济奖惩方法等结合起来使用，这样可弥补行政方法的某些缺点。其他管理方法的运用，通常也需要依靠行政方法去推行。

（二）法律方法

法律方法是以国家制定的法律、行政法规、行政规章等所规定的强制性手段，来处理、调解、制裁一切违反消防安全的行为的消防管理方法。

运用行政方法可以认为是“人治”，运用法律方法则是“法治”，我国的社会主义市场经济，要求社会大系统的管理包括消防管理必须逐步由“人治”转变成“法治”，因此，消防管理的法津方法将越来越重要。

（三）经济奖惩方法

经济奖惩方法是指利用经济利益去推动消防管理对象自觉、自愿地开展消防工作的管理方法。

社会各单位尤其是企业单位的物质奖励包括安全生产单项奖、安全合理化建议奖、安全技术革新奖等，在企业消防安全管理工作中起到了重要作用。

社会各单位对于职工违反本单位规章制度的，可以采取扣发奖金、降低薪金等经济惩罚手段。另外，行政处罚中的罚款和刑事处罚中的罚金等也可以认为是涉及法律方法的经济惩罚。

在实施经济奖惩方法时，应该注意奖励和惩罚并用，幅度应该适宜，经济奖惩方法应该同其他管理方法相结合。

（四）咨询顾问方法

咨询顾问方法是指消防管理者借助专家的智慧进行分析、论证和决策的管理方法。

例如，对超过100米的超高层建筑进行消防审核时，没有国家技术规范和标准作为审核的依据，这时则需请有关专家进行分析、论证和决策。

对于消防工作可以开展咨询顾问服务的机构主要有：公安机关消防机构、专业研究机构、专业院校、国家和地方的消防协会、跨行业的各种学会或协会、某些社会消防中介组织等。

（五）宣传教育方法

消防管理工作中的宣传教育方法，就是指利用各种信息传播手段，向被管理者传播消防法规、方针、政策、任务和消防安全知识及技能，使被管理者树立消防安全意识和观念，激发正确的行为，去实现消防安全目标的管理方法。

（六）行为激励方法

行为激励是指设置一定的条件和刺激，使人的行为动机激发起来，以有效地达到行为目标。

行为激励的运用方式包括：

① 竞争激励方式。指管理者通过优胜劣汰竞争手段来调动被管理者积极性的行为激励方式。竞争激励具有激发才智，催化潜能，调节个体同群体、同环境的关系的功能。在组织竞争活动时，要注意以下三点要求：竞争方向和目标要正确；竞争起点要平等；竞争结果要公正、公开和优化。

② 目标激励方式。指管理者通过设置一定的行为目标来调动被管理者积极性的行为激励方式。

③ 强化激励方式。指管理者通过奖惩手段来调动被管理者积极性的行为激励方式。

④ 反激励方式。指管理者通过“激将法”的手段，从反面来激励被管理者去做自己原来不愿做或不敢做的事情。运用时应该因人而定，根据具体情况而定，避免挫伤某些人的积极性。

⑤ 参与激励方式。指通过让被管理者参与管理活动，从而调动被管理者积极性的行为激励方式。运用时可采取组织全体成员或部分成员座谈讨论、礼贤下士地请教问题、建立会议制度、进行民意测验、书面或口头提建议等参与形式。

⑥ 兴趣激励方式。指根据被管理者的兴趣和爱好，来调动被管理者积极性的行为激励方式。运用时应该根据被管理者的兴趣、爱好、习性、气质、年龄、健康状况及对消防工作的心理反映，抓住他们的心理特征，积极发挥某些人的专长，建立和维持他们的工作热情和兴趣，消除或减少人为过失，激发他们对消防安全的重视程度，避免事故的发生。

⑦ 反馈激励方式。指定期或不定期地将工作进展情况反馈给管理对象，以增强成就感和信心，明确差距，更好地完成任务，以达到预期目标。

六、消防安全管理的重点

消防安全管理的重点包括：消防安全重点单位、消防安全重点部位、消防安全重点工种人员等。

（一）消防安全重点单位

《机关、团体、企业、事业单位消防安全管理规定》第十三条规定，下列范围的单位是消防安全重点单位，应当按照本规定的要求，实行严格管理：

① 商场（市场）、宾馆（饭店）、体育场（馆）、会堂、公共娱乐场所等公众聚集场所（以下统称公众聚集场所）。

② 医院、养老院和寄宿制的学校、托儿所、幼儿园。

③ 国家机关。

④ 广播电台、电视台和邮政、通信枢纽。

⑤ 客运车站、码头、民用机场。

⑥ 公共图书馆、展览馆、博物院、档案馆以及具有火灾危险性的文物保护单位。

⑦ 发电厂（站）和电网经营企业。

⑧ 易燃易爆化学物品的生产、充装、储存、供应、销售单位。

⑨ 服装、制鞋等劳动密集型生产、加工企业。

⑩ 重要的科研单位。

⑪ 其他发生火灾可能性较大以及一旦发生火灾可能造成重大人身伤亡或者财产损失的单位。

高层办公楼（写字楼）、高层公寓楼等高层公共建筑，城市地下铁道、地下观光隧道等地下公共建筑和城市重要的交通隧道，粮、棉、木材、百货等物资集中的大型仓库和堆场，国家和省级等重点工程的施工现场，应当按照本规定对消防安全重点单位的要求，实行严格管理。

消防安全重点单位加强自身的消防安全管理工作，预防群死群伤火灾的发生，是我国社会消防安全工作多年来形成的一条基本经验和行之有效的做法。为了科学、准确地确定消防安全重点单位，依据《消防法》，公安部对消防安全重点单位的范围作了界定。

（二）消防安全重点部位

《机关、团体、企业、事业单位消防安全管理规定》第十九条规定，单位应当将容易发生火灾、一旦发生火灾可能严重危及人身和财产安全，以及对消防安全有重大影响的部位确定为消防安全重点部位，设置明显的防火标志，实行严格管理。应该指出，消防重点部位不仅存在于消防重点单位中，而且还往往存在于非消防重点单位中。消防重点部位主要包括：

① 火灾危险性大的部位。如化工生产、喷漆、烘烤、熬炼、电焊、气焊等作业场所，化验室，木工房，汽车库，危险化学品仓库，液化石油气储配站和供应站，氧气站，乙炔气站，汽车加油站等。

② 发生火灾影响整个单位正常运转的部位和机要部位。如发电站、变配电所、通信设备机房、生产总控制室、微机房、档案室、图书资料室等。

③ 物资集中、发生火灾损失大的部位。如仓库、材料库、成品车间、使用存放先进技术设备的场所等。

④ 人员集中、发生火灾造成伤亡大的部位。如礼堂、俱乐部、食堂、托儿所、集体宿舍、医院病房等。

（三）消防安全重点工种人员

消防安全重点工种人员，是指从事具有较大火灾危险性和从事容易引发火灾的岗位操作人员。加强对重点工种岗位操作人员的管理，是预防火灾的重要措施。

1. 消防安全重点工种的分类和火灾危险特点

（1）消防安全重点工种的分类。

消防安全重点工种根据不同岗位的火灾危险性程度和岗位的火险特点，可分为以下三级：

A 级工种是指引起火灾的危险性极大，在操作中不慎或违反操作规程易引起火灾事故的岗位操作人员。例如：从事可燃气体、液体设备的焊接、切割，超过液体自燃点的熬炼，使用易燃溶剂的机件清洗、油漆喷涂，液化石油气、乙炔气的灌瓶，高温、高压、真空等易燃易爆设备的操作人员等。

B 级工种是指引起火灾的危险性较大，在操作过程中不慎或违反操作规程容易引起火灾事故的岗位操作人员。例如：从事烘烤、熬炼、热处理，氧气、氨气等乙类危险品仓库保管等岗位的操作人员等。

C 级工种是指在操作过程中不慎或违反操作规程有可能造成火灾事故的岗位操作人员。例如电工、木工、丙类仓库保管等岗位的操作人员等。

（2）消防安全重点工种的特点

一是所使用的原料或生产的对象具有很大的火灾危险性，如乙炔、氢气生产、盐酸的合成，硝酸的氧化制取，乙烯、氯乙烯、丙烯的聚合等，这些生产岗位火灾危险性大，安全操作要求严格，一旦出现事故，将会造成不堪设想的后果；二是工作岗位分散，人员少，操作时间、地点灵活性大，如电工、电焊、切割工、木工等都是操作时间、地点不定、灵活性较大的工种。

2. 消防安全重点工种人员的消防安全管理

由于重点工种岗位具有较大的火灾危险性，因此，重点工种人员既是消防安全教育的重点对象，也是消防安全工作的依靠力量，必须加强对其管理，重点是：

① 提高专业素质和消防安全素质

重点工种人员上岗前，要对其进行专业培训，使其全面地熟悉岗位操作规程，系统地掌握消防安全知识，通晓岗位消防安全的“应知应会”内容。为达到这个要求，可采取如下管理办法：

① 实行持证上岗制度。对操作复杂、技术要求高、火灾危险性大的岗位作业人员，企业生产和技术部门应组织他们实习和进行技术培训，经考试合格后方能上岗。电气焊工、电工、锅炉工、热处理和消防控制室操作人员等工种，要经考试合格取得证书后才能上岗。

② 建立重点工种人员档案。为加强重点工种队伍的建设，提高重点工种人员的安全作业水平，应建立重点工种人员的个人档案，其内容既应有人事方面的，又应有安全技术方面的。对重点工种人员的人事概况以及事故等方面的记载，是对重点工种人员进行全面、历史的了解和考察的一种重要管理方法。这种档案有助于对重点工种人员的评价、选用和有针对性地再培训，有利于不断提高他们的业务素质，所以，要充分发挥档案的作用，作为考察、评价、选用、撤换重点工种人员的基本依据；档案记载的内容，必须有严格手续。安全管理人员可通过档案分析和研究重点工种人员的状况，为改进管理工作提供依据。

③ 抓好重点工种人员的日常管理。要定期组织重点工种人员的技术培训和消防知识学习，并制订切实可行的学习、训练和考核计划，研究和掌握重点工种人员的心理

状态和不良行为，帮助他们克服吸烟、酗酒、上班窜岗、闲聊等不良习惯，不断改善重点工种的工作环境和条件，并将改善工作环境的工作纳入企业规划。

② 制定和落实岗位防火责任制度

建立重点工种岗位责任制是企业消防安全管理的一项重要内容，是企业责任制度的组成部分。建立岗位责任制的目的是使每个重点工种岗位的人员都有明确的职责，建立起合理、有效、文明的安全生产和工作秩序，消除无人负责的现象。重点工种岗位责任制要同经济责任制相结合，并与奖惩制度挂钩，有奖有惩，以使重点工种人员更加自觉地担负起岗位防火安全的责任。

3. 重点工种岗位的防火要求

（1）焊工

① 焊工未经学习和考核，无操作证，不能进行焊接和焊割作业。

② 盛装过易燃液体或气体的设备，未经彻底清洗和分析，不得动焊。

③ 有负有压力的管道、气瓶（罐、槽）不得进行焊接作业。

④ 对靠近木板墙、天棚、木地板以及通过板条抹灰墙时的管道等金属构件，不得在没有采取防火安全措施的情况下进行焊割和焊接作业。

⑤ 电气焊作业现场周围的可燃物以及高空作业时地面上的可燃物必须清理干净，或者施行防火保护。

⑥ 焊接管道和设备时，必须采取防火安全措施。

⑦ 需要焊接输送汽油、原油等易燃液体的管道时，通常必须拆卸下来，经过清洗处理后才可进行作业；没有绝对措施，不得带液焊接。

⑧ 焊接作业完毕，应检查现场，确认没有遗留火种后，方可离开。

⑨ 在火灾危险较大的场所从事电、气焊作业，必须按动火审批制度的规定办理动火作业许可证。

⑩ 在有火灾危险的场所进行焊接作业时，现场应有专人监护，并配备一定数量的应急灭火器材。

（2）电工

① 必须持有关部门核发的安全操作证上岗操作。

② 要按照有关规范安装检修电气线路和电器设备；安装和修理电气设备，必须由电工进行。

③ 要经常检查电气设备运行情况，对超负荷和擅自加大熔断器容量等隐患，及时向有关部门提出整改意见。

④ 需要设临时线路时，必须经有关部门批准后，方可架设临时线，在架设时要注

意安全。

⑤ 变电所要保持清洁，不准堆放杂物和可燃物。电闸箱周围、附近以及箱内要保持清洁，不准堆放其他物品。

⑥ 要根据电器设备容量大小决定保险丝的型号，在选择保险丝时，其熔断电流应等于额定电流的 1.5 ～ 2 倍为宜。

⑦ 值班人员不准擅离职守，交接班要有手续。要积极主动向用电人员宣传安全用电常识，制止违章用电行为。

⑧ 要掌握排除一般电气故障的方法，并能使用灭火器扑灭电气火灾，扑救电气设备火灾，首先切断电源，在带电情况下，可用二氧化碳和干粉灭火器扑救，但应注意不要让身体的任何部分接触带电体，并注意通风，断电后与其他火灾的扑救方法相同。

（3）仓库保管员

① 保管员必须坚守岗位，尽职尽责，严格遵守仓库的入库、保管、出库、交接班等各项制度。

② 保管员不得在库房内吸烟和使用明火，对外来人员要严格监督，防止将火种和易燃品带入库内。

③ 保管员应熟悉和掌握所存物品的性质，并根据要求进行储存和操作。

④ 易燃易爆危险物品要按类、项标准和特性分类存放，贵重物品要与其他材料隔离存放，进入储存易燃易爆危险物品库房的人员不得穿带钉鞋和化纤衣服，搬动物品时要防止摩擦和碰撞，不得使用能产生火星的工具。

⑤ 对爆炸品、剧毒品，要执行双人保管、双本账册、双把门锁、双人领发、双人使用的“五双”制度。

⑥ 库房内不准超量储存，应留有主要通道和检查堆垛的通道，垛与垛和垛与墙、柱、屋架之间应有规定的防火间距。

⑦ 经常检查物品堆垛、包装，发现洒漏、包装损坏等情况时应及时处理，并按时打开门窗或通风设备进行通风。

⑧ 遇水或受潮能发生化学反应的物品，不得露天存放或存放在低洼易受潮的地方；遇热易分解自燃的物品，应储存在阴凉通风的库房内。

⑨ 下班前，应仔细检查库房内外，拉闸断电，关好门窗，上好门锁。

⑩ 保管员应熟悉、会用库内的灭火器材、设施，并加强维护保养，使其完整好用。

七、消防档案建设

建立消防档案是保障单位消防安全管理工作以及各项消防安全措施落实的基础工

作。通过档案对各项消防安全工作情况的记载，可以检查单位相关岗位人员履行消防安全职责的实施情况，强化单位消防安全管理工作的责任意识，有利于推动单位的消防安全管理工作朝着规范化、制度化的方向发展。

（一）建立消防档案的范围

根据《机关、团体、企业、事业单位消防安全管理规定》的有关规定，消防安全重点单位应当建立健全消防档案；其他单位应当将本单位的基本概况、公安消防机构填写的各种法律文书及与消防工作有关的材料和记录等统一保管备查。

（二）消防档案的主要内容

消防档案应当包括消防安全基本情况和消防安全管理情况，消防档案应当翔实，全面反映单位消防工作的基本情况，并附有必要的图表，根据情况变化及时更新。

1. 消防安全基本情况

消防安全基本情况应当包括以下内容：

① 单位基本概况和消防安全重点部位情况。

② 建筑物或者场所施工、使用或开业前的消防设计审核、消防验收以及消防安全检查的文件、资料。

③ 消防管理组织机构和各级消防安全责任人。

④ 消防安全制度。

⑤ 消防设施、灭火器材情况。

⑥ 专职消防队、义务消防队人员及其消防装备配备情况。

⑦ 与消防安全有关的重点工种人员情况。

⑧ 新增消防产品、防火材料的合格证明材料。

⑨ 灭火和应急疏散预案。

2. 消防安全管理情况

消防安全管理情况应当包括以下内容：

① 公安消防机构填写的各种法律文书。

② 消防设施定期检查记录、自动消防设施全面检查测试的报告以及维修保养的记录。

③ 火灾隐患及其整改情况记录。

④ 防火检查、巡查记录。

⑤ 有关燃气、电气设备检测（包括防雷、防静电）等记录资料。

⑥ 消防安全培训记录。

⑦ 灭火和应急疏散预案的演练记录。

⑧ 火灾情况记录。

⑨ 消防奖惩情况记录。

上述规定中的第②、③、④、⑤项记录，应当记明检查的人员、时间、部位、内容、发现的火灾隐患以及处理措施等；第⑥项记录，应当记明培训的时间、参加人员、内容等；第⑦项记录，应当记明演练的时间、地点、内容、参加部门及人员等。

单位应在消防安全自我评估、消防设施维护保养和消防安全责任人、管理人确定或变更后五日内向当地公安机关消防机构备案，其中消防安全自我评估每季度备案一次，消防设施维护保养每月备案一次。

（三）建立消防档案的基本程序

1. 组织学习，统一方法

首先，学习有关的文件、法律、法规，明确建档的目的、意义、基本原则以及建档的工作任务。其次，加以训练，了解消防档案的基本格式，熟悉各项要求，学会填写的方法，明确应注意的事项。最后，拟订分期分批建立消防档案的工作计划及建档完毕后进行检验验收的标准、方法、措施。

2. 调查研究、收集资料

在调查研究时，采取多种多样的方法收集资料，一般可以从如下几个方面去收集资料：

① 单位的图纸资料。如单位的总平面图、建筑竣工图、电气设备安装的线路图及资料；室内、室外消防给水系统图及资料；消防器材装备的配置及位置图，以及维修保养的情况记录；火灾自动报警、自动喷淋设备的位置图、线路图以及管理、使用的情况及生产工艺流程图等图纸资料。

② 工程建审、历次防火检查及火险隐患整改的原始记录资料。如防火检查表、火灾隐患整改通知书、火灾隐患整改报告、重大火灾隐患整改的会议纪要等资料。

③ 其他有关的消防工作资料。如重点单位的消防工作计划、总结评比、会议纪要、应急预案等资料。

3. 分类整理、装订立卷

（1）分类

根据消防档案材料的来源、产生时间、内容和形式上的异同分门别类，构成有机的体系，有条理地反映重点单位的防火工作情况。如有的单位的消防档案将材料归类分成 13 个方面：基本情况；总平面图和灭火方案；防火安全委员会（领导小组）成员、专（兼）职防火干部；专职（义务）消防队成员；重点部位情况；仓库情况；电气设施情况；火险隐患登记；特殊工种操作人员消防培训情况；防火安全制度；火灾登记；

消防工作奖励记录；防火工作记事。

（2）整理

是指对收集来的大量资料，需要进行系统的、科学的编排，如不经过科学的整理，便不能条理地、系统地显现出来，在资料“海洋”里，查找一份资料就好似“大海捞针”，不便于系统地查考研究，就会影响和失去它的利用价值。因此，档案必须科学地整理，才能使它有机地联系起来，及时系统地提供出来为防火工作服务。“清理”也包括对案卷的加工整理的含义。案卷的加工整理工作有：确定装订线、为案卷内资料编顺序号、填写案卷资料目录、填写消防档案封面等各项工作。

① 编页数顺序号。图幅及文字资料材料应当一张编一个号。筒子页和双面印刷页应编两个号、折叠页只编一个号。编号位置在材料的左上角，折叠页应编在折叠的右上角，筒子页和双面印刷页应分别编在右上角和左上角。

② 编卷内目录。卷内目录是保管消防档案的资料的清单。卷内目录格式见表 1-1 所示。

③ 编消防档案封面。消防档案封面主要栏目：单位名称、隶属部门、建档日期、档案号、密级等。

表 1-1　消防档案目录

编号	名称	件数	页数
1	基本情况		
2	总平面图和灭火方案		
3	防火安全委员会（领导小组）成员、专（兼）职防火干部		
4	专职（义务）消防队成员		
5	重点部位情况		
6	仓库情况		
7	电气设施情况		
8	火险隐患登记		
9	特殊工种操作人员消防培训情况		
10	防火安全制度		
11	火灾登记		
12	消防工作奖励记录		
13	防火工作记事		

（3）立卷

是指视档案资料的多少和资料内容等不同情况，分别装成正卷和副卷。

（4）装订

是指通过分类整理对资料进行拆订、加边、修复、取齐，然后将资料装订成案卷。

4. 制作索引，登记存档

“索引”是将消防档案名称分析著录成条目，按一定顺序排列，标明它在档案中的出处的一种检索工具。制作索引就是制作档案索引。它是建档的技术工作之一，是开展档案资料利用工作的前提。由于消防监督部门和单位所保存的消防档案数量较少，制作索引一般可用卡片式和收本式（簿式）两种形式。“登记”就是对消防档案的收入、保管等情况，通过簿、册等形式加以记载，以揭示档案数量和状况，它是维护档案的完整与安全的必要手段之一。“存档”是指收进档案库（柜）内，上架排列保管，以便利用。

（四）消防档案的管理与使用

消防档案的管理与使用归纳起来，可用48个字概括：统一要求，各有侧重；集中保管，方便使用；定期清理，及时补充；随时查阅，找出问题；综合分析，提出措施；管好用活，注意保密。

1. 统一要求，各有侧重

“统一要求”是指依照重点单位消防安全“十项标准”规定要求而建立的消防档案，不管是消防监督部门管理的档案，还是单位内部管理的档案，都要求各自统一登记保管，建立档案索引和借阅登记簿，有档案材料收发、借阅手续。对档案材料应妥善保管，注意保密，严防丢失。无关人员不得翻阅和摘抄，绝不允许别的部门拆装涂改。档案要用比较牢固的柜子存放，注意防火、防盗、防潮、防虫、防腐蚀。在装订档案时，要剔除材料上的金属物。破损的材料应及时裱糊修补。

“各有侧重”指在消防档案材料中重点单位的基本情况、消防组织、各种消防安全制度和贯彻执行情况等材料统一制作（一式两份）外，其他档案材料的收集、整理、消防监督部门、重点单位应各有侧重。消防监督部门收集入档的材料，主要侧重于具有法律效力的各种处理结论和批示手续、评审材料、调查证明材料等有据可查、能说明问题，并可被提供使用的材料及消防监督部门内部制作、填写的各种登记表、呈报表，以及平时积累的材料和其他需要留作参考等只限内部使用的材料。重点单位收集入档的材料主要侧重于单位的消防工作计划、总结、评比、会议纪要、单位内存在的火灾隐患和整改记录（包括整改火灾隐患的会议记录、整改火灾隐患的书面请示报告等）、各类图纸材料（包括室内、室外消防供水系统图及资料、电气设备安装的线路及资料、工艺流程图等）、应急预案等材料。

2. 集中保管，方便使用

消防档案的管理要求是：集中保管，方便使用，克服档案分散管理、各自为政所造成的种种局限性，最大限度地发挥档案的作用。防火档案集中保管之后，既使档案存放更安全，又方便了使用。

3. 定期清理，及时补充

随着时间的推移，消防档案中的材料逐步增多，有些材料会失去保存价值。因此，对档案要定期进行清理。有用的材料，归纳综合，继续保存。确已失去保存价值需要销毁的材料，应按文书档案的管理规定办理。保管期限，基本上可以分为两种：永久保存和定期保存（包括短期和长期）。永久保存的，主要是由单位工作形成的，记述和反映本单位工作的，对工作查考、经验总结和科学研究具有长远利用价值的重要文件。定期保存的，主要是指在一定时期内具有查考作用的文件，保管期满后就可销毁。定期保存的年限，习惯上一般分为3年、5年、10年、15年、30年、50年等。根据档案管理期限表确定保管期限的档案，其保管期限并不是永远不可变动的；已确定永久保存的档案，其保管期限也不是永远不可变动的。已确定永久保存的档案，经过长期保存后，确认无继续保存价值时，可以挑出来销毁，但必须经过严格的批准手续；定期保管的档案，待保管期满，认为尚有继续保存的必要时，也可重新确定其保管期限。

4. 随时查阅，找出问题

“随时查阅”是指单位在防火检查准备阶段、追查火灾原因、总结单位经验、评价单位消防安全状况、考察安全干部工作能力和业务水平等工作时，可随时查阅档案材料。要求：一是掌握和熟悉重点单位的情况，做到心中有数，情况准备无误；万一发生火灾，为火场灭火指挥提供情况。二是为追查火灾原因、分清事故责任、处理责任者提供佐证材料。三是方便总结推广单位的消防管理经验和方法。四是为考核安全干部的工作能力业务水平、评价单位消防安全状况提供考核材料和具体凭证。

通过查阅档案材料，也可以发现单位存在的问题，例如，将其同单位现实状况进行对比，从消防管理方面、火源电源管理方面、单位布局和建筑方面、生产工艺和生产过程方面找出不安全因素和隐患以及消防管理中的薄弱环节。

5. 综合分析，提出措施

“综合分析”就是对查阅消防档案所发现的不安全因素、火灾隐患以及消防管理中的薄弱环节进行实地调查了解，将问题事实确定后，从问题形成的基础原因、直接原因、间接原因入手进行定性、定量分析。要全面综合分析论证，按照原因的作用、重要性和迫切性，分轻重缓急解决问题的顺序，设计出解决问题的具体步骤和方案。

“提出措施”是指问题原因查清后，有针对性地采取对策，消除隐患，防止火灾事故的发生。对于查证落实的不安全因素和隐患，提出的整改措施既要严格执行消防法律、法规、技术规范，又要考虑单位的性质、季节特点以及单位的经济承受能力等诸方面的因素。对于涉及单位多、问题复杂、不易解决的火灾隐患，通过政府或单位主管部门召开有关领导参加的协调会，研究整改措施。总之，提出整改措施，一是要客观准确；二是要有可操作性。例如，对电路过负荷的火灾隐患，应采取的措施是：第一，必须根据电路负荷的大小决定导线截面积大小。第二，减少线路上的用电设备，或根据需要换装供电容量较大的设备和导线，或者采取先后控制使用的方法，把用电时间调开，使线路不超过负荷。第三，每一电路都应安装与导线安全载流量相适应的保险器。

6. 管好用活，注意保密

“管好用活，注意保密”是消防档案管理与使用的一条总要求。它是整个消防档案工作的出发点和最终目的，是对消防档案各项管理工作的具体要求和衡量标准，制约着全部消防档案工作的各方面。一般来说，安全部门对消防档案采取集中保管、分散使用的原则进行管理和使用，要求管好用活档案，并注意保密，防止档案材料丢失、泄密。在管理和使用档案过程中，应特别注意处理好管理与利用的关系，不应片面强调保护档案，而不考虑利用档案的方便；同时也不能只迁就一时利用方便而不顾及档案的保护，影响档案的长远利用。

“管好”有三个方面的含义：一是从材料上要保证齐全，不能残缺不全。二是从质量上，要维护档案的有机联系和历史的真迹，不能割裂分散、零乱堆砌，不能涂抹勾画、剪裁，使档案失真。三是从物质上力求档案不遭受损害，尽量延长档案的寿命，在日常工作中注意保护档案，防止自然和人为的损坏。

“用活”就是利用档案时，充分发挥档案的作用，为了解情况、总结经验教训、研究问题、制定方针政策提供档案材料，为防火工作提供必要的条件。

“注意保密”就是保证档案的政治安全，档案机密不被盗窃、不丢失、不泄密。因此，对档案应严加保管，严格执行档案的存、保、借、还各项规定，解决好管好、用活、保密三者之间的相互关系，将保密工作自始至终贯穿于档案管理与发挥作用的全过程。

（五）消防电子档案

目前针对单位消防安全的电子档案主要是“户籍化”管理系统，该系统主要用于建立社会单位基本情况、建筑及消防设施、消防安全管理制度、消防组织机构及人员、消防工作记录等五大类消防安全基础档案信息库，提供消防安全管理人员、消防设施维护保养、消防安全自我评估三项消防安全报告备案功能，并提供“三色”预警、信息交流、在线学习考试、统计分析及内外网数据交换等功能，实现对社会单位消防安全状况的动态管理与监督。

1. 系统运行初期各项工作

① 新建账号。社会单位管理员根据消防机构提供的初始账号，登录消防安全户籍

化管理系统，为本单位其他系统使用人员创建账号并设置相应级别（用户级别分为系统管理员、数据管理员、数据查看员）信息。

② 完善并确认单位基本信息。进入单位基本信息查阅页面，对单位基本信息进行查阅确认工作，若存在信息有误或不完整的情况，可进行完善补充。

③ 设置消防安全制度。进入消防安全管理制度页面，单位根据实际情况勾选相应制度，并报消防部门审核确认。单位可根据制度模板，制定本单位相关制度并录入系统。

④ 设置消防安全岗位职责。进入消防安全岗位职责页面，单位根据实际情况勾选相应岗位职责，并报消防部门审核确认。单位可根据岗位职责模板，制定本单位相关岗位职责并录入系统。

⑤ 若本单位为建筑管理单位则可完善和确认本单位管理建筑的情况。

一是完善并确认建筑基本信息。对建筑基本信息进行查阅，若存在信息有误或不完整情况，则可对其进行完善，待确认无误后进行确定操作。

二是导入民用建筑历史数据为户籍化建筑。查阅本单位民用建筑历史数据，若该数据为单位目前管理建筑并尚未添加到户籍化建筑列表中，确认完善建筑信息后，将该民用建筑历史数据导入到户籍化建筑中。

三是挂接民用建筑历史数据到相应的户籍化建筑。查阅本单位民用建筑历史数据，若该数据为单位目前管理建筑并已添加到户籍化建筑列表中，将该民用建筑历史数据与相应的户籍化建筑进行挂接。

四是添加户籍化建筑信息。

五是核对建筑的单位入驻情况。进入建筑入驻情况页面，核对建筑的单位入驻情况，对不正确或缺少的情况进行完善。

六是确认建筑设施信息。进入建筑设施维护页面，在相应的建筑设施类别下添加编辑相关设施信息。

七是完善建筑行政许可情况。进入建筑行政许可情况维护页面，添加建筑行政许可情况信息并上传相关文书扫描件。

⑥ 完善消防安全重点部位信息。进入消防安全重点部位信息维护页面，添加或完善消防安全重点部位信息。

⑦ 核对单位入驻情况。进入单位入驻情况页面，核对本单位的入驻情况。若缺少则添加单位入驻信息；若不正确则进行完善；若已搬离该建筑则进行搬离操作。

⑧ 管理维护消防安全管理人员信息。添加完善消防安全责任人、消防安全管理人、消控室操作人员、专兼职消防管理人员的相关信息，生成备案表，并报消防机构备案。

⑨ 管理维护企业维保合同信息。进入企业维保合同维护页面，添加单位维保合同

信息，并发送合同另一方进行确认，待合同双方确认后系统将自动报消防机构备案。

⑩ 完善单位开业前消防安全检查情况信息。若本单位为公众聚集场所的重点单位，添加完善开业前消防安全检查的行政许可情况信息并上传相关文书扫描件。

2. 每日工作

① 防火巡查。做好防火巡查工作并填写每日防火巡查记录，同时进入管理系统相应页面，填写每日防火巡查记录。

② 消防控制室值班。做好消防控制室每日值班工作并填写每日值班记录。进入管理系统相应页面，添加每日值班记录、值班情况信息、火灾报警器日常检查情况信息。

3. 每月工作

① 消防设施维护保养报告备案。做好每月消防设施维保工作，本月维护保养记录应在下月初的 5 日内向消防监督部门报告备案。进入设施保养备案列表页面，添加维护保养记录，并发送给消防监督部门备案。

② 消防安全自我评估的报告备案。做好每季度自我评估工作，并在每季度首月 5 日前完成单位自我评估工作，并报消防监督部门备案。进入自我评估列表页面，添加上季度自我评估情况，并提交备案。

4. 其他日常工作

① 单位消防安全管理人员变更。单位消防安全管理人员变更后，编辑或添加相关人员信息，并报消防部门报告备案。

② 维保合同到期或更换维保企业。当维保合同到期或变更维保企业后，添加单位新的维保合同信息，并发送合同另一方进行确认，待合同双方确认后系统自动报消防机构备案。

③ 定期组织员工进行消防安全户籍化在线考试。

④ 火灾隐患整改情况信息录入。消防部门下达责令改正通知书中的火灾隐患 , 单位整改后，进入火灾隐患整改情况页面，进行整改。

⑤ 消防设施存在问题的火灾隐患整改信息录入。在单位建筑消防设施维护保养结论不合格的情况下，进入火灾隐患整改列表，对维保不合格进行整改，填写检查及隐患情况记录，限定整改时限；整改完成后，填写整改结果。

第二节 消防安全责任制

多年来消防工作的实践证明，消防安全责任制是一项十分必要而且行之有效的火灾预防制度，也是落实各项火灾预防措施、制度的重要保障。所以，《消防法》第二条规定，消防工作实行消防安全责任制。消防安全责任制就是要求各级人民政府、各机关、团体、企业、事业单位和个人在经济和社会生产、生活活动的消防工作中依照法律规定各负其责的责任制度。因此，各级人民政府、各地区、各部门、各行业、各单位以及每个社会成员都应当努力学习消防法律、法规和规章，不断增强消防法制观念，提高消防安全意识，切实落实本地区、本部门、本单位的消防安全责任制，认真履行法律规定的防火安全职责。

一、消防安全责任制的由来与发展

实行消防安全责任制是我国经济体制改革和社会发展的需要。党的十一届三中全会以后，随着改革开放政策的实施，社会主义计划经济建设逐步向市场经济转变，国有、集体、外资、股份、私营等企业不断涌现，而这些企业经济活动中都实行“独立核算、自主经营、自负盈亏”的政策，企业具有较大的独立性、自主性。政府对社会经济活动也由过去的统包、统揽、统管逐步向宏观调控方面转变。在这种情况下，给消防工作提出了新情况、新问题。如何做好适应社会经济发展的消防工作，各地结合本地实际做了一些有益的探索。1988 年 6 月，公安部消防局在天津召开全国消防监督管理工作现场会，总结推广了天津市实行消防工作“谁主管、谁负责”的经验。1991 年 6 月，公安部消防局又在河北省保定市召开了有 22 个省、自治区、直辖市公安厅（局）消防局（处）负责人参加的消防监督工作座谈会，进一步推进消防工作贯彻“谁主管、谁负责”原则的实施，消防工作实行责任制的思路基本形成。1995 年 2 月，国务院办公厅转发的公安部《消防改革与发展纲要》中提出了“实行各级政府防火安全责任制”的要求。2009 年 5 月，《消防法》第二条明确提出“实行消防安全责任制”的法律要求。

二、实行消防安全责任制的必要性

消防工作是一项社会性的工作，是社会主义物质文明和精神文明建设的重要组成部分，是发展社会主义市场经济不可缺少的保障条件。消防工作做得好或不好，直接关系到社会安定、政治稳定和经济发展，做好消防工作是全社会的共同责任，各级政府要负责，机关、团体、企事业单位要负责，每个公民要负责。

长期以来，一些地方和单位的消防安全责任制不明确、不具体、不落实，消防工作中存在的问题长期得不到解决，消防基础设施严重滞后于经济建设的发展；有的虽有人负责，但职责不清，责任不明，工作不落实，以致发生火灾事故。实践证明，哪里的消防工作责任明确，工作落实，哪里的消防事业就发展，火灾事故就减少；反之，消防事业就停滞不前，火灾事故就多，损失就大。因此，实行消防安全责任制，确定本单位和所属部门、岗位的消防安全责任人，既是法律对社会各单位的消防安全责任要求，也是各机关、团体、企业、事业单位做好自身消防安全工作的重要保障。只有这样，才能把消防工作落实到行动上，落实到具体工作中。

三、消防安全责任制的实现形式

依法履行消防安全责任制，不仅需要各级政府、各部门、各单位消防安全责任人对自己承担的防火安全工作责任明确，思想重视，付诸实施，而且要求建立一定的制约机制，保障消防安全责任制正常运行，强化消防安全责任制的落实。这种制约机制一般采取如下两种形式、三项措施。

两种形式：

① 签订消防安全目标责任状。就是将法律赋予单位或消防安全责任人的防火安全责任，结合本部门、本岗位的消防工作实际，化解为年度消防安全实现目标。在单位内部上下级之间，层层签订消防安全目标责任状。

② 进行消防安全责任制落实情况评估。就是按照级别层次，对消防安全责任制落实情况进行评估考核。可以定期组织社会有关专家对贯彻执行落实消防安全责任制的情况进行评估，作出评估结果，也可以由单位内部组织评估，督促消防安全责任制的落实。

三项措施：

一是要把责任状中规定的消防安全目标落实情况或评估结果，作为评价一个单位、一个部门或消防安全责任人的政绩依据之一。

二是要把责任状中规定的消防安全目标落实情况或评估结果，作为评比先进、晋升的条件，实行一票否决制。例如，对消防安全责任制不落实、重大火灾隐患整改不力或发生重大火灾的，不能评比先进，消防安全责任人不应晋级提升职务。

三是要把责任状中规定的消防安全目标落实情况或评估结果，作为奖惩的依据。对消防安全责任制落实，消防安全工作做得好的单位或个人，应给予荣誉的或经济的奖励，做得不好的应通报批评，扣发奖金或予以处罚。

只有通过这些形式或措施，才能强化消防安全责任制的落实，才能促使全社会都能自觉地规范自身的防火安全行为，履行消防安全职责，做好消防工作。

四、消防安全管理组织及其职责

（一）消防安全领导小组

单位可以建立消防安全领导小组全面负责本单位的消防安全管理工作。单位法定代表人或主要负责人是本单位消防安全工作的第一责任人，因此也应当担任消防安全领导小组的组长。消防安全领导小组是协助本单位消防责任人做好消防工作的智囊机构或参谋机构，成员应当包括本单位内各部门的消防安全责任人，从而形成一个自上而下、行之有效的消防安全管理的议事决策机构。

消防安全领导小组的主要任务是：

① 贯彻政府和上级有关部门关于消防工作的指示，研究本单位火灾形势，部署和协调各部门的消防工作，督促检查贯彻执行情况。

② 组织各部门或各行业开展季节性的防火安全宣传和检查活动，督促检查各部门、各单位落实消防安全责任制。

③ 督促有关部门和单位，整改火灾隐患，协助公安机关消防机构追查处理火灾事故。

④ 总结交流经验，表彰先进等。

（二）消防安全责任人

《机关、团体、企业、事业单位消防安全管理规定》第四条规定，法人单位的法定代表人或非法人单位的主要负责人是单位的消防安全责任人，对本单位的消防安全工作全面负责。

鉴于省级以上党委、人大、政府和政协机关的消防安全管理工作，通常由其机关事务管理机构负责。为此，需明确指出，省级以上党委、人大、政府和政协所属的机关事务管理部门的法定代表人或主要负责人是本单位的消防安全责任人，对本单位的消防安全管理工作全面负责。

《机关、团体、企业、事业单位消防安全管理规定》第六条规定，单位的消防安全责任人应当履行下列消防安全职责：

① 贯彻执行消防法规，保障场所消防安全符合规定，掌握本场所的消防安全情况，全面负责本场所的消防安全工作。

② 统筹安排生产、经营、科研等活动中的消防安全管理工作，批准实施年度消防工作计划。

③ 为消防安全管理提供必要的经费和组织保障。

④ 确定逐级消防安全责任，批准实施消防安全管理制度和保障消防安全的操作规程。

⑤ 组织防火检查，督促整改火灾隐患，及时处理涉及消防安全的重大问题。

⑥ 根据消防法规的规定建立专职消防队、志愿消防队，并配备相应的消防器材和装备。

⑦ 针对本场所的实际情况组织制定灭火和应急疏散预案，并实施演练。

（三）消防安全管理人

《机关、团体、企业、事业单位消防安全管理规定》第七条规定，单位可以根据需要确定本单位的消防安全管理人。消防安全管理人对单位的消防安全责任人负责，实施和组织落实下列消防安全管理工作：

① 拟订年度消防安全工作计划，组织实施日常消防安全管理工作。

② 组织制订消防安全管理制度和保障消防安全的操作规程，并检查督促落实。

③ 拟订消防安全工作的资金预算和组织保障方案。

④ 组织实施防火检查和火灾隐患整改。

⑤ 组织实施对本场所消防设施、灭火器材和消防安全标志的维护保养，确保其完好有效和处于正常运行状态，确保疏散通道和安全出口畅通。

⑥ 组织管理专职消防队、志愿消防队，开展日常业务训练。

⑦ 组织从业人员开展消防知识、技能的教育和培训，组织灭火和应急疏散预案的实施和演练。

⑧ 消防安全责任人委托的其他消防安全管理工作。

消防安全管理人应当定期向消防安全责任人报告消防安全情况，及时报告涉及消防安全的重大问题。未确定消防安全管理人的单位，前款规定的消防安全管理工作由单位消防安全责任人负责实施。

（四）消防工作归口管理职能部门

《机关、团体、企业、事业单位消防安全管理规定》第十五条规定，消防安全重点单位应当设置或者确定消防工作的归口管理职能部门，并确定专职或者兼职的消防管理人员；其他单位应当确定专职或者兼职消防管理人员，可以确定消防工作的归口管理职能部门。归口管理职能部门和专兼职消防管理人员在消防安全责任人或者消防安全管理人的领导下开展消防安全管理工作。

消防安全归口管理职能部门即指单位内的保卫部门（亦称保安部门）或安全技术部门等，是单位内负责消防安全工作的常设机构，也是消防安全委员会、消防安全领导小组的办事机构，同时也是单位消防安全责任人、消防安全管理人履行消防安全职责、抓好消防安全管理的职能部门。其主要职责包括：

① 组织贯彻落实国家和地方的消防法规以及本单位的消防安全管理规章制度。

② 掌握本单位的消防工作情况，收集和整理有关消防安全方面的信息，为领导决定提供可靠的资料。

③ 检查本单位的火灾隐患，制止违章作业，督促火灾隐患的整改工作。

④ 制订消防安全工作计划，修订消防安全管理规章制度，负责本单位日常的消防安全管理工作。

⑤ 负责消防设施器材的配置和维护管理工作。

⑥ 协助公安机关消防机构做好火灾现场保护和火灾事故调查工作。

⑦ 对在消防工作中成绩突出者和事故责任者以及违反消防安全管理规章制度者，提出奖惩意见。

⑧ 积极配合公安机关消防机构做好工作，及时汇报有关的消防安全工作情况。

⑨ 认真完成本单位消防安全委员会（或消防安全领导小组）、消防安全责任人、消防安全管理人布置的其他各项工作任务。

（五）逐级消防安全责任人

《机关、团体、企业、事业单位消防安全管理规定》第五条规定，单位应当落实逐级消防安全责任制和岗位消防安全责任制，明确逐级和岗位安全职责，确定各级、各岗位的消防安全责任人。

单位内各部门及岗位如各职能科室、生产车间及工段、班组等，应当确定一名主要领导人担任消防安全责任人。各部门和岗位，应当根据实际情况确定专职或兼职防火安全员若干人。防火安全员的职责主要是负责本部门或本岗位日常的防火安全检查，提出整改火灾隐患的建议，为本部门和本岗位消防安全责任人当好参谋和助手。

（六）专职消防队

《消防法》第二十八条规定，下列单位应当建立专职消防队，承担本单位的火灾扑救工作：

① 核电厂、大型发电厂、民用机场、大型港口。

② 生产、储存易燃易爆危险物品的大型企业。

③ 储备可燃的重要物资的大型仓库、基地。

④ 第一项、第二项、第三项规定以外的火灾危险性较大、距离当地公安消防队较远的其他大型企业。

⑤ 距离当地公安消防队较远的列为全国重点文物保护单位的古建筑群的管理单位。

专职消防队可由一个单位单独建立，也可以由几个单位联合建立。专职消防队的日常管理工作通常由本单位消防保卫部门负责。根据《消防法》的规定，专职消防队在消防业务上应当接受当地公安机关消防机构的指导，公安机关消防机构有权指挥调动专职消防队参加火灾扑救工作。

企事业单位专职消防队的任务主要是负责本单位的消防工作，但也负有支援公安消防部队扑救火灾的任务和扑救邻近单位、居民火灾的任务。其具体任务是：

① 拟订本单位的消防工作计划。

② 负责领导本单位内义务消防工作计划。

③ 组织防火班或防火员检查消防法规和各项消防制度的执行情况。

④ 开展防火检查，及时发现火灾隐患，提出整改意见，并向有关领导汇报。

⑤ 配合有关部门对本单位职工进行消防宣传教育。

⑥ 维护保养消防设施和器材。

⑦ 经常进行灭火技术训练，制订灭火作战方案，定期组织灭火演练。

⑧ 发现火灾立即出动，积极进行扑救，并向公安消防部队报告。

⑨ 协助本单位有关部门调查火灾原因，提出处理意见。

⑩ 配合公安消防部队参加灭火战斗。

（七）志愿消防队（员）

志愿消防队是以志愿人员为主，自愿、无偿从事灭火救援和群众性自防自救工作的志愿服务组织，具有鲜明的社会公益属性，是公安消防队和专职消防队的重要补充，在预防和扑救火灾方面发挥着积极作用。

1. 工作职责

志愿消防队应当自觉履行志愿服务承诺，在接到火灾报告、救援求助或地方政府、公安机关及消防部门的指令后及时提供力所能及的灭火救援服务，并在当地政府和有关部门组织指导下开展经常性的消防宣传教育培训、防火巡查检查等自防自救工作，不向被服务者收取报酬。

2. 建队主体

机关、团体、企业、事业等单位应当根据需要建立志愿消防队，或者组织志愿人员参与本单位专职消防队执勤。国家鼓励热心消防公益事业的个人组建民间志愿消防队。

3. 管理主体

组建志愿消防队的机关、团体、企业、事业等单位以及个人，是志愿消防队的管理主体，负责制订志愿消防队的组织章程、确定志愿消防队的管理人员、落实日常监管。

志愿消防队应当按照组织章程制定落实有关人员招募、教育训练、执勤管理、考核评价等方面的管理制度，建立志愿消防员服务档案。

4. 人员招募

单位可以在本单位员工中招募志愿消防员。招募对象应为具有初中以上文化程度的年满 18 周岁、身体健康、热心消防公益事业的本地常住人口。

5. 站舍装备

组建志愿消防队的单位和个人应当按照国家和地方的有关标准、规定，为志愿消防队提供消防车库、通信值班室、备勤室等业务用房和场地，根据当地火灾特点和扑救初起火灾需要配备适用的消防车、消防摩托车、机动消防泵等器材装备，为志愿消防员配备消防头盔、灭火防护服、消防手套、消防安全腰带、灭火防护靴、空气呼吸器、安全绳等基本防护装备，满足志愿消防员灭火救援时的个人安全防护需要。

6. 岗前培训

志愿消防队在招募人员后，应当组织志愿消防员免费接受岗前培训，培训合格后方可参加执勤。岗前培训包括基本训练和专业训练，基本训练包括职业道德、基础知识、体能训练等，专业训练包括熟悉灭火救援器材和个人防护装备的性能和基本使用方法。岗前培训的实施主体和具体内容、时间，由省或市级公安消防部门结合灭火救援员国家职业标准，本着简化实用的原则确定。鼓励志愿消防员取得与其岗位职责相适应的灭火救援员等国家职业资格证书。

7. 执勤模式

乡镇、街道志愿消防队应当将志愿消防员编组轮流值班备勤，每班至少 2 名队员在队值班，其他值班人员在单位或家庭备勤。接警后，在队值班人员应当迅速驾驶消防车辆、携带灭火救援装备出动，并以电话、广播等形式通知其他值班人员直接赶赴现场。村（居）民委员会、单位和个人组织的志愿消防队，可结合本地、本单位实际确定值班备勤模式。公安消防部门可根据需要调动志愿消防队参加灭火救援工作。

8. 业务指导

各级公安消防部门应当加强对志愿消防队的业务指导，协调有关部门就志愿消防队的组建管理、执勤训练、灭火救援、奖励表彰等提出指导性意见。区、县公安消防部门、公安派出所和乡镇、街道消防管理组织要定期对本辖区的志愿消防队进行检查指导，帮助解决实际困难，并每年组织开展志愿消防队业务竞赛和考核评比。

（八）法律责任

根据《刑法》第一百一十五条规定：“放火、决水、爆炸、投放毒害性、放射性、传染病病原体等物质或者以其他危险方法致人重伤、死亡或者使公私财产遭受重大损失的，处十年以上有期徒刑、无期徒刑或者死刑。

过失犯前款罪的，处三年以上七年以下有期徒刑，情节较轻的，处三年以下有期徒刑或者拘役。”

根据《刑法》第一百三十九条规定：“违反消防管理法规，经消防监督机构通知采取改正措施而拒绝执行，造成严重后果的，对直接责任人员，处三年以下有期徒刑或者拘役；后果特别严重的，处三年以上七年以下有期徒刑。”

根据《消防法》第六十七条规定，机关、团体、企业、事业单位违反《消防法》相关规定的，“责令限期改正；逾期不改正的，对其直接负责的主管人员和其他直接责任人员依法给予处分或者给予警告处罚”。

五、消防安全制度

（一）消防安全教育、培训制度

① 所有员工每半年进行一次集中消防安全培训并进行考试，培训时间为每年的3月份和11月份，培训的内容主要包括消防法律法规、单位消防安全管理制度和保障消防安全的操作规程；本单位、本岗位的火灾危险性和防火措施；单位配备消防设施的性能、灭火器材的使用方法；报火警、扑救初起火灾以及自救逃生的知识和技能；组织、引导人员疏散的知识和技能。

② 宣传教育培训采取单位与部门、集中与分散、定期与不定期等方式进行。

③ 单位对新招入人员上岗和进入新岗位的员工进行上岗前的消防安全培训，培训内容与年度培训内容相同，并经考试合格方可上岗。

④ 消防控制室值班操作人员、易燃易爆岗位人员、专兼职消防人员参加培训机构组织的消防职业培训，取得合格证后，方可上岗作业。

⑤ 单位对培训时间、内容及接受培训人员进行认真详细的记录并存档备查。

⑥ 消防安全培训由人力资源部与保卫部共同负责，人力资源负责制定消防安全培训计划，保卫部负责培训内容、授课和技能训练。

⑦ 营业期间通过张贴图画、广播、闭路电视等积极向顾客宣传防火、灭火、疏散逃生等常识。

（二）定期防火检查制度

① 单位实行定期防火检查制度，每月的最后一个周进行防火检查，防火检查由消防安全管理人组织，各部门负责人参加，保卫部负责通知，并做好防火检查记录。春节、元旦、“五一”、“十一”等重要节假日的防火检查由消防安全责任人负责组织。

② 防火检查的内容包括：火灾隐患的整改情况以及防范措施的落实情况；安全疏

散通道、疏散指示标志、应急照明和安全出口情况；消防车通道、消防水源情况；灭火器材配置及有效情况；用火、用电有无违章情况；重点工种人员以及其他员工消防知识的掌握情况；消防安全重点部位的管理情况；易燃易爆危险物品和场所防火防爆措施的落实情况以及其他重要物资的防火安全情况；消防（控制室）值班情况和设施运行、记录情况；防火巡查情况；消防安全标志的设置情况和完好、有效情况；其他需要检查的内容。

③ 防火检查应当填写检查记录。检查人员和被检查部门负责人应当在检查记录上签名。

④ 对下列违反消防安全规定的行为，应当责成当场改正并督促落实：违章进入储存易燃易爆危险物品场所的；违章使用明火作业、在禁止区吸烟等行为的；将安全出口上锁、遮挡，或者占用、堆放物品影响疏散通道畅通的；消火栓、灭火器材被遮挡影响使用或者被挪作他用的；常闭式防火门处于开启状态，防火卷帘下堆放物品影响使用的；消防设施管理、值班人员和防火巡查人员脱岗的；违章关闭消防设施、切断消防电源的；其他可以当场改正的行为。

⑤ 各部门存在火灾隐患要在规定的期限内整改，整改完毕后在检查记录上填写整改情况，由部门负责人签字后报保卫部门，由保卫部门安排人员进行复查。

⑥ 单位每月召开会议研究通报防火检查情况。

（三）每日防火巡查制度

① 每日防火巡查由保卫部统一组织实施，每日由专门人员进行巡查，各消防安全重点部位每日至少巡查一遍。

② 营业期间的防火巡查每两小时进行一次，营业结束时对营业现场全面进行清查，消除遗留火种，并加强夜间防火巡查。

③ 巡查的内容包括：用火、用电有无违章情况；安全出口、疏散通道是否畅通，安全疏散指示标志、应急照明是否完好；室外消火栓、水泵接合器完好情况；室内消火栓、水带、水枪完好在位情况；消火栓、喷淋管道阀门开启情况；消防水池、高位水箱水位情况；消防水泵等供水设备完好情况；湿式报警阀、末端试水装置完好、压力指示情况；火灾探测器、手动报警按钮、电话插孔、喷头在位、是否被遮挡情况；灭火器在位、完好情况；应急广播系统扬声器完好在位情况；防排烟风口完好情况；常闭式防火门是否处于关闭状态，防火卷帘下是否堆放物品影响使用；消防安全重点部位的人员在岗情况；其他消防安全情况。

④ 防火巡查应当填写巡查记录，巡查人员应当在巡查记录上签名。防火巡查人员应当及时纠正违章行为，妥善处置火灾危险，无法当场处置的，应当立即报告。发现

初起火灾应当立即报警并及时扑救。

⑤ 防火巡查在巡查时应佩戴统一制作的上岗证。

⑥ 每日营业结束，各柜组人员负责打扫卫生，清除可能遗留的火种。

⑦ 营业结束后，对营业厅继续进行两次防火巡查。

⑧ 主管人员应当每日在防火巡查记录上签字确认，消防安全管理人应当每周定期抽查、核查防火巡查记录的情况。

（四）消防安全疏散设施管理制度

① 保持疏散通道、安全出口畅通，严禁占用疏散通道，严禁在安全出口或疏散通道上安装栅栏等影响疏散的障碍物。

② 保持防火门、消防安全疏散指示标志、应急照明、机械排烟送风、火灾事故广播等设施处于正常状态，并定期组织检查、测试、维护和保养。

③ 严禁在营业期间将安全出口上锁或遮挡或者将消防安全疏散指示标志遮挡、覆盖。

④ 应急照明灯具、疏散指示标志按定期进行测试检查，确保完好有效。

⑤ 安全推闩式外开门确定专门责任人负责，确保每班都有责任人负责在紧急情况下使用。

（五）火灾隐患整改制度

① 防火检查、防火巡查、员工在工作中发现的火灾隐患要按照火灾隐患整改措施和性质确定专门的部门和人员及时予以整改。

② 能够立即整改的火灾隐患，由火灾隐患发现部门或人员责成有关人员当场改正并督促落实。

③ 不能立即整改的火灾隐患由保卫部根据火灾隐患整改措施、性质及分工，将火灾隐患情况、整改措施和建议向消防安全管理人或消防安全责任人书面报告，消防安全管理人或消防安全责任人确定整改的措施、期限，落实整改资金，确定负责整改的部门、人员进行整改。

④ 对随时可能引发火灾或者一旦发生火灾将严重危及人身安全的火灾隐患，火灾隐患发现部门或人员有权暂时将危险部位停止经营或采取消除火灾隐患的措施，督促整改，并落实整改期间的安全防范工作。

⑤ 火灾隐患整改完毕，负责整改的部门或者人员应当将整改情况记录报送消防安全责任人或者消防安全管理人签字确认后存档备查，并由保卫部门进行复查。在火灾隐患整改期间落实防范措施，保障消防安全。

⑥ 对公安机关消防机构检查发现的火灾隐患，要按照上述规定，确定火灾隐患整改

责任人负责整改，并在整改期限内向公安机关消防机构报送火灾隐患整改情况报告。

（六）用火、用电安全管理制度

① 单位对用火、用电实行严格的消防安全管理，营业期间禁止动火施工。

② 营业厅内因特殊情况需要进行电、气焊等明火作业的，动火部门和人员应当办理审批手续，安排在非营业期间进行动火作业。

③ 动火作业必须落实现场监护人、监护器材，清除动火周围和下面的可燃物，无法清除要使用铁板、石棉被等不燃材料进行分隔，确认无火灾、爆炸危险后方可动火施工。动火施工人员应当遵守消防安全规定，并落实相应的消防安全措施。

④ 动火作业后，动火人员和监护人员必须及时清除可能遗留的火种，分别于动火作业结束后 0.5 小时、1 小时、3 小时内安排专人进行检查，确认无危险后方可进入正常值班。

⑤ 安装和维修电气设备线路，必须由电工按规范施工，接电时要向用电管理部门申请，并报经保卫部门同意，经审核批准后由电工负责施工。

⑥ 所有电气设备的选型和安装，线路的敷设和改造以及材料的选用必须由用电管理部门和保卫部门检查核准，由专门电工安装，严禁乱拉乱扯电气线路，严禁私自使用电气设备如电炉子、电熨斗、电烙铁、大功率灯具等。

⑦ 用电设备的操作人员，必须严格遵守安全操作规程，工作时不准擅离岗位，并对设备定期检查，发现问题，及时报告电工修理，工作结束后必须切断电源，做到人走电断。

⑧ 电工对本单位的电气设备和线路应经常检查维修，同时每年至少进行两次绝缘遥测，发现短路和绝缘不良，应及时进行维修。

⑨ 严禁在用电设备附近堆放易燃可燃物品。

⑩ 电气设备发生火灾时要首先切断电源，然后组织扑救。

（七）灭火和应急疏散预案演练制度

① 单位按照灭火和应急疏散预案每半年进行一次演练，结合演练实际情况，不断完善预案。

② 演练时设置明显标识并事先告知演练范围内的人员，确保安全。

③ 演练由消防安全管理人负责组织，具体由保卫部负责实施，确定参加演练人员、演练部位、演练时间。

④ 演练前以班组为单位提前学习预案，落实人员分工和注意事项，演练分组轮流实施。

⑤ 参加演练的人员必须按照演练的统一要求，在规定的时间内到达指定的位置参

加演练。

⑥ 演练结束后，保卫部门应填写演练记录，分析总结演练情况，对灭火和应急疏散预案进行完善。

（八）燃气和电气设备的检查和管理制度

① 应按规定正确安装、使用燃气电气设备，相关人员必须经必要的培训，获得相关部门核发的有效证书方可操作。各类设备均需具备法律、法规规定的有效合格证明并经维修部确认后方可投入使用。燃气电气设备至少每月进行一次检查。

② 防雷、防静电设施定期检查、检测，每季度至少检查一次、每年至少检测一次并记录。每年对所有燃气电气设施进行两次消防安全检测，及时发现和消除燃气电气安全隐患。

③ 电气设备负荷应严格按照标准执行，接头牢固，绝缘良好，保险装置合格、正常并具备良好的接地，接地电阻应严格按照电气施工要求测试。

④ 各类线路均应以套管加以隔绝，特殊情况下，亦应使用绝缘良好的铅皮或胶皮电缆线。各类电气设备及线路均应定期检修，随时排除因绝缘损坏可能引起的消防安全隐患。

⑤ 未经批准，严禁擅自加长电线。各部门应积极配合安全小组、维修部人员检查加长电线是否仅供紧急使用、外壳是否完好、是否有维修部人员检测后投入使用。

⑥ 电气设备、开关箱线路附近按照本单位标准划定黄色区域，严禁堆放易燃易爆物并定期检查、排除隐患。

⑦ 严禁用燃气管道作为负重支架或者接地引线，严禁从事危害室内燃气设施安全的装饰、装修活动，严禁安装、使用明令淘汰的燃气器具，严禁擅自拆卸、安装、改装燃气计量装置和燃气设施的情况。

⑧ 设备用毕应切断电源、气源，人员方可离开现场。

⑨ 燃气、电气设备日常运行过程中发生的故障，管理使用人要立即报告，严禁带病运行和私自修理。

（九）消防控制室值班制度

① 应实行每日 24 小时专人值班制度，每班不应少于 2 人，值班人员应持有消防控制室操作职业资格证书。

② 消防控制室的日常管理应符合《建筑消防设施的维护管理》（GB 25201）（见附录 6）的有关要求。

③ 应确保火灾自动报警系统、灭火系统和其他联动控制设备处于正常工作状态，不得将应处于自动状态的设在手动状态。

④ 应确保高位消防水箱、消防水池、气压水罐等消防储水设施水量充足；确保消防泵出水管阀门、自动喷水灭火系统管道上的阀门常开；确保消防水泵、防排烟风机、防火卷帘等消防用电设备的配电柜开关处于自动位置（通电状态）。

⑤ 接到火灾警报后，消防控制室必须立即以最快的方式确认。

⑥ 火灾确认后，值班人员应立即确认火灾报警联动控制开关处于自动状态，同时拨打“119”报警，报警时应说明着火单位地点、起火部位、着火物种类、火势大小、报警人姓名和联系电话。

⑦ 值班人员应立即启动单位内部应急疏散和灭火预案，并应同时报告单位负责人。

（十）消防安全工作考评和奖惩制度

① 对于消防工作制定具体的奖惩条件和标准。

② 对于消防工作成绩突出的下属单位和个人应当给予表彰和奖励，规定具体的评奖标准和方法。

③ 对于违反消防安全管理规章制度的下属单位和个人，除由司法机关、公安机关依法进行刑事处罚、行政处罚之外，单位应当规定具体的内部行政处分标准和方法。

（十一）志愿消防队管理制度

① 单位建立由员工组成的志愿消防队，接受公安机关消防部门的业务指导，志愿消防队由消防安全管理人负责管理。

② 志愿消防队由各部门、班组的负责人和年龄18周岁以上45周岁以下的员工组成。

③ 保卫部门对志愿消防队员每半年进行一次消防培训和灭火疏散演练。志愿消防队员要服从保卫部门的统一调度、指挥，根据分工各司其职、各负其责。

④ 根据人员的变化情况每半年对志愿消防队员进行调整、补充。

⑤ 志愿消防队员要熟悉防火、灭火知识、消防器材的性能及适用的范围，消防设施、器材的操作及使用方法，火灾扑救、组织人员疏散及逃生方法，火灾现场的保护等。

⑥ 认真贯彻执行本单位的消防安全管理制度，制止和劝阻违反消防法规和制度的行为。开展防火宣传教育，进行防火安全检查和整改火灾隐患。

⑦ 发现初起火灾时，及时报警、利用灭火器材扑救初起火灾、抢救生命、疏散物资、维护秩序、保护火灾现场。当公安消防队到达现场时，要迅速准确地提供情况，在火场总指挥的指挥下，紧密配合公安消防队，协同作战。

（十二）易燃易爆危险物品和场所防火防爆管理制度

① 营业厅、餐厅等人员聚集场所严禁使用液化石油气，严禁存放汽油、酒精等易燃易爆化学物品，使用易燃易爆物品的部位储存量不得超过当班的使用量。

② 易燃易爆物品应有专用的库房，要有良好的通风散热条件，配备必要的消防器

材设施，仓管人员必须由消防安全培训合格的人员担任。

③ 易燃易爆物品入库前应经检验部门检验，出入库应进行登记。

④ 储存易燃易爆物品要按照性质分类、分开储存，并设置明显标志，注明品名、危险特性、防火措施和灭火方法，配备相应的灭火器材。性质或灭火方法相抵触的物品不得混存。

⑤ 库存易燃易爆物品每垛占地面积不宜大于 100 米^2，垛与垛之间不小于 1 米，垛与墙间距不小于 0.5 米，垛与梁、柱的间距不小于 0.5 米，主要通道的宽度不小于 2 米。

⑥ 储存易燃易爆物品的场所，电气设备、开关、灯具、线路必须符合防爆要求，并做好防火防爆设施的维护保养工作。

⑦ 易燃易爆物品的存取应按安全操作规程执行，仓库工作人员应坚守岗位，非工作人员不得随意入内。

第二章

建筑消防设施与器材

Jianzhu Xiaofang Sheshi Yu Qicai

第一节 建筑消防设施的种类、用途及特点

建筑消防设施是预防和扑救火灾的重要手段，主要包括消防给水系统，泡沫、气体灭火系统，消防电气、火灾自动报警系统，其他建筑消防设施。

一、消防给水系统

消防给水系统，包括室外消防给水设施、室内消火栓给水设施、自动喷水灭火系统、水喷雾灭火系统、细水雾灭火系统、细水雾灭火系统和固定消防水炮灭火系统等。

1. 室外消防给水设施

室外消防给水设施是消防给水工程的重要组成部分，主要任务是为消防车等消防设备提供火场消防用水。其由消防水源、取水设施、水处理设施、给水设备、给水管网和室外消火栓等设施所组成。

在城市、居住区、工厂、仓库等的规划和建筑设计时，必须同时设计消防给水系统。城市、居住区应设市政消火栓。民用建筑、厂房（仓库）、储罐（区）、堆场应设室外消火栓。

2. 室内消火栓给水设施

室内消火栓给水设施是建筑物应用最广泛的一种消防设施。其既可供火灾现场人员使用扑救建筑物的初起火灾，又可供消防队员扑救建筑物的大火。

室内消火栓给水设施由消防水源、供水设备、室内消防给水管网、室内消火栓设备、控制设备等组成。

3. 自动喷水灭火系统

自动喷水灭火系统是扑救建（构）筑物初起火灾最有效的消防设施。自动喷水灭火系统对环境无污染，灭火效率较高，广泛应用于民用建筑、工业厂房及仓库。特别适用于在人员密集、不易疏散、外部增援灭火与救生较困难以及性质重要或火灾危险性较大的场所中应用。

（1）自动喷水灭火系统的组成

自动喷水灭火系统是指由洒水喷头、报警阀、水流报警装置、管道、供水设施、消防控制设备等组件组成，并能在发生火灾时自动喷水灭火。不同类型的自动喷水灭火系统所含主要组件不完全相同。

（2）自动喷水灭火系统的类型

自动喷水灭火系统，按系统工作原理和适用范围不同分为以下几种类型：湿式系统、干式系统、预作用系统、重复启闭预作用系统、快速响应早期抑制喷头的自动喷水灭火系统、自动喷水—泡沫联用系统、雨淋系统和水幕系统。

4. 水喷雾灭火系统

水喷雾灭火系统是利用水雾喷头在较高的水压力作用下，将水流分离成 0.2 ～ 2mm 甚至更小的细小水雾滴，喷向保护对象，通过表面冷却、窒息或冲击乳化、稀释等作用，达到灭火或防护冷却的目的。

水喷雾灭火系统在组成上与雨淋系统基本相同，由水雾喷头、管网、过滤器、雨淋阀组、给水设备、消防水源以及火灾自动探测控制设备等组成。系统的自动开启雨淋阀装置，可采用带火灾探测器的电动控制装置和带闭式喷头的传动管装置。

5. 细水雾灭火系统

细水雾灭火系统是指利用细水雾的喷头，并与供水设备或雾化介质相连，通过高压喷水产生水雾滴直径小于 400 μm 的灭火系统。细水雾灭火系统是在水喷雾灭火系统基础上开发的新型灭火系统，由于其水滴粒径细小、雾化程度好，灭火能力得到明显改善，显著提高了水的灭火效率，扩大了水的灭火应用范围。

细水雾灭火系统由细水雾喷头、控制阀、管道、储水容器、储气容器、单向阀、集流管以及火灾探测报警控制装置等部件组成。细水雾灭火系统按其工作压力不同分以下三种类型：低压细水雾灭火系统、中压细水雾灭火系统和高压细水雾灭火系统。

6. 固定消防水炮灭火系统

固定消防水炮灭火系统具有流量大、射程远、灭火能力强、可自动控制等特点，特别适合展览馆、体育馆等大空间场合的消防保护。

消防水炮系统由水源、消防泵组、管道、阀门、水炮、动力源和控制装置等组成。该系统主要用于保护可能发生 A 类火灾的大空间建筑，其工作过程与室内消火栓给水系统相同，灭火时水炮可人工操作，亦可远程或自控。

消防水炮灭火系统根据操作方式不同分为手动、远控和自控三种类型。

二、泡沫、气体灭火系统

（一）气体灭火系统

气体灭火系统是以气体作为灭火介质，通过这些气体在整个防护区内或保护对象周围的局部区域建立起灭火浓度实现灭火。气体灭火系统灭火效率高，灭火速度快，对保护对象无任何污损，但由于系统本身造价较高和其特有的性能特点，因此一般应用于比较危险且重要场合。主要有以下类型：

1. 二氧化碳灭火系统

适用于计算机房、图书馆、档案馆、珍品馆、配电房、电讯中心等重要场所。

2. 七氟丙烷灭火系统

适用于：

① 图书、档案、票据和文物资料库等防护区。

② 油浸变压器室、带油开关的配电室和自备发电机房等防护区。

③ 通信机房和电子计算机房等防护区。

3. 热气溶胶预制灭火系统

电缆隧道（夹层、井）及自备发电机房。

（二）泡沫灭火系统

泡沫灭火系统普遍首选用于甲、乙、丙类液体的生产、加工、储存、运输和使用场所。

1. 泡沫灭火系统的组成和工作原理

泡沫灭火系统由通用设备和专用设备两大部分组成。通用设备主要是指消防水泵等除泡沫灭火系统外的其他水消防系统也使用的设备；专用设备是指泡沫比例混合器和泡沫产生装置等只在泡沫灭火系统使用的设备。

泡沫灭火系统的工作原理：当压力水经过比例混合器时，能把水与泡沫液按一定比例进行自动混合，形成泡沫混合液，供给泡沫产生装置，产生泡沫灭火。

2. 泡沫灭火系统的类型

为适应保护对象的需要，泡沫灭火系统有低倍数泡沫灭火系统、泡沫喷淋灭火系统、泡沫—水喷淋联用灭火系统、泡沫炮灭火系统、高、中倍数泡沫灭火系统等类型。

三、消防电气、火灾自动报警系统

（一）消防电源

消防电源是对消防控制室、消防水泵、消防电梯、防排烟设施、火灾自动报警、自动灭火系统、应急照明、疏散指示标志和电动的防火门、窗、防火卷帘、阀门等消防设施提供动力的电源。消防电源的可靠程度，直接关系到是否能有效扑救火灾和组织人员的疏散。

（二）消防应急照明

消防应急照明是指在正常照明因火灾事故必须拉闸断电的情况下，供需要继续工作、保障安全或人员疏散用的照明。

（三）**火灾自动报警系统**

火灾自动报警设施是一种设置在建（构）筑物中，用于在火灾初期将燃烧产生的烟雾、热量和光辐射等物理量，通过感温、感烟或感光等火灾探测器变成电信号，及时报警，并传输到火灾报警控制器，显示出火灾发生的部位，且自动启动相应的消防联动控制设备，开启自动消防设施控制和扑灭火灾。火灾自动报警设施主要由触发器件（包括火灾探测器和手动火灾报警按钮）、火灾报警装置、火灾警报装置、消防控制设备和其他辅助功能的装置组成。火灾探测器、火灾报警控制器是系统的两个重要组件。

火灾自动报警系统可分为：

① 区域报警系统。由区域火灾报警控制器和火灾探测器等组成，或由火灾报警控制器和火灾探测器等组成，功能简单的火灾自动报警系统。

② 集中报警系统。由集中火灾报警控制器、区域火灾报警控制器和火灾探测器等组成，或由火灾报警控制器、区域显示器和火灾探测器等组成，功能较复杂的火灾自动报警系统。

③ 控制中心报警系统。由消防控制室的消防控制设备、集中火灾报警控制器、区域火灾报警控制器和火灾探测器等组成，或由消防控制室的消防控制设备、火灾报警控制器、区域显示器和火灾探测器等组成，功能较复杂的火灾自动报警系统。

卡拉 OK 及其包房内，还应当设置声音火灾视像警报，保证在火灾发生初期，将各卡拉 OK 房间的画面、音响消除，播送火灾警报，引导人员安全疏散。

四、其他建筑消防设施

（一）**防排烟系统**

建筑物发生火灾时，会产生含有大量有毒气体的热烟气，如果不对烟气进行有效的控制，任其四处扩散，必将给建筑物内的人员带来巨大的生命威胁。因此，为了有效地控制建筑火灾的烟气流动，有利于人员的安全疏散和消防扑救行动的展开，防止和减少建筑火灾的危害，在建筑内应设置防排烟设施。

防烟设施包括：挡烟垂壁、机械加压送风系统以及可开启外窗的自然排烟设施。

排烟设施包括：机械排烟设施和可开启外窗的自然排烟设施。

（二）**防火分隔设施**

防火分隔设施是指防火分区间的能保证在一定时间内阻止火势蔓延的边缘构件及设施。防火分隔设施分固定不可活动式和活动可启闭式两大类，主要包括防火墙、防火门、防火窗、防火卷帘、防火阀、防火水幕带等。

（三）消防电梯

消防电梯是高层建筑特有的消防设施，主要为火灾情况下运送消防器材和消防人员及时登楼创造条件，为控制火势蔓延和扑救赢得时间。

（四）灭火器

灭火器是由人操作的能在其自身内部压力作用下，将所充装的灭火剂喷出实施灭火的器具。根据操作使用方法不同又分为手提式灭火器和推车式灭火器。

手提式灭火器是指能在其内部压力作用下，将所装的灭火剂喷出以扑救火灾，并可手提移动的灭火器具。手提式灭火器的总重量一般不大于20千克，其中二氧化碳灭火器的总重量不大于28千克。

推车式灭火器是指装有轮子的可由一人推（或拉）至火场，并能在其内部压力作用下，将所装的灭火剂喷出以扑救火灾的灭火器具。推车式灭火器的总重量不大于40千克。

1. 按充装的灭火剂类型不同分类

（1）水基型灭火器

水基型灭火器充装的是以清洁水为主，可添加湿润剂、增稠剂、阻燃剂或发泡剂等。水基型灭火器包括清水灭火器和泡沫灭火器。采用细水雾喷头的为细水雾清水灭火器。手提式水基型灭火器的规格为2升、3升、6升、9升；推车式水基型灭火器的规格为20升、45升、60升、125升。

① 清水灭火器。清水灭火器通过冷却作用灭火，主要用于扑救固体火灾即A类火灾，如木材、纸张、棉麻、织物等的初起火灾。采用细水雾喷头的清水灭火器也可用于扑救可燃液体的初起火灾。

② 泡沫灭火器。泡沫灭火器充装的是水和泡沫灭火剂，可分为化学泡沫灭火器和空气泡沫（机械泡沫）灭火器。化学泡沫灭火器已被空气泡沫（机械泡沫）灭火器替代。

空气泡沫（机械泡沫）灭火器充装的是空气泡沫灭火剂，它的性能优良，保存期长，灭火效力高，使用方便。

水成膜泡沫灭火器是当今使用最为广泛的泡沫灭火器。当水成膜泡沫被喷射到烃类燃料表面时，泡沫立即沿着燃料的表面向四周扩散，与此同时，由泡沫中析出的泡沫混合液立即在泡沫和燃料之间的界面处迅速形成一层水膜。通过泡沫和水膜的双重作用实现灭火。

泡沫灭火器主要用于扑救B类火灾，如汽油、煤油、柴油、苯、二甲苯、植物油、动物油脂等的初起火灾；也可用于固体A类火灾，如木材、竹器、纸张、棉麻、织物等的初起火灾。抗溶泡沫灭火器还可以扑救水溶性易燃、可燃液体火灾。但泡沫灭火器不适用于带电设备火灾和C类气体火灾、D类金属火灾。

（2）**干粉灭火器**

干粉灭火器是目前使用最普遍的灭火器，其有两种类型。一种是碳酸氢钠干粉灭火器，又叫BC类干粉灭火器，用于扑救液体、气体火灾。另一种是磷酸铵盐干粉灭火器，又叫ABC类干粉灭火器，可扑救固体、液体、气体火灾，应用范围较广。

干粉灭火器充装的是干粉灭火剂。干粉灭火剂的粉雾与火焰接触、混合时，发生一系列物理、化学作用，对有焰燃烧及表面燃烧进行灭火。同时，干粉灭火剂可以降低残存火焰对燃烧表面的热辐射，并能吸收火焰的部分热量，灭火时分解产生二氧化碳、水蒸气等对燃烧区域内的氧浓度又有稀释作用。

干粉灭火器主要适用于扑救易燃液体、可燃气体和电气设备的初起火灾，常用于加油站、汽车库、实验室、变配电室、煤气站、液化气站、油库、船舶、车辆、工矿企业及公共建筑等场所。

干粉灭火器有手提式、推车式。手提式干粉灭火器的规格为1千克、2千克、3千克、4千克、5千克、6千克、8千克、9千克、12千克；推车式干粉灭火器的规格为20千克、50千克、100千克、125千克。

（3）**二氧化碳灭火器**

灭火器充装的是二氧化碳灭火剂。二氧化碳灭火剂平时以液态形式贮存于灭火器中，其主要依靠窒息作用和部分冷却作用灭火。二氧化碳具有较高的密度，约为空气的1.5倍。在常压下，液态的二氧化碳会立即气化，一般1千克的液态二氧化碳可产生约0.5米^{3}的气体。因而，灭火时，二氧化碳气体可以排除空气而包围在燃烧物体的表面或分布于较密闭的空间中，降低可燃物周围或防护空间的氧浓度，产生窒息作用灭火。另外，二氧化碳从储存容器中喷出时，会由液体迅速气化成气体，而从周围吸引到部分热量，起到冷却的作用。

二氧化碳灭火器有手提式和推车式两种。手提式二氧化碳灭火器规格为2千克、3千克、5千克、7千克；推车式二氧化碳灭火器的规格为10千克、20千克、30千克、50千克。

（4）**洁净气体灭火器**

现在的洁净气体灭火器充装的是六氟丙烷灭火剂。主要以物理方式灭火，同时伴有化学反应，灭火效能较高。六氟丙烷灭火器可用于扑救可燃固体的表面火灾、可熔固体火灾、可燃液体及灭火前能切断气源的可燃气体火灾，还可扑救带电设备火灾。目前手提式六氟丙烷灭火器是卤代烷1211灭火器最理想的替代品。

2. 按驱动灭火器的压力形式分类

① 贮气瓶式灭火器

灭火剂由灭火器的贮气瓶释放的压缩气体或液化气体的压力驱动的灭火器。

② 贮压式灭火器

灭火剂由贮于灭火器同一容器内的压缩气体或灭火剂蒸汽压力驱动的灭火器。

第二节　消防设施的维护及保养

《消防法》第十六条规定：单位应按照国家标准、行业标准配置消防设施、器材，设置消防安全标志，并定期组织检验、维修，确保完好有效；对建筑消防设施每年至少进行一次全面检测，确保完好有效，检测记录应当完整准确，存档备查。《重庆市建筑消防设施维护保养管理规定》（试行）第五条规定：建筑消防设施的日常维护管理由建筑产权单位或使用单位负责，同一建筑物有两个以上产权单位或者使用单位的，应当明确各自的消防安全责任，并确定责任人对共用的建筑消防设施进行统一维护。住宅区的物业服务企业应当对管理区域内的共用建筑消防设施进行维护。设有自动消防设施的建筑投入使用后，建筑产权单位、使用单位或管理单位，应当与具备相应建筑消防设施维保能力的机构签订维护保养合同，委托其对单位建筑消防设施进行维护保养，并将建筑消防设施维护保养情况定期报公安机关消防机构备案。《重庆市建筑消防设施维护保养管理规定》（试行）第十八条规定：维保机构对承接项目的建筑消防设施每季度至少进行一次全面检查测试。

一、灭火器的维护

（一）水基型灭火器

① 灭火器应当放置在阴凉、干燥、通风并取用方便的部位。环境温度应为4～55℃，冬季应注意防冻。

② 定期检查喷嘴是否堵塞，使之保持通畅。每半年检查灭火器是否有工作压力。对空气泡沫灭火器只需检查压力显示表，如表针指向红色区域即应及时进行维修。

③ 每次更换灭火剂或者出厂已满三年的及以后每隔两年应对灭火器进行水压强度试验，水压强度合格才能继续使用。

④ 灭火器的检查应当由经过培训的专业人员进行，维修应由取得维修许可证的专

业单位进行。

（二）干粉灭火器

① 干粉灭火器应放置在保护物体附近干燥通风和取用方便的地方。要注意防止受潮和日晒，灭火器各连接件不得松动，喷嘴塞盖不能脱落，保证密封性能。灭火器应按制造厂规定定期检查，如发现灭火剂结块或贮气量不足时，应更换灭火剂或补充气量。

② 灭火器一经开启必须进行再充装。再充装应由经过训练的专人按制造厂的规定要求和方法进行，不得随意更换灭火剂的品种和重量，充装后的贮气瓶，应进行气密性试验，不合格的不得使用。

③ 灭火器满五年或每次再充装前，及以后每隔两年应进行水压试验，合格的方可使用。

（三）二氧化碳灭火器

① 应放置明显、取用方便的地方，不可放在采暖或加热设备附近和阳光强烈照射的地方，存放温度应为 -10 ～ 55℃。

② 定期检查灭火器钢瓶内二氧化碳的存量，如果重量减少 1/10 时，应及时补充灌装。

③ 在搬运过程中，应轻拿轻放，防止撞击。在寒冷季节使用二氧化碳灭火器时，阀门（开关）开启后，不得时启时闭，以防阀门冻结。

④ 灭火器满五年或每次再充装前，及以后每隔两年应进行水压试验，并打上试验年、月的钢印。

（四）洁净气体灭火器

① 应存放在通风、干燥、阴凉及取用方便的场合，环境温度应在 0 ～ 50℃。

② 不要存放在加热设备附近，也不应放在有阳光直晒的部位及有强腐蚀性的地方。

③ 每隔半年左右检查灭火器上显示内部压力的显示器，如发现指针已降到红色区域时，应及时送维修部门维修。

④ 每次使用后不管是否有剩余灭火剂都应送维修部门进行再充装，每次再充装前或期满五年，及以后每隔两年应进行水压试验，试验合格方可继续使用。

二、火灾自动报警系统的维护

火灾自动报警系统的维护是使系统能长期、稳定、准确、可靠工作的保证，特别是火灾探测器，对环境有一定的要求，而从目前使用的情况来看，其工作环境往往达不到要求，长期使用引起其经常性出现误报，造成不必要的恐慌。所以，使用单位必须加强系统日常运行管理，严格按设备操作规程使用，经常性地对设备进行维护、保养，才能达到发生火情时系统迅速报警的目的。火灾自动报警系统的维护应做到以下几个方面：

① 火灾自动报警系统的使用单位必须具有系统竣工图、设备技术资料、使用说明书及调试开通报告、竣工报告等文件资料，并经当地公安消防监督机构验收合格后，方可正式投入运行。任何单位或个人，不得擅自决定使用。

② 必须制定严格的系统管理制度，包括系统操作规程，系统操作人员消防工作职责，值班制度，系统定期检查、维护保养制度等，管理者定期检查制度的落实情况。

③ 必须配备责任心强、具有较高文化程度和专业知识的人员负责系统的管理、使用和维护，其他无关人员不得随意触动设备。

④ 操作、维护人员应熟练掌握火灾自动报警系统的结构、主要性能、工作原理和操作规程，对本单位报警系统的报警区域、探测区域的划分以及火灾探测器的分布应做到了如指掌，并经过专业培训取得上岗证，持证上岗。

⑤ 必须建立火灾自动报警系统的技术档案，制定《火灾自动报警系统运行记录》、《火灾自动报警系统维护保养记录》等图样表格，认真填写记录。发现问题及时报告本单位负责人，出现大的问题，如系统运行中断等，应及时报告当地公安消防监督机构。

⑥ 为了保证火灾自动报警系统的连续正常运行和可靠性，使用单位应建立定期检查、维护程序，包括检查火灾报警控制器的功能是否正常；对火灾自动报警系统的功能进行试验等内容。

⑦ 火灾探测器在投入运行两年后，应每隔三年进行一次全面清洗，对于使用环境条件较差的火灾探测器应每年进行一次全面清洗。火灾探测器的清洗应送专业清洗维护部门进行，清洗维护后要对火灾探测器逐个进行响应值试验。

在火灾自动报警系统中，手动方式产生火灾报警信号，启动火灾自动报警的器件称为手动火灾报警按钮。

（1）手动火灾报警按钮的外观维护

手动报警按钮的核心动作“机关”是玻璃，因此在日常的维护和清洁时应特别注意对玻璃的保护。破碎玻璃按钮的玻璃是一次使用部件，启动后就需要更换，为此一般配有专用测试工具，用于在不击碎玻璃的情况下进行维护和测试。对手动火灾报警按钮的外观清洁维护时，不要用力擦触玻璃，不要用水冲洗，可用吹风机吹扫或用不太湿的布轻轻擦拭手动报警按钮表面。

（2）火灾警报装置的外观维护

由于火灾警报装置为有源器件，对其清洁维护时要格外小心。非专业人士不要随意拆卸火灾警报装置；不要用水冲洗或湿布擦拭火灾警报装置，以免进水造成短路，损坏器件；可用吹风机吹扫或用不太湿的布擦拭火灾警报装置表面。

三、室外消火栓的维护

室外消火栓按地下消火栓和地上消火栓的不同，应分别进行清洁维护。

（一）地下消火栓维护

① 用专用扳手转动消火栓启闭杆，观察其灵活性。必要时加注润滑油。

② 检查密封件有无损坏、老化、丢失等情况。

③ 检查栓体外表油漆有无脱落，有无锈蚀，如有应及时修补。

④ 入冬前检查消火栓的防冻设施是否完好。

⑤ 定期对地下消火栓进行出水试验。

⑥ 随时清除消火栓井周围及井内可能积存的杂物。

（二）地上消火栓的维护

① 用专用扳手转动消火栓启动杆，检查其灵活性，必要时加注润滑油。

② 检查出水口闷盖是否密封，有无缺损。

③ 检查栓体外表油漆有无剥落，有无锈蚀，如有应及时修补。

④ 定期对地上消火栓进行出水试验。

⑤ 定期检查消火栓前端阀门井，消除堆、挡、埋、压等现象，清除阀门井内杂物。

四、室内消火栓的维护

① 室内消火栓、水枪、水带、消防水喉是否齐全完好，有无生锈、漏水，接口垫圈是否完整无缺，并进行防水检查，检查后及时擦干，在消火栓阀杆上加润滑油。

② 消防水泵在火灾时能否正常供水。

③ 报警按钮、指示灯及报警控制线路功能是否正常，无故障。

④ 检查消火栓箱及箱内配装有消防部件的外观有无损坏，涂层是否脱落，箱门玻璃是否完好无缺。

⑤ 对室内的消火栓的维护，应做到各组成设备经常保持清洁、干燥，防锈蚀或无损坏。为防止生锈，消火栓手轮丝杆处等转动部位应经常加注润滑油。设备如有损坏，应及时修复或更换。

⑥ 日常检查时如发现室内消火栓四周放置影响消火栓使用的物品，应进行清除。

五、自动洒水喷头的维护

① 安装喷头的位置不得设置影响喷头布水性能的障碍物，当发现喷水周围有影响喷头动作或洒水的障碍物时，应立即进行清理。

② 更换喷头时应使用专用扳手，不得利用喷头轭臂进行安装与拆卸。

③ 对于各种不同规格的喷头，均应有一定数量的备用量，其数量不应小于安装总数的 1%，且每种备用喷头不应小于 10 个。

六、应急广播扬声器和消防专用电话的维护

1. 应急广播系统扬声器的维护

由于扬声器为有源器件，对其清洁维护时要格外小心。非专业人员不要随意拆卸扬声器；不要用水冲洗或湿布擦拭扬声器，以免进水造成短路，损坏器件；可用吹风机吹扫或用不太湿的布擦拭扬声器表面。

2. 消防专用电话的维护

由于消防专用电话为有源器件，对其清洁维护时要格外小心。非专业人员不要随意拆卸电话主机、分机和电话插孔；不要用水冲洗或湿布擦拭消防专用电话，以免进水造成短路，损坏器件；可用吹风机吹扫或用不太湿的布擦拭设备表面。

七、应急照明灯具和疏散指示标志的维护

（一）应急照明灯具的自检测试与维护

1. 应急照明的自检测试要点

① 查看外观。

② 按下列方法切断正常供电电源，用秒表测量应急工作状态的持续时间：

一是自带电源型与子母电源型切断主供电源。

二是集中电源型切断其控制器主电源。

三是接在消防配电线路上的应急照明灯具，切断非消防电源。

③ 使用照度计，测量两个疏散照明灯之间地面中心的照度，达到规定的应急工作状态持续时间时，重复测量上述测点的照度。

④ 配电房、消防控制室、消防水泵房、防烟排烟机房、消防用电的蓄电池室、自备发电机房、电话总机房以及发生火灾时仍需坚持工作的其他房间，使用照度计测量正常照明时的工作面照度，切断正常照明后，测量应急照明工作面的最低照度。

⑤ 系统复位。

2. 应急照明灯具维护

① 应牢固、无遮挡，状态指示灯正常。

② 切断正常供电电源后，应急工作状态的持续时间不应低于表 2-1 的规定。

表 2-1　应急照明工作状态的持续时间

建筑类别	应急疏散照明工作状态的持续时间 /min	消防应急照明工作状态的持续时间 /min
建筑高度超过 100m 的高层建筑	≥ 30	≥ 90
其他建筑	≥ 20	≥ 90

③ 疏散照明的地面照度不应低于 0.5 勒［克斯］，地下工程疏散照明的地面照度不低于 5.0 勒［克斯］。

④ 配电室、消防控制室、消防水泵房、防烟排烟机房、消防用电的蓄电池室、自备发电机房、电话总机以及发生火灾时仍需坚持工作的其他房间，其工作面的照度不应低于正常照明时的照度。

3. 应急照明灯具维护

① 外观检查。

为了安全有效地使用应急照明应定期进行外观清扫、检查，对于外观破损的应进行更换。

清洁灯具时，采用柔软布料蘸肥皂水拧干后擦拭，再用干布擦净。注意不得采用稀料、汽油等易挥发物擦拭灯具表面。不要对灯具喷洒杀虫剂，否则会导致灯具变色或损坏。不得使用强碱性溶剂擦拭灯具，容易造成灯具部件强度降低和损坏。

② 按下列方法切断正常供电电源，用秒表测量应急工作状态的持续时间：

一是自带电源型和子母电源型切断其主供电电源；

二是集中电源型切断其控制器主电源；

三是接在消防配电线路上的应急照明灯具，切断非消防电源。

③ 使用的应急灯具，不得让水进入灯体，如有水应及时消除。消除时必须切断电源。

④ 定期由专业人员对应急灯具进行测试，接通测试按钮，看是否能应急点亮，如有故障应及时排除，如是灯泡损坏应及时更换相应规格的灯泡。如是线路板故障应更换线路板，以保证灯具经常处于正常工作状态。

⑤ 应急照明的蓄电池有一定的寿命年限，超出此时间后，必须进行更换。电池更换方法：

在确定电池损坏后，可更换电池；

更换的新电池必须是同型号同额定电压同额定容量的电池，不同厂家的电池不能混合使用；

更换电池必须由专业人员操作，必须先关闭主电，必须注意电池极性正确，不可短路，否则会引起事故；

④ 更换电池后，应进行测试，应符合相关规定要求。

（二）疏散指示标志的自检测试与维护

1. 疏散指示标志的自检测试要点

① 查看外观和位置，核对指示方向。

② 关闭正常照明，查看发光疏散指示标志的自发光情况，测试亮度。

③ 切断正常供电电源，在灯光疏散指示标志前通道中心处，用照度计测量地面照度，达到规定的应急工作状态持续时间时，重复测量上述测点的照度。

④ 系统复位。

2. 疏散指示标志维护要求

① 应固定牢靠、无遮挡，状态正常。

② 切断正常供电电源后，疏散照明工作状态的持续时间不应低于表 2-2 的规定。

表 2-2　应急疏散照明工作状态的持续时间

建筑类别	应急工作状态的持续时间 / min
建筑高度超过 100m 的高层建筑	≥ 30
其他建筑	≥ 20

③ 疏散照明的地面照度不应低于 0.5 勒［克斯］，地下工程疏散照明的地面照度不低于 5.0 勒［克斯］。

④ 消防疏散指示标志应符合相关亮度要求。

3. 疏散指示标志维护方法

① 对外观进行检查和维护，破损的进行修复或更换；

② 清洁疏散指示标志时，采用柔软布料蘸肥皂水拧干后擦拭，再用干布擦净。注意不得采用稀料、汽油等易挥发物擦拭疏散指示标志表面。不要对疏散指示标志喷洒杀虫剂，否则会导致表面变色或损坏。不得使用强碱性溶剂擦拭，容易造成损坏。

八、气体灭火系统的维护与保养

（一）日常保养

要使整个灭火系统在发生火灾的紧急情况下，保证性能良好，迅速有效地扑灭火灾，必须对其进行定期保养。

消防系统值班员应每星期做一次巡视检查，检查设备有无泄漏、管道系统有无损坏、全部控制开关调定位置是否妥当、所有元件是否完好无损等。

用户与消防设施检测维修单位应签订定期检查维修合同。灭火系统每年至少检修一次，自动检测、报警系统每年至少检查两次。消防设施检测机构在检查后应及时把有关检查的报告送交用户。

（二）年度保养

在年度保养中，要特别注意以下各项。

1. 灭火剂容器

① 容器有无腐蚀和涂层脱落现象。

② 容器数是否符合规定数量。

③ 储存的灭火剂量是否符合标准。测定值与设备说明书对照后，其差值应小于原先入量（需要量）的 10%。二氧化碳灭火系统测量方法一般采用称量法。卤代烷灭火系统测量方法一般采用查压力表法。

2. 容器阀

① 容器瓶有无松动变形、损伤、锈蚀。

② 先导阀、气动阀活塞杆和活塞是否上推至工作位置。

③ 闸刀阀的闸刀切口处有否弯折、缺损，各闸刀距膜片的位置是否一致。

④ 拆下安全销，检查手动装置动作是否正常。

⑤ 电爆阀的雷管有无受潮情况。每年应抽样检查，每 4 年应更换一次。

⑥ 电磁阀有无损伤、锈蚀，特别是活动铁芯是否锈住卡死。

⑦ 电磁阀、电爆阀的导线有否损伤，端子有无松动或脱落。

⑧ 安全阀（片）放出口有无灰尘等造成堵塞。

3. 容器组合配管系统

① 配管及连接件有无变形、腐蚀、损伤。

② 各螺纹连接部分有无松动、漏气（应通气检查）。

③ 对照使用说明书和施工附图，检查操纵管的通路有无错误，管道上止回阀的设置位置和方向有无错误。

④ 总管安全阀的工作压力是否在系统的工作压力范围内。

⑤ 安全阀的放出口是否通畅。

⑥ 安全阀及止回阀是否牢固。

4. 选择阀

① 阀体有无损伤和变形。

② 检查气动式选择阀时，可拆卸操纵管与选择阀的连接部位，将试验用气体导入选择阀，检查其工作状态。

③ 检查电动式选择阀时，可按接线端子部逐个检查各选择阀的工作状态。

（以上两项检查，一般在确有必要时进行）

④ 操纵管连接是否可靠，有无裂纹。

⑤ 接线端子是否完全固定好，有无损伤脱落。

⑥ 是否有表明选择阀及其对应的防护区域的标志。

5. 喷嘴

① 对照施工说明书中的附图，检查有无未经批准而变更的部分。

② 对局部应用系统，还应检查被保护对象的位置有无变动，被保护物是否处在喷嘴射程之内。

③ 喷嘴有无变形、损伤、锈蚀。

④ 喷嘴有无脱落、松动。

⑤ 喷孔是否畅通，有无灰尘黏结。

⑥ 喷嘴上如装有密封垫，要检查是否有损坏。

6. 气启动器

① 启动容器和操纵管是否牢固。

② 启动箱和容器的涂漆是否脱落生锈，启动箱门的开闭是否灵活。

③ 启动容器内的气体容器是否比需要量减少 10% 以上。如容器内的气体量明显减少，则还应在容器与瓶头阀连接部分、安全装置的出口处等涂上肥皂水，检查有无漏气现象。

④ 各连接管、开关等有无松动和损伤。

⑤ 电气接线是否完善，端子有无松动和损伤。

⑥ 用手动和电动打开启动容器的瓶头阀，检查其被控制的部件动作是否准确，以及联动的通风机、门窗的关闭动作是否准确可靠。但本项检查要注意防止气体误放。

⑦ 启动器箱门上有无说明标记及高度是否在 0.8 ～ 1.5 米范围内。

7. 气体系统的报警控制器

① 操纵箱有无损伤，门等关闭是否顺利，涂漆是否脱落而生锈。

② 操纵箱周围有无障碍物妨碍操作。

③ 操纵箱的高度是否在 0.8 ～ 1.5 米范围内。

④ 此外，还应进行如下各项性能检查：

一是按下有关按钮，报警器是否立即鸣叫，但应预先通告附近工作人员，以免引起惊慌；

二是电源指示灯是否常亮；

三是按下有关按钮时，容器阀、选择阀等的开启动作是否准确，通风机的关闭等动作是否准确无误，但在进行这项检查时，应在有关阀门位置上派有专人看管，并预先取下启动容器的电磁阀开放装置，防止气体误放；

四是按下按钮时，气体放出指示灯是否准确点亮。

⑤ 自动与手动转换装置操作是否灵活、可靠，转换时指示灯是否准确点亮。

⑥ 操纵箱门有无表示技能特性的说明标记。

上述各项维护保养完毕后，于铰链处打上铅封印。

8. 附属设备

所有附属设备及辅助零件，有可能的话，也都应进行手动试验，检查其工作性能是否良好。试验后都必须恢复到原来的位置。

九、干粉灭火系统的维护与保养

① 在系统的安装区内明显的部位要设置详细的操作说明。操作人员必须操作熟练，严格按规程操作。干粉灭火系统的喷粉时间一般不超过 1 分钟。某一部分的误动作，可引起系统的误动性，造成不必要的损失。

② 要经常检查干粉管路、气体管路是否移位、损坏、腐蚀，以免出现泄漏，影响系统的喷射性能。

③ 检查干粉罐的附属件是否正常工作，如安全阀、进气阀、出口阀等是否动作灵活自如。

④ 要经常检查喷嘴是否位置正确，喷嘴的密封盖密封是否良好。

⑤ 检查动力气瓶的压力数值是否在规定的压力范围内。检查气瓶阀是否动作灵活。对减压阀应定期进行动作试验，观察两次压力是否符合规定值。

⑥ 如果系统附有干粉卷车，要检查卷筒转动是否灵活。手操作干粉喷枪，要检查开闭动作是否正常。

⑦ 动力气瓶的检查：动力气瓶组一般 2 ～ 3 年拆下来检查一次，检查瓶阀密封状况，并对气瓶进行水压强度试验。

⑧ 干粉灭火剂的检查：一般 2 ～ 3 年打开干粉储罐的装粉孔，检查干粉灭火剂是否结块，如果结块立即更换，同时取样品，送交权威的检验单位进行性能检查；即使无结块，干粉灭火剂的性能也可能不合格，如不合格，需要立即换粉。

干粉储罐的使用年限超过 12 年，或发现干粉储罐有明显的腐蚀点，就应该进行水压强度试验。试验完毕经干燥后方能装粉。

⑨ 干粉输送管严禁进水和进入污物，发现有积水应及时放出，并将管内用干燥空气吹干。

十、防排烟系统的维护保养

（一）管理责任

① 设置在建筑内部的机械防烟、排烟系统是预防火灾发生、及时扑救初起火灾的有效措施，其日常维护管理由建筑产权单位负责，当建筑使用权转让时，建筑产权单位应当与该建筑使用单位明确其日常管理责任。有两个以上产权单位和使用单位的建筑物，各产权单位、使用单位应当签订《消防安全责任状》，明确系统的管理责任，统一制定系统的维护管理制度，并委托物业管理机构或共同设立机构统一管理。

② 设有机械防烟、排烟系统的管理单位应当明确归口管理职能部门和相关人员的责任，建立和完善维护管理制度，定期组织对系统与设施进行维护保养。

③ 单位每年应委托具有维护保养资格的企业对系统进行检测、维护，确保机械防烟、排烟系统的正常运行。

（二）系统使用前准备

① 机械防烟、排烟系统的使用管理单位应由经过专门培训的人员负责系统的管理操作和维护。

② 机械防烟、排烟系统正式启用时，应具有下列文件资料：系统竣工图、系统主要设备、材料的检验报告及其他技术资料；公安机关消防机构出具的有关法律文书；系统的操作规程及维护保养管理制度；系统操作人员名册及相应的工作职责。

③ 机械防烟、排烟系统的使用单位应建立技术档案。

（三）系统设施、设备要求

① 机械防烟、排烟、通风空调系统所采用的机械加压送风机、送风口（阀）、防火阀、挡烟垂壁、机械排烟风机、排烟口（阀）、排烟防火阀、电动排烟窗、电动防火阀、风机控制柜等设备应是经国家消防产品质量监督检验部门检测合格的产品，有国家消防产品质量监督检验部门出具的检验报告及出厂合格证，其型号规格应符合设计要求；在设备的明显部位应设有耐久性铭牌标识，其内容清晰，设置牢固。

② 机械加压送风系统、机械排烟系统的控制柜应有注明系统名称和编号的标志；仪表、指示灯显示应正常，开关及控制按钮应灵活可靠；应有手动、自动切换装置。

③ 机械加压送风系统、机械排烟系统的风机应有注明系统名称和编号的标志；传动皮带的防护罩、新风入口的防护网应完好；启动运转平稳，叶轮旋转方向正确，无

异常振动与声响。

④ 送风阀、排烟阀、排烟防火阀、电动排烟窗应安装牢固；开启与复位操作应灵活可靠，关闭时应严密，反馈信号应正确。

⑤ 机械加压送风系统应能自动和手动启动相应区域的送风阀、送风机，并向火灾报警控制器反馈信号；送风口的风速不宜大于 7 米 / 秒；防烟楼梯间的余压值应为 40 ～ 50 帕，前室、合用前室的余压值应为 25 ～ 30 帕。

⑥ 机械排烟系统应能自动和手动启动相应区域排烟阀、排烟风机，并向火灾报警控制器反馈信号。设有补风的系统，应在启动排烟风机的同时启动送风机；排烟口的风速不宜大于 10 米 / 秒，排烟量应符合设计要求；当通风与排烟合用风机时，应能自动切换到高速运行状态。

⑦ 电动排烟窗系统应具有直接启动或联动控制开启功能。

⑧ 电动防火阀应完好无损，开启与复位应灵活可靠，关闭时应严密；应在相关火灾探测器动作后自动关闭并反馈信号。

（四）监控显示要求

消防控制室应能显示系统的手动、自动工作状态及系统内的防烟排烟风机、防火阀、排烟防火阀的动作状态。应能控制系统的启、停及系统内的防烟、排烟风机、防火阀、排烟防火阀、常闭送风口、排烟口、电控挡烟垂壁的开、关，并显示其反馈信号。应能停止相关部位正常通风的空调，并接收和显示通风系统内防火阀的反馈信号。

（五）系统运行

① 机械防烟、排烟系统应始终保持正常运行，不得随意断电或中断。

② 正常工作状态下，正压送风机、排烟风机、通风空调风机电控柜等受控设备应处于自动控制状态，严禁将受控的正压送风机、排烟风机、通风空调风机等电控柜设置在手动位置。

（六）系统的每日检查和巡查

系统的使用或管理维护单位，每日应对设置的机械防烟、排烟系统的相关设备进行逐个检查或巡查，并认真填写记录。

① 查看机械加压送风系统、机械排烟系统控制柜的标志、仪表、指示灯、开关和控制按钮；用按钮启停每台风机，查看仪表及指示灯显示。

② 查看机械加压送风系统、机械排烟系统风机的外观和标志牌；在控制室远程手动启、停风机，查看运行及信号反馈情况。

③ 查看送风阀、排烟阀、排烟防火阀、电动排烟窗的外观；手动、电动开启，手动复位，动作和信号反馈情况。

（七）半年检查与系统功能试验

机械加压送风系统、机械排烟系统至少每半年应按下列操作步骤、方法检查和试验系统的下列功能，并按要求填写相应的记录。

① 现场启动送风机组。操作步骤、方法：手动操作送风机组控制柜的启、停按钮，观察送风机组动作情况及控制室消防控制设备信号显示情况。检查标准要求：在送风机组现场控制柜上手动操作送风机组的启、停按钮，送风机组启、停功能正常，并向控制室消防控制设备反馈其动作信号。

② 远程启动送风机。操作步骤、方法：在控制室消防控制设备上和手动直接控制装置上分别手动启动任一个防烟分区的送风机组，观察送风机组动作情况及消防控制设备启动的信号显示情况。检查标准要求：在消防控制室手动启动一个防烟分区的送风机组，送风机组启、停功能正常，并向消防控制设备反馈其动作信号。

③ 自动启动送风机。操作步骤、方法：自动控制方式下，分别触发防烟分区内的两个相关的火灾探测器，查看相应送风阀、送风机的动作及消防控制设备信号反馈情况；采用微压计，在保护区域的顶层、中间层及最下层，测量防烟楼梯间、前室、合用前室的余压；全部复位，恢复到正常警戒状态。检查标准要求：当防烟分区的火灾探测器发出火灾报警信号后，该防烟分区的前室本层及上下相邻层送风口（阀）应能自动开启（常开风口、阀除外），同时启动与其联动的送风机，并向消防控制设备反馈其动作信号；所测试的余压值应符合要求。

④ 手动复位送风口（阀）。操作步骤、方法：手动试验，观察送风口（阀）复位动作情况及消防控制设备信号显示情况。检查标准要求：现场手动操作常闭式送风口（阀）的手动复位装置，送风口（阀）应复位，并向消防控制设备反馈其动作信号。

⑤ 现场启动排烟风机。操作步骤、方法：手动操作排烟风机控制柜上的启、停按钮，观察排烟风机动作情况及控制室消防控制设备信号显示情况。检查标准要求：在排烟风机现场控制柜上手动操作排烟风机的启、停按钮，排烟风机启、停功能正常，并向控制室消防控制设备反馈其动作信号。

⑥ 远程启动排烟风机。操作步骤、方法：在控制室消防控制设备上和手动直接控制装置上分别手动启动防烟分区的排烟风机，观察排烟风机动作情况及消防控制设备启动的信号显示情况。检查标准要求：在消防控制室手动启动防烟分区的排烟风机，排烟风机启、停功能正常，并向消防控制设备反馈其动作信号。

⑦ 自动启动排烟风机。操作步骤、方法：由被试防烟分区的火灾探测器发出火灾报警信号（给探测器加烟），观察排烟风机动作情况及消防控制设备信号显示情况；开启被试防烟分区的任一排烟口或排烟阀，观察与其联动的排烟风机动作情况和消防

控制设备信号显示情况。可用报纸等纸张测试排烟机启动时，排烟口或排烟阀是否将纸张吸附。检查标准要求：当防烟分区的火灾探测器发出火灾报警信号后，该防烟分区的排烟口（阀）应能自动开启，且启动与其联动的排烟风机，并向消防控制设备反馈其动作信号。当排烟口（阀）无自动开启功能时，排烟风机接到消防控制设备的联动指令后，应直接自动启动，并向消防控制设备反馈信号。防烟分区任一排烟口（阀）开启时，与其联动的排烟风机均能自动启动，并向消防控制设备反馈其动作信号。

⑧ 手动复位排烟口（阀）。操作步骤、方法：手动试验，观察排烟口（阀）复位动作情况及消防控制设备信号显示情况。检查标准要求：现场手动操作排烟口（阀）的手动复位装置，排烟口（阀）应复位，并向消防控制设备反馈其动作信号。

⑨ 活动式挡烟垂壁。操作步骤、方法：由被试防烟分区的火灾探测器发出火灾报警信号（给探测器加烟），观察该防烟分区的活动式挡烟垂壁动作情况及消防控制设备信号反馈情况。检查标准要求：当一个防烟分区发生火灾时，该防烟分区的挡烟垂壁接到消防控制设备的联动指令后，应能自动降落，并向消防控制室的消防控制设备反馈其动作信号。

⑩ 系统联动控制功能。操作步骤、方法：自动控制方式下，分别触发两个相关的火灾探测器，查看相应排烟阀、排烟风机、送风机的动作和信号反馈情况。通风与排烟合用系统，同时查看风机运行状态的转换情况；全部复位，恢复到正常警戒状态。检查标准要求：当消防控制设备接到防烟分区发出的火灾（烟或温）报警信号后，立即向该防烟分区的防烟、排烟系统发出如下指令，并接收其动作反馈信号：停止空调机组运行；开启送风口（阀）；启动送风机组；开启排烟口（阀）；启动排烟风机。

第三章

消防安全检查知识

Xiaofang Anquan Jiancha Zhishi

第一节　单位的消防安全检查

消防安全检查是指单位内部结合自身情况，适时组织的督促、查看、了解本单位内部消防安全工作情况以及存在的问题和隐患的一项消防安全管理活动。

一、单位消防安全检查的目的和形式

（一）消防安全检查的目的

单位通过消防安全检查，对本单位消防安全制度、安全操作规程的落实和遵守情况进行检查，以督促规章制度、措施的贯彻落实，这是单位自我管理、自我约束的一种重要手段，是及时发现和消除火灾隐患、预防火灾发生的重要措施。

（二）消防安全检查形式

消防安全检查是一项长期的、经常性的工作，在组织形式上应采取经常性检查和定期性检查相结合、重点检查和普遍检查相结合的方式方法。

一般的日常检查。这种检查是按照岗位消防责任制的要求，以班组长、安全员、义务消防员为主对所处的岗位和环境的消防安全情况进行检查，通常以班前、班后和交接班时为检查的重点。

防火巡查。这种巡查也是一种检查，是单位保证消防安全的严格管理措施之一。

夜间巡查。夜间检查是预防夜间发生大火的有效措施，检查主要依靠夜间值班干部、警卫和专、兼职消防管理人员。重点是检查火源电源以及其他异常情况，及时堵塞漏洞，消除隐患。

定期防火检查。这种检查是按规定的频次进行，或者按照不同的季节特点，或者结合重大节日进行检查。这种检查通常由单位领导组织，或由有关职能部门组织，除了对所有部位进行检查外，还要对重点部门进行重点检查。

二、单位的防火巡查

（一）单位防火巡查的频次及要求

消防安全重点单位应当进行每日防火巡查，并确定巡查的人员、内容、部位和频次。其他单位可以根据需要组织防火巡查。

公众聚集场所在营业期间的防火巡查应当至少每 2 小时一次；营业结束时应当对

营业现场进行检查，消除遗留火种。医院、养老院、寄宿制的学校、托儿所、幼儿园应当加强夜间防火巡查，其他消防安全重点单位可以结合实际组织夜间防火巡查。

防火巡查人员应当及时纠正违章行为，妥善处置火灾危险，无法当场处置的，应当立即报告。发现初起火灾应当立即报警并及时扑救。

防火巡查应当填写巡查记录，巡查人员及其主管人员应当在巡查记录上签名。

（二）单位防火巡查的内容

单位进行防火巡查的内容应当包括：

① 用火用电有无违章情况。

② 安全出口、疏散通道是否畅通，安全疏散指示标志、应急照明是否完好有效。

③ 消防设施、器材和消防安全指示标志是否在位、完整。

④ 常闭式防火门是否处于关闭状态，防火卷帘下是否堆放物品影响使用。

⑤ 消防安全重点部位的人员在岗情况。

⑥ 其他消防安全情况。

三、单位的防火检查

（一）单位防火检查的频次及要求

机关、团体、事业单位应当至少每季度进行一次防火检查，其他单位应当至少每月进行一次防火检查。防火检查应当填写检查记录。检查人员和被检查部门负责人应当在检查记录上签名。

（二）单位防火检查的内容

单位进行防火检查的内容应当包括：

① 火灾隐患的整改情况以及防范措施的落实情况。

② 安全疏散通道、疏散指示标志、应急照明和安全出口情况。

③ 消防车通道、消防水源情况。

④ 灭火器材配置及有效情况。

⑤ 用火、用电有无违章情况。

⑥ 重点工种人员以及其他员工消防知识的掌握情况。

⑦ 消防安全重点部位的管理情况。

⑧ 易燃易爆危险物品和场所防火防爆措施的落实情况以及其他重要物资的防火安全情况。

⑨ 消防（控制室）值班情况和设施运行、记录情况。

⑩ 防火巡查情况。

⑪ 消防安全标志的设置情况和完好、有效情况。

⑫ 其他需要检查的内容。

（三）单位防火检查的方法

单位防火检查的方法是指单位为达到实施防火检查的目的所采取的手段和方法。防火检查手段直接影响检查的质量。单位消防安全管理人员在进行自身防火检查时应根据检查对象的情况，灵活运用以下各种手段，了解检查对象的消防安全管理情况。

1. 查阅消防档案

消防档案是单位履行消防安全职责、消防档案是单位履行消防安全职责、反映单位消防工作基本情况和消防管理情况的载体。查阅消防档案应注意以下问题：

① 消防安全重点单位的消防档案应包括消防安全基本情况和消防安全管理情况。其内容必须按照公安部令 61 号第四十二条、第四十三条规定，全面翔实地反映单位消防工作的实际状况。

② 制定的消防安全制度和操作规程是否符合相关法规和技术规程。

③ 灭火和应急预案是否可靠。

④ 查阅公安机关消防机构填发的各种法律文书，尤其要注意责令改正或重大火灾隐患限期整改的相关内容是否得到落实。

2. 询问员工

询问员工是消防安全管理人员实施防火检查时最常用的方法。为在有限的时间之内获得对检查对象的大致了解，并通过这种方法了解掌握被检查对象的消防安全状况，防火检查人员可以通过询问或测试的方法直接而快速地获得相关的信息。

① 询问各部门、各岗位的消防安全管理人，了解其实施和组织落实消防安全管理工作的概况以及对消防安全工作的熟悉程度。

② 询问消防安全重点部位的人员，了解单位对其培训的概况。

③ 询问消防控制室的值班、操作人员，了解其是否具备岗位资格。

④ 公众聚集场所应随机抽问数名员工，了解其组织引导在场群众疏散的知识和技能以及报火警和扑救初起火灾的知识和技能。

3. 查看消防通道、防火间距、灭火器材、消防设施等情况

消防通道、消防设施、灭火器材、防火间距等是建筑物或场所消防安全的重要保障，技术规范对此都做了相应的规定。查看消防通道、消防设施、灭火器材、防火间距等，主要是通过眼看、耳听、手摸等方法，判断消防通道是否畅通，防火间距是否被占用，灭火器材是否配置得当并完好有效，消防设施各组件是否完整齐全无损、各组件阀门及开关等是否置于规定启闭状态、处于正常允许范围等。

4. 测试消防设施

使用专用检测设备测试消防设施设备的工作状况，要求防火检查员应具备相应的专业技术基础，熟悉各类消防设施的系统组成和工作原理，掌握检查测试方法以及操作中应注意的事项。对一些常规消防设施的测试，利用专用检测设备对火灾报警、消防电梯强制性停靠、室内外消火栓压力、消防栓远程启泵、压力开关和水力警铃、末端试水装置、防火卷帘启闭等项目进行测试。

第二节 火灾隐患的认定与整改

及时发现和消除火灾隐患，保障人民生命和社会财产的安全，是单位自身进行防火检查的主要目的之一。实施防火检查时，检查人员应当能够准确认定存在的火灾隐患，从而采取相应的处理措施，确保火灾隐患得以消除，使违法行为得以纠正。

一、火灾隐患的含义

火灾隐患通常是指单位、场所、设备以及人们的行为违反消防法律、法规、有引起火灾或爆炸事故、危及生命财产安全、阻碍火灾扑救等潜在的危险因素和条件。是否构成火灾隐患可以从以下三个方面来判定：

① 具有直接引发火灾危险的，如违反规定储存、使用、运输易燃易爆物品，违章用火用电、用气和进行明火作业等，有直接引发火灾的可能性等情形。

② 发生火灾时会导致火势蔓延、扩大或者会增加对人身、财产危害的，如建筑防火分区、建筑结构、防火防烟排烟设施等被随意改变，失去应有的作用等，一旦发生火灾，火势会迅速扩大，难以控制等情形。

③ 发生火灾时会影响人员安全疏散或者灭火救援行动的，如安全出口和疏散通道阻塞，缺少消防水源，消防车通道阻塞，消防设施不能使用等，一旦发生火灾，将导致人员无法及时疏散，造成大量人员伤亡等情况。

二、火灾隐患的分级

根据不安全因素引发火灾的可能性大小和可能造成的危害程度的不同，火灾隐患可分为一般火灾隐患和重大火灾隐患。

（一）一般火灾隐患

一般火灾隐患是指存在的不安全因素有引发火灾的可能，且发生火灾会造成一定的危害后果，但危害后果不严重。

（二）重大火灾隐患

重大火灾隐患是指违反消防法律法规，可能导致火灾发生或火灾危害增大，并由此可能造成特大火灾事故后果和严重社会影响的各类潜在不安全因素。

三、火灾隐患的判定

凡是火灾隐患都是违反消防法规的行为或事物的状态。认定火灾隐患主要是依据《消防监督检查规定》《机关、团体、企业、事业单位消防安全管理规定》等法律、法规进行判定。

（一）一般火灾隐患的判定

在防火检查时发现具有下列情形之一的，应当确定为一般火灾隐患：

① 影响人员安全疏散或者灭火救援行动，不能立即改正的。

② 消防设施不完全有效，影响防火灭火功能的。

③ 擅自改变防火分区，容易导致火势蔓延、扩大的。

④ 在人员密集场所违反消防安全规定，使用、储存易燃易爆化学物品，不能立即改正的。

⑤ 不符合城市消防安全布局要求，影响公共安全的。

（二）重大火灾隐患的判定

在防火检查时，对重大火灾隐患可视不同情形采取直接判定或综合判定。

1. 可不判定为重大火灾隐患的情形

下列任一种情形可不判定为重大火灾隐患：

① 可以立即整改的。

② 因国家标准修订引起的（法律法规有明确规定的除外）。

③ 对重大火灾隐患依法进行了消防技术论证，并已采取相应技术措施的。

④ 发生火灾不足以导致特大火灾事故后果或严重社会影响的。

2. 重大火灾隐患直接判定

下列重大火灾隐患可以直接判定：

① 生产、储存和装卸易燃易爆化学物品的工厂、仓库和专用车站、码头、储罐区，未设置在城市的边缘或相对独立的安全地带。

② 甲、乙类厂房设置在建筑的地下、半地下室。

③ 甲、乙类厂房与人员密集场所或住宅、宿舍混合设置在同一建筑内。

④ 公共娱乐场所、商店、地下人员密集场所的安全出口、楼梯间的设置形式及数量不符合规定。

⑤ 旅馆、公共娱乐场所、商店、地下人员密集场所未按规定设置自动喷水灭火系统或火灾自动报警系统。

⑥ 易燃可燃液体、可燃气体储罐（区）未按规定设置固定灭火、冷却设施。

四、单位对自身存在火灾隐患的整改

单位对存在的火灾隐患，应当及时予以消除。

（一）**火灾隐患当场改正**

对下列违反消防安全规定的行为，单位应当责成有关人员当场改正并督促落实：

① 违章进入生产、储存易燃易爆危险物品场所的。

② 违章使用明火作业或者在具有火灾、爆炸危险物品场所吸烟、使用明火等违反禁令的。

③ 将安全出口上锁、遮挡，或者占用堆放物品影响疏散通道畅通的。

④ 消火栓、灭火器材被遮挡影响使用或者被挪作他用的。

⑤ 常闭式防火门处于开启状态，防火卷帘下堆放物品影响使用的。

⑥ 消防设施管理、值班人员和防火巡查人员脱岗的。

⑦ 违章关闭消防设施、切断消防电源的。

⑧ 其他可以当场改正的行为。

违反上述条款规定的情况以及改正情况应当有记录并存档备查。

（二）**火灾隐患限期整改**

对不能当场改正的火灾隐患，消防工作归口管理职能部门或者专兼职消防管理人员应根据本单位的管理分工，及时将存在的火灾隐患向单位的消防安全管理人或者消防安全责任人报告，提出整改方案。消防安全管理人或者消防安全责任人应当确定整改的措施、期限以及负责整改的部门、人员，并落实整改资金。

在火灾隐患未消除之前，单位应当落实防范措施，保障消防安全。不能确保消防安全，随时可能引发火灾或者一旦发生火灾将严重危及人身安全的，应当将危险部位停产停业整改。如整改过程中，需暂时停用消防设施器材，则要在 24 小时内报公安机关消防机构备案。

火灾隐患整改完毕，负责整改的部门或者人员应当前往现场确认火灾隐患整改完毕，并将整改情况记录报送消防安全责任人或者消防安全管理人签字确认后存档备查。

对于涉及城市规划布局而不能自行解决的重大火灾隐患，以及机关、团体、事业单位确无能力解决的重大火灾隐患，单位应当提出解决方案并及时向其上级主管部门或者当地人民政府报告。

对公安机关消防机构责令限期改正的火灾隐患，单位应当在规定的期限内改正并写出火灾隐患整改复函，报送公安机关消防机构。

第三节　消防设施器材的检查

一、消防给水系统

大量火灾统计资料表明，消防给水系统失效的主要原因是阀门关闭和系统供水中断。因此，对消防给水系统的验收与监督检查应重视供水系统是否可靠，该开启的阀门是否都处在全开启的位置，检查消防水泵的动作，检查系统的报警联动，检查组件的完整有效，使系统处于准工作状态。

（一）消防供水设施的检查要点

1. 供水水源

① 利用市政给水作供水水源，应检查给水管网进水管的管径及供水能力；利用天然水源作系统的供水水源，应检查水质是否符合设计要求，并应检查枯水期最低水位时确保消防用水的技术措施。自动喷水灭火系统利用露天水池或天然水源作系统的供水水源时，需在水源进入消防水泵前的吸水口处设有自动除渣功能的固液分离装置，而不能用格栅除渣。

② 天然水源、消防水池和消防水箱等储存的消防用水量应符合设计要求，消防用水不挪作他用的设施应正常，消防水池和消防水箱的补水设施应正常，寒冷地区消防水池和消防水箱的防冻措施应完好。

③ 供消防车取水的消防水池和天然水源，保护半径应符合规范要求，水深应保证消防车的吸水高度不超过 6 米，取水口（取水码头）的设置位置应便于消防车停靠取水，取水口距建筑物、储罐的距离应符合规范要求。

④ 消防水箱的设置高度应保证最不利点处消火栓的静水压力或喷头的最低工作压力，当消防水箱的设置高度不能满足要求时，采取的增压设施应符合设计要求。

2. 稳（增）压泵、气压罐

① 稳(增)压泵的流量和压力、气压罐的储水量应符合设计要求，进出口阀门应常开。

② 对消防气压给水设备，当系统气压下降到设计最低压力时，通过压力变化信号启动稳（增）压泵应运行正常，启泵与停泵应符合设定值，压力表显示应正常。

3. 消防水泵房、消防水泵

① 消防水泵房的耐火等级、设置位置、安全出口、应急照明和地面排水等应符合设计要求。

② 消防水泵和水泵控制柜应有注明系统名称和编号的标志。

③ 消防工作泵、备用泵、吸水管、出水管及出水管上的防超压装置、水锤消除措施、止回阀、信号阀、试验用放水阀、压力表等的规格、型号、数量应符合设计要求；吸水管、出水管上的控制阀应锁定在常开位置，标志牌应正确。

④ 消防水泵应采用自灌式吸水或其他可靠的引水措施。

⑤ 水泵控制柜按钮应能启停每台消防水泵，消防水泵启动运行和停止应正常，指示灯、仪表显示应正常，压力表、试水阀及防超压装置等应正常，并有向消防联动控制设备反馈水泵状态的信号。

⑥ 以备用电源切换方式或备用泵切换启动消防水泵，消防水泵应能正常运行。消防工作泵、备用泵转换运行 1 ～ 3 次。

4. 水泵接合器

① 水泵接合器的数量及设置位置应符合设计要求。对水泵接合器的数量按建筑物室内消防用水量和每个水泵接合器流量 10 ～ 15 升 / 秒校核，其设置位置距室外消火栓或消防水池宜为 15 ～ 40 米。

② 应有注明所属系统和区域的标志牌；控制阀应常开，且启闭灵活；安全阀及止回阀的安装位置和方向应正确；寒冷地区防冻措施应完好。

③ 地下式水泵接合器井内应有足够的操作空间，不应有积水或积聚的垃圾、沙土；水泵接合器采用墙壁式时，其上方应设有防坠落物打击的措施。

④ 对水泵接合器进行通水试验，检查供水功能。

（二）消火栓系统的检查要点

1. 室外消火栓

（1）设置数量和位置检查

室外消火栓数量应能满足建筑室外消防用水量的需要，每个室外消火栓的用水量按 10 ～ 15 升 / 秒核算；室外消火栓的间距应符合规范要求，消火栓的设置位置一般距路边不应大于 2 米，距房屋外墙不宜小于 5 米，甲、乙、丙类液体储罐区和液化石油气储罐区的消火栓应设在防火堤外；地上消火栓栓口的位置应方便操作。

（2）外观检查

① 消火栓不应被埋压、圈占；寒冷地区消火栓的防冻措施应完好。

② 栓体外表油漆应无脱落、锈蚀；用专用扳手转动消火栓启闭杆，启闭应灵活；橡胶垫圈等密封件应无损坏、老化或丢失情况。

③ 地下消火栓应有明显的标志，地下消火栓井内应有足够的操作空间，不应有积水或积聚的垃圾、沙土。

③ 出水检查

消火栓前端阀门井内的阀门应开启，打开消火栓，测试压力、流量，检查供水情况；在放净锈水后关闭，不应有漏水现象。

2. 室内消火栓系统

（1）设置部位检查

室内消火栓应设在走道、楼梯附近等位置明显且易于操作的部位，相邻消火栓的间距应符合设计要求。一般情况下，室内消火栓的布置应保证每一个防火分区同层有两支水枪的充实水柱同时到达任何部位，高层民用建筑室内消火栓的布置应保证同层相邻两个消火栓的水枪的充实水柱同时到达被保护范围内的任何部位。

（2）外观检查

① 消火栓箱应有明显的标志，箱门不应被装饰物遮掩，四周的装修材料颜色与箱门的颜色应有明显区别；箱门开关应灵活，开度符合要求。

② 同一建筑内应采用统一规格的室内消火栓，消火栓箱组件如室内消火栓、水枪、水带、消防卷盘等齐全完好，无锈蚀、渗漏，接口、垫圈完整无缺，水带长度符合要求；消火栓的阀门启闭应灵活，栓口离地面高度宜为 1.1 米（允许偏差 ±20 毫米），出水口方向宜向下或与设置墙面垂直。

③ 启泵按钮应牢固，外观完好，有透明罩保护。

（3）系统管网检查

① 对需要设置环状消防给水管网的建筑，应复核管网的布置是否符合要求。

② 管道的材质、管径、接头及采取的防腐、防冻措施应符合设计规范及设计要求。聚乙烯类管道、聚氯乙烯类管道、铝塑复合管等不得用于室内消防系统，不得与消防和生活给水合用系统相连接。

③ 管道上用于分隔管段的阀门设置应符合规范要求，阀门应被锁定在常开状态并有明显的启闭标志；消防水泵、高位消防水箱和水泵接合器至室内供水管网的管段上，均应设置有止回阀，且应保证水流方向流向室内管网。

（4）系统功能检查

可选取屋顶层试验消火栓和首层消火栓进行测试。连接压力表及闷盖，开启消火栓，可测量栓口静水压力；做试射试验，可观测出水流量和压力情况。对于常高压给水系统，可直接观测出水流量和压力是否符合设计要求；当采用市政管网给水系统时，应按常高压给水系统的要求进行试验。对于临时高压给水系统，可按下列步骤实施：

① 将系统置于自动状态：连接水带、水枪，开启消火栓，稳（增）压泵应启动，观测水量水压情况；触发启泵按钮，消火栓泵应直接启动，同时启泵按钮的确认灯显示，在测试处观测水量水压变化情况，栓口出水压力不应大于 0.5 兆帕，水枪的充实水柱和流量应符合设计要求；消火栓泵启动后，稳（增）压泵应停止运行。消防控制室应能显示启泵按钮的位置（该功能按启泵按钮实际安装数量 5% ～ 10% 的比例抽验），显示消火栓泵的工作状态。

② 消防控制室设有消火栓泵的直接手动控制装置，由控制室停泵、启泵，可测试系统远距离操作是否灵敏可靠。消防控制室内操作启、停泵 1 ～ 3 次。

③ 消防水泵房内启、停泵，测试消火栓泵启动运行是否正常，信号反馈是否正确。

（三）自动喷水灭火系统的检查要点

1. 自动喷水灭火系统的检查

自动喷水灭火系统的验收主要包括供水设施、报警阀组、管网、喷头的检查，系统流量、压力测试和系统模拟灭火功能试验。其中，供水设施的检查验收与本节前述内容相同。

（1）外观检查

① 报警阀组检查。检查报警阀组是否有注明系统名称和保护区域的标志牌，压力表显示是否符合设定值；检查报警阀组的水源控制阀和报警阀报警口与延迟器之间的控制阀是否处于全开启状态，采用信号阀时，反馈信号应正确；干式报警阀组、配有充气装置的预作用报警阀组、采用气压传动管的雨淋报警阀组，其空气压缩机和气压控制装置状态应正常；打开手动试水阀或电磁阀时，雨淋阀组动作应可靠；检查水力警铃的设置位置是否正确，同时尚应注意消防水箱的出水管是否连接在报警阀前。

② 系统管网检查。检查管道的材质、管径、接头、连接方式及采取的防腐、防冻措施是否符合设计要求；检查管网排水坡度、辅助排水设施及配水支管、配水管、配水干管设置的支架、吊架和防晃支架是否符合规范的规定；检查管网不同部位安装的报警阀组、闸阀、止回阀、电磁阀、信号阀、水流指示器、末端试水装置、试水阀、减压孔板、节流管、减压阀、柔性接头、排水管、排气阀、泄压阀等是否符合设计要求；检查报警阀后的管道上是否安装其他用途的支管或水龙头。

③ 喷头检查。检查喷头的规格、型号、公称动作温度、响应时间指数（RTI）是否与设置场所相适应；检查喷头的安装间距，喷头与楼板、墙、梁等障碍物的距离是否符合规范要求；检查喷头特别是边墙型喷头的安装方向是否正确；检查有腐蚀性气体的环境和有冰冻危险场所安装的喷头是否采取防护措施，有碰撞危险场所安装的喷头是否加设防护罩；检查喷头的备用品，其备用品数量不应小于安装总数的 1%，且每种备用喷头不应少于 10 个。

④ 末端试水装置和试水阀检查。检查末端试水装置和试水阀的位置是否便于试验，是否有相应的排水能力和排水设施，末端试水装置的出水应采用孔口出流的方式排入排水管道。

（2）系统模拟灭火功能试验

① 湿式系统。进行模拟火灾试验前，稳压设施正常工作，系统管道内有保持一定压力的水。开启末端试水装置的试水阀，系统出水压力不应低于 0.05 兆帕，报警阀、水流指示器、压力开关应动作；报警阀动作后，水力警铃应鸣响；压力开关动作后，应自动启动喷淋泵，稳压设施停止工作；消防控制室的联动控制设备应显示水流指示器、压力开关及喷淋泵的反馈信号，并能直接手动启停喷淋泵（消防控制室内操作启、停泵 1 ～ 3 次，以下同）。

② 干式系统。进行模拟火灾试验前，稳压和充气设施正常工作，干式报警阀前充满保持一定压力的水，干式报警阀后充满保持一定压力的气体。开启末端试水装置的试水阀，加速器、报警阀、水流指示器、压力开关应动作；报警阀动作后，水力警铃应鸣响；压力开关动作后，应自动启动喷淋泵和联动启动排气阀入口电动阀，稳压和充气设施停止工作；消防控制室的联动控制设备应显示加速器、水流指示器、压力开关、电动阀及喷淋泵的反馈信号，并能直接手动启停喷淋泵和启闭电动阀。

③ 预作用系统。进行模拟火灾试验前，火灾自动报警系统投入运行、稳压设施正常工作。使同一作用区的相邻两个探测器动作，火灾报警控制器确认后应自动打开雨淋阀的电磁阀，雨淋阀开启，系统充水，水流指示器、压力开关应动作；雨淋阀动作后，水力警铃应鸣响；压力开关动作后，应自动启动喷淋泵，同时开启排气阀入口电动阀（试验同时还应手动开启末端试水装置的试水阀），稳压设施停止工作；消防控制室的联动控制设备应显示电磁阀、水流指示器、压力开关、电动阀及喷淋泵的反馈信号，并能直接手动启停喷淋泵和启闭电动阀、电磁阀。火灾报警控制器确认火灾后 1 分钟，末端试水装置的出水压力不应低于 0.05 兆帕。

④ 雨淋系统。当采用传动管控制的系统时，传动管泄压后，应联动开启雨淋阀，压力开关应动作；当采用火灾探测器控制的系统时，火灾报警控制器确认后应自动打

开雨淋阀的电磁阀，开启雨淋阀，压力开关应动作；雨淋阀动作后，水力警铃应鸣响；压力开关动作后，应自动启动喷淋泵；消防控制室的联动控制设备应显示电磁阀、压力开关及喷淋泵的反馈信号，并能直接手动启停喷淋泵和启闭电磁阀；并联设置多台雨淋阀组的系统，逻辑控制关系应符合设计要求。

⑤ 水喷雾系统和自动控制的水幕系统，其检查与雨淋系统相同。手动操作的水幕系统，控制阀的启闭应灵活可靠。

（3）系统流量、压力测试

① 在报警阀与管网之间的供水干管上，应安装由控制阀、检测供水压力、流量用的仪表及排水管道组成的系统流量压力检测装置，其过水能力应与系统过水能力一致；干式报警阀组、雨淋报警阀组应安装检测时水流不进入系统管网的信号控制阀门。可通过系统流量压力检测装置进行放水试验，检查系统流量、压力是否符合设计要求。

② 可通过系统流量压力检测装置进行系统联动控制功能检查。特别是干式系统、预作用系统、雨淋系统、水喷雾系统和自动控制的水幕系统，当系统不能进行充水或喷射试验时，可关闭水流不进入系统管网的信号控制阀门，开启系统流量压力检测装置放水阀进行联动功能测试。通过系统流量压力检测装置进行放水试验时，湿式系统、干式系统、预作用系统的水流指示器不会动作。

2. 检查自动喷水灭火系统的注意事项

① 若建（构）筑物的使用性质或储存物的安放位置、堆存高度有改变，应检查系统的适用性。影响到系统功能而需要进行修改时，应重新进行设计和安装。

② 应重点检查系统控制阀门的开启状态和系统的运行状况，进行系统模拟灭火功能试验。阀门检查时应特别注意喷淋泵的进出口阀、气压给水装置的进出口阀、消防水箱出水管上的控制阀、报警阀组的水源控制阀和报警阀报警口与延迟器之间的控制阀、配水管上的安全信号阀等是否处于全开启状态，采用信号阀时，反馈信号应正确。

③ 喷头检查时应注意喷头是否有变形、附着物、悬挂物和被遮挡的情况，检查喷头的安装间距、喷头与保护对象、顶板和障碍物的距离是否符合规范要求，特别是不能通过设置集热挡水板来放宽喷头溅水盘与顶板的距离，应注意装设通透性吊顶的场所，喷头应布置在顶板下。

二、泡沫、气体灭火系统

（一）泡沫灭火系统的检查要点

1. 外观检查

主要检查泡沫灭火系统的组件是否损伤、腐蚀、泄漏，检查泡沫产生装置有无堵塞和被阻挡，检查操作装置和部件是否完好，检查泡沫消火栓和阀门的启闭是否灵活，检查过滤器用过或做过流量试验后的清扫情况，检查泡沫液是否超过有效期。

2. 对系统供水设施和电气装置进行检查

主要检查系统供水是否可靠，动力源、备用动力和电气设备工作状况是否良好，消防泵启动运行是否正常，以备用动力切换方式或备用泵切换启动消防泵，消防泵能否正常运行。

3. 根据实际情况做喷泡沫试验

喷泡沫试验原则上应按系统验收的要求进行，考虑到低、中倍数泡沫灭火系统喷泡沫试验不能直接向防护区或储罐内喷射泡沫，为了避免拆卸有关管道和泡沫产生器，可结合单位的实际情况进行试验。如利用防护区或储罐检修时，选择某个防护区或储罐进行试验，或者利用泡沫混合液管道上的泡沫消火栓，接上水带、泡沫枪（中倍数也称手提式中倍数泡沫产生器）进行试验。对于高倍数泡沫灭火系统可在防护区内进行喷泡沫试验。在系统试验的过程中，检查设备、设施、管道及附件和喷射泡沫的情况是否正常。

（二）气体灭火系统的检查要点

① 检查防护区的封闭性是否良好和安全设施是否齐全完好。

② 检查灭火剂的充装量和储存压力。

③ 对防护区进行模拟启动试验检查，可结合系统年检对相关防护区进行模拟喷气试验。

三、消防电气、火灾自动报警系统

（一）消防供配电设施的检查要点

1. 消防电源及其配电

① 核对消防控制室、消防水泵、消防电梯、防排烟设施、火灾自动报警、漏电火灾报警系统、自动灭火系统、应急照明、疏散指示标志和电动的防火门、窗、防火卷帘、阀门等消防设备用电的负荷等级是否符合设计要求和现行国家有关标准的规定。

② 检查消防配电线路。核查消防用电设备是否采用专用的供电回路，其配电线路

的敷设及防火保护是否符合规范的要求。

③ 检查消防设备配电箱。消防设备配电箱应有区别于其他配电箱的明显标志，不同消防设备的配电箱应有明显区分标识；配电箱上的仪表、指示灯的显示应正常，开关及控制按钮应灵活可靠；查看消防控制室、消防水泵房、防烟与排烟风机房的消防用电设备及消防电梯等的供电是否在配电线路的最末一级配电箱设置自动切换装置。

④ 核对配电箱控制方式及操作程序是否符合设计要求并进行试验。自动控制方式下，手动切断消防主电源，观察备用消防电源的投入及指示灯的显示；人工控制方式下，手动切断消防主电源，后闭合备用消防电源，观察备用消防电源的投入及指示灯的显示。

2. 自备发电机组

① 查看发电机的规格、型号，检查容量、功率是否符合设计要求。

② 发电机启动试验。自动控制方式启动发电机达到额定转速并发电的时间不应大于 30 秒，发电机运行及输出功率、电压、频率、相位的显示均应正常；手动控制方式启动发电机，输出指标及信号显示正常；机房通风设施运行正常。

③ 柴油发电机储油设施检查。燃油标号应正确，储油箱的油量应能满足发电机运行 3 ～ 8 小时的用量，油位显示应正常，储油箱应密闭，且应设置通向室外的通气管，通气管应设置带阻火器的呼吸阀。油品的下部应设置防止油品流散的设施。

3. 消防设备应急电源

① 主要部件检查。检查消防设备应急电源材料（重点是电池的制造厂、型号和容量等）、结构是否与国家级检验机构出具的检验报告所描述的一致。

② 功能检查。确认消防设备应急电源与由其供电的消防设备连接并接通主电源，处于正常监视状态。断开主电源，消防设备应急电源应能按标称的额定输出容量为消防设备供电，使由其供电的所有消防设备处于正常状态。

（二）火灾应急照明和疏散指示标志的检查要点

1. 外观检查

① 火灾应急照明和疏散指示标志的类别、型号、数量、设置场所、安装位置、间距等符合设计要求，表面应无机械损伤、紧固部位应无松动。

② 灯具与供电线路之间不得使用插头连接，必须在预埋盒或接线盒内连接。

③ 灯具安装应牢固，不应对人员正常通行产生影响，周围无遮挡物和容易混淆的其他标志灯（牌），带有疏散方向指示箭头的疏散指示标志应与实际疏散方向一致。

④ 火灾应急照明和疏散指示标志状态指示灯应正常。自带电源型和子母电源型火灾应急照明和疏散指示标志应设主电、充电、故障状态指示灯，主电状态用绿色，充电状态用红色，故障状态用黄色。集中电源型火灾应急照明和疏散指示标志的应急电

源应设主电、充电、故障和应急状态指示灯，主电状态用绿色，故障状态用黄色，充电和应急状态用红色。

2. 基本功能检查

① 切断正常供电电源，检查火灾应急照明和疏散指示标志系统的状态和显示是否正确，检查是否设有影响应急功能的开关，检查火灾应急照明和疏散指示标志是否在5秒内自动转换进入点亮状态（进行1～3次使系统转入应急状态检验），有条件时可检测应急工作状态的持续时间。

② 检查照度是否符合设计要求和国家有关标准的规定。使用照度计，检查两个疏散照明灯之间地面中心的照度、灯光疏散指示标志前通道中心处地面的照度是否满足设计要求，有条件时可检测达到规定的应急工作状态持续时间时的照度；消防控制室、消防水泵房、防烟排烟机房、配电室、自备发电机房、电话总机房以及发生火灾时仍需坚持工作的其他房间，使用照度计测量正常照明时的工作面照度，切断正常照明后检测应急照明时工作面的最低照度是否满足设计要求。

③ 系统复位检查。正常供电电源恢复后，应自动恢复到正常供电电源工作状态。

④ 辅助性自发光疏散指示标志检查。当正常光源变暗后，应自发光。

（三）火灾自动报警系统的检查要点

火灾自动报警系统检查的内容包括火灾报警系统装置（包括各种火灾探测器、手动火灾报警按钮、火灾报警控制器和区域显示器等），消防联动控制系统（含消防联动控制器、气体灭火控制器、消防电气控制装置、消防设备应急电源、消防应急广播设备、消防电话、传输设备、消防控制中心图形显示装置、模块、消防电动装置、消火栓按钮等设备），自动灭火系统控制装置（包括自动喷水、气体、干粉、泡沫等固定灭火系统的控制装置），消火栓系统的控制装置，通风空调、防排烟及电动防火阀等控制装置，电动防火门控制装置、防火卷帘控制器、火灾警报装置，火灾应急照明和疏散指示控制装置，切断非消防电源的控制装置，消防电梯和非消防电梯的回降控制装置，电动阀控制装置和消防联网通信等装置的安装位置、施工质量和功能等。

1. 外观检查

① 检查系统的主电源、备用电源、自动切换装置等安装位置及施工质量。火灾自动报警系统主电源应有明显标志，主电源的保护开关不应采用漏电保护开关，控制器的主电源引入线，应直接与消防电源连接，严禁使用电源插头。

② 检查系统接地和系统布线。检查系统是否实施工作接地、保护接地，检查系统工作接地形式、接地电阻、系统布管材质、布线选型、管线的敷设方式及其防火保护是否符合设计和施工质量要求。

③ 检查火灾探测器（含可燃气体探测器）的类别、型号、适用场所、安装高度、保护半径、保护面积和安装间距，手动火灾报警按钮、火灾警报装置和消防专用电话的设置位置、数量，扩音机的容量，以及扬声器的设置位置、功率、数量是否符合设计和施工质量要求。

④ 检查火灾报警控制器含可燃气体报警控制器、消防联动控制设备、区域显示器（火灾显示盘）的安装位置、型号、数量、类别及安装质量。火灾报警控制器、联动控制设备、区域显示器（火灾显示盘）的各种旋钮、按键、开关、插座、插件等外型和结构应完好、文字符号和标志应清晰。

⑤ 检查消防控制室的位置、安全出口、应急照明以及通风管道、电气线路和管路的设置等是否符合设计要求。

2. 火灾报警控制器、消防联动控制设备、区域显示器（火灾显示盘）电源切换功能检查

切断火灾报警控制器、消防联动控制设备、非火灾报警控制器供电的区域显示器的主电源，能自动转换到备用电源；恢复主电源，能自动转换到主电源。观察电源切换时指示灯变化情况，主、备电源的工作状态应有指示，主、备电源的转换不应使火灾报警控制器、消防联动控制设备产生误动作。主、备电源的自动转换装置，应进行3次转换试验，每次试验均应正常。

3. 火灾报警控制器、消防联动控制设备、区域显示器（火灾显示盘）的自检功能检查

操作火灾报警控制器、联动控制设备、区域显示器（火灾显示盘）自检装置，观察声、光报警情况和指示灯、显示器、音响器件所处的状态。火灾报警控制器、联动控制设备在执行自检功能期间，受其控制的外接设备和输出接点均不应动作。火灾报警控制器、联动控制设备、区域显示器（火灾显示盘）应能手动检查其面板所有指示灯（器）、显示器的功能。

火灾报警控制器和消防联动控制器按实际安装数量进行功能检验，消防联动控制系统中的其他各种用电设备、区域显示器按下列要求进行功能抽验：实际安装数量在5台以下的，全部检验；实际安装数量在6～10台的，抽验5台；实际安装数量超过10台的，按实际安装数量30%～50%的比例，但不少于5台抽验。

4. 系统功能检查

① 测试火灾报警、火灾报警控制功能。采用专用的检测仪器或模拟火灾的方法（对于不可恢复的火灾探测器采取模拟报警的方法）进行火灾探测器实效模拟试验，或者触发手动火灾报警按钮试验：

火灾探测器动作，向火灾报警控制器输出火灾报警信号，并在手动复位前予以保持（对于点型感烟、感温火灾探测器应观察报警确认灯是否启动）。手动火灾报警按钮被触发时，应向火灾报警控制器输出火灾报警信号，同时启动按钮的报警确认灯，并能手动复位。

火灾报警控制器能接收来自火灾触发器件的火灾报警信号，观察火灾报警声、光信号情况和指示火灾的发生部位与试验部位对应是否准确；火灾报警光信号在火灾报警控制器复位之前不能手动消除，火灾报警声信号能手动消除，但再有火灾报警信号输入时，应能再启动。火灾报警控制器应能记录火灾报警时间。除复位操作外，对火灾报警控制器的任何操作均不应影响控制器接收和发出火灾报警信号。

区域显示器（火灾显示盘）能接收和显示来自火灾报警控制器火灾报警信号，火灾报警光信号在火灾报警控制器复位之前不能手动消除，火灾报警声信号能手动消除，但再有火灾报警信号输入时，应能再启动。

火灾警报装置应在接收火灾报警控制器输出的控制信号后，发出声警报或声、光警报，环境噪声大于 60 分贝的场所，声报警的声压级应高于背景噪声 15 分贝。

② 测试故障报警、火灾报警优先功能。使火灾报警控制器内部或控制器与其连接的部件间处于故障状态：

火灾报警控制器应在100秒内发出与火灾报警信号有明显区别的故障声、光信号（短路时发出火灾报警信号除外），故障声信号应能手动消除并有消音指示，当有新故障报警信号时，故障声信号应能再次启动，故障光信号在故障排除之前应能保持；观察故障显示的部位或类型是否与设定相符。故障期间，非故障回路的正常工作不受影响。被隔离的部件、设备应有隔离状态光指示，并能查寻或显示被隔离部件、设备的部位。

在故障状态下，使任一火灾触发器件发出火灾报警信号，火灾报警控制器应能接收火灾报警信号，在 1 分钟内发出火灾报警声、光信号，指示火灾发生部位，记录火灾报警时间，并予以保持；再使其他火灾触发器件发出火灾报警信号，检查火灾报警控制器的再次报警功能。

火灾报警控制器信息显示按火灾报警、监管报警及其他状态顺序由高至低排列信息显示等级，高等级的状态信息应优先显示，低等级状态信息显示不应影响高等级状态信息显示，显示的信息应与对应的状态一致且易于辨识。当控制器处于某一高等级状态显示时，应能通过手动操作查询其他低等级状态信息，各状态信息不应交替显示。

火灾探测器（含可燃气体探测器）和手动火灾报警按钮进行模拟火灾响应（可燃气体报警）试验和故障报警抽验的比例为：实际安装数量在 100 只以下的，抽验 20 只（每个回路都应抽验）；实际安装数量超过 100 只，按实际安装数量 10% ～ 20% 的比例，但不少于 20 只抽验。被抽验探测器的试验均应正常。

③ 消防联动控制设备功能测试。当系统处于可联动控制状态时，消防联动控制设备能直接或间接地接收来自火灾报警控制器或火灾触发器件的相关火灾报警信号，并发出火灾报警声、光信号，火灾报警声信号能手动消除，火灾报警光信号在消防联动控制设备复位前应予以保持。根据建筑消防设施设置情况，消防联动控制设备在接收到火灾报警信号后，应按设计的逻辑关系和要求输出和显示相应控制信号。消防联动控制设备能以手动或自动两种方式完成相应的联动控制功能，能指示手动或自动操作方式的工作状态。在自动方式操作过程中，手动插入操作优先。

5. 火灾应急广播系统功能检查

火灾应急广播系统按实际安装数量的 10% ～ 20% 进行功能检验。

① 在消防控制室选层用话筒播音，检查播音区域是否正确、音质是否清晰，并对扩音机和备用扩音机进行全负荷试验。

② 自动控制方式下，模拟火灾报警，核对按设定的控制程序自动启动火灾应急广播的区域，检查音响效果。

③ 火灾应急广播与公共广播合用时，公共广播扩音机处于关闭和播放状态下，能在消防控制室自动和手动将火灾疏散层的扬声器和公共广播扩音机强制切换到火灾应急广播。

④ 用声级计测试启动火灾应急广播前的环境噪声，当大于 60 分贝时，重复测试启动火灾应急广播启动后扬声器播音范围内最远点的声压级，并与环境噪声对比。火灾应急广播应高于背景噪声 15 分贝。

6. 消防专用电话功能检查

① 消防专用电话分机应以直通方式呼叫，消防控制室与设备间所设的对讲电话进行 1 ～ 3 次通话试验，通话音质应清晰。

② 消防控制室应能接受插孔电话的呼叫，消防控制室与设置插孔电话的场所（按实际安装数量的 10% ～ 20%）进行通话试验，通话音质应清晰。

③ 消防控制室应设置可直接报警的外线电话，与另一部外线电话模拟报警电话进行 1 ～ 3 次通话试验。

四、其他建筑消防设施

（一）防排烟系统的检查要点

防排烟系统设计施工质量的优劣，直接影响人员的安全疏散。防排烟系统设置不完善、自然排烟设施达不到排烟的目的、机械加压送风系统难以达到所要求的余压和机械排烟系统的排烟效果不明显，以及火灾报警、风阀、风机之间的联动控制功能不完善是防排烟系统验收与监督检查中存在的突出问题。因此，防排烟系统的验收与监督检查应重点注意以下几个方面。

1. 系统设置检查

主要检查防排烟的设置部位、防烟分区的划分和挡烟设施的设置是否符合规范要求，系统设置方式是否正确。

2. 风机和控制柜检查

风机和控制柜应有注明系统名称和编号的标志，加压送风机、排烟风机的铭牌应清晰，风量、风压应符合设计要求；在风机房手动直接启动风机，启动后运转应正常，控制柜仪表、指示灯显示应正常，开关及控制按钮应灵活可靠；消防控制室远程手动启、停风机，运行及反馈信号应正常；现场测试时应查看风口气流方向，检查风机是否正常；检查风机最末一级配电箱，风机应采用消防电源，并在最末一级配电箱上做切换功能试验。防排烟机应全部检验，消防控制室直接启停、现场手动启停防排烟风机 1 ～ 3 次。

3. 加压送风口（阀）、排烟口（阀）检查

送风口（阀）、排烟口（阀）安装应牢固，电动、手动开启与手动复位操作应灵活可靠，关闭时应严密，在消防控制室的反馈信号应正确，其设置位置、截面尺寸、数量应符合设计要求和规范的规定。防排烟设备的阀门应按实际安装数量 10% ～ 20% 的比例抽验，消防控制室开启、现场手动开启防排烟阀门 1 ～ 3 次。在工程实际中，风口（阀）启闭不灵，应予以重视。

4. 自然排烟窗检查

自然排烟窗应为可开启外窗，宜设置在上方，并有方便开启的装置，其开窗面积应符合设计要求。应防止户外广告牌、室内固定家具封闭、遮挡自然排烟窗。电动排烟窗的电动、手动开启与电动复位操作应灵活可靠，关闭应严密，消防控制室反馈信号正确。

5. 送风管道（竖井）和排烟管道（竖井）检查

管道的材质应符合规范要求，尤其应注意的是有相当多的工程因竖井不抹灰、管道连接不严实、常闭风口关闭不严密，漏风十分严重，甚至管道内杂物沉积，导致送风口、排烟口的风速、风量达不到设计要求。

6. 系统联动控制功能测试

自动控制方式下，模拟火灾报警，根据设计模式，相应区域的空调送风停止，电动防火阀关闭，相应区域的加压送风口、加压送风机开启，相应区域的活动挡烟垂壁下垂，电动自然排烟窗、排烟口、排烟风机开启（设有补风系统的，应在启动排烟风

机的同时启动送风机），并向火灾报警控制器或联动控制设备反馈信号。当通风与排烟合用双速风机时，应能自动切换到高速运行状态。可采用微压计，在风机保护区域的顶层、中间层及最下层测量防烟楼梯间、前室、合用前室的余压，防烟楼梯间的余压值应为 40 ～ 50 帕，前室、合用前室的余压应为 25 ～ 30 帕。测量送风口、排烟口的风速，可采用风速仪，送风口风速不宜大于 7 米 / 秒，排烟口风速不宜大于 10 米 / 秒。

（二）防火门的检查要点

① 检查防火门的规格、种类、级别、数量、安装位置及施工质量是否符合设计要求和国家有关标准的规定。防火门应为向疏散方向开启的平开门；防火门组件应齐全完好，应启闭灵活、关闭严密；防火门外观应完整，无破损。

② 防火门的基本功能检查。用于疏散的走道、楼梯间和前室的防火门应具有自行关闭的功能，双扇、多扇防火门应具有按顺序关闭的功能，关闭后应能从任何一侧手动开启。常闭式防火门不应处于开启状态，严禁将安全出口的防火门上锁、遮挡。

③ 常开防火门的联动控制功能检查（5 樘以下的全部检验，超过 5 樘的按实际安装数量 20% 的比例但不小于 5 樘抽验）。自动控制方式下，使常开防火门任一侧的火灾探测器报警，防火门应能自动关闭，并将关闭信号反馈到消防控制室联动控制设备上；在消防控制室启动防火门的关闭装置，防火门应能自动关闭，信号反馈应正确。

④ 检查设有出入口控制系统的防火门。设置在疏散通道上并设有出入口控制系统的防火门，应保证火灾时不需使用钥匙等任何工具即能从内部易于打开，并应在显著位置设置标识和使用提示。一般情况下，应能采取与火灾报警联动、现场手动、消防控制室手动和推闩（杠）式外开门等措施解除出入口控制系统，并有信号反馈。

（三）防火卷帘的检查要点

① 防火卷帘组件应齐全完好，紧固件应无松动现象，门扇各接缝处、导轨、卷筒等缝隙应有防火防烟密闭措施。

② 防火卷帘控制器的电源检查。防火卷帘控制器的主电源、备用电源应能自动切换；切断防火卷帘控制器的主电源和卷门机的电源，控制器的备用电源应能提供控制器控制速放控制装置完成卷帘自重垂降、控制卷帘在中限位停止、延时后降至下限位置所需的电源。

③ 检查防火卷帘的运行状况。现场手动、远程手动、自动控制和机械操作应正常，信号反馈应正确。运行时应平稳顺畅、无卡涩现象，关闭时应严密。

一是机械操作防火卷帘升降。

二是触发防火卷帘侧的手动控制按钮。

三是消防控制室启动防火卷帘的半降、全降控制装置。

四是自动控制方式下，分别触发两个相关的探测器，防火卷帘控制器接收来自与其相连的消防联动控制设备半降、全降控制信号，输出控制防火卷帘完成相应动作信号，并发出防火卷帘动作声、光指示，防火卷帘按设定的程序自动下降；在下降的过程中，防火卷帘侧的手动控制按钮具有优先功能。安装在疏散通道上的防火卷帘，应在一个相关探测器报警后下降至距地面 1.8 米处停止；另一个相关探测器报警后，卷帘应继续下降至地面。仅用于防火分隔的防火卷帘，火灾报警后，应直接下降至地面。

④ 防火卷帘的保护装置检查。设有水幕、闭式喷淋保护的防火卷帘，水幕、闭式系统的设置位置、消防用水量、火灾持续时间等应符合设计要求。对于汽雾式（蒸发式、水雾式）防火卷帘，应在确认火灾后（可通过火灾探测器或温感喷头传动装置），自动或在消防控制室手动开启与卷帘配套的供水管上的电磁阀，并向消防控制室联动控制设备反馈其动作信号。

⑤ 监督检查中需要注意的事项：一是防火卷帘常常因火灾探测器误报而误动作，应防止防火卷帘控制器的电源和卷门机的电源被关闭；二是防火卷帘下不能堆放物品。

（四）消防电梯的检查要点

消防电梯的检验应进行 1 ～ 2 次人工控制和联动控制功能检验，非消防电梯应进行 1 ～ 2 次联动返回首层功能检验，其控制功能、信号均应正常。

① 触发首层的消防电梯迫降按钮，检查消防电梯能否下降至首层，并发出反馈信号，此时其他楼层按钮不能呼叫消防电梯，只能在轿厢内控制。

② 模拟火灾报警，检查消防控制设备能否手动和自动控制电梯返回首层，并接收反馈信号。

③ 轿厢内的专用电话应能与消防控制室或电梯机房通话。

④ 观测从首层到顶层的运行时间是否超过 1 分钟。

⑤ 查看消防电梯的井底排水设施。

（五）灭火器

1. 外观检查

① 检查灭火器铭牌上关于灭火剂、驱动气体的种类、充装压力、总质量、灭火级别、制造厂名和生产日期或维修日期等标志及操作说明是否清晰完整。

② 检查灭火器的简体是否有明显的损伤（磕伤、划伤）、缺陷、锈蚀（特别是筒底和焊缝）、泄漏。

③ 检查灭火器的零部件是否齐全，有无松动、脱落或损伤；灭火器喷射软管是否完好，有无明显龟裂，喷嘴是否堵塞；灭火器的铅封、销闩等保险装置是否损坏或遗失，灭火器是否开启、喷射过；推车式灭火器行走机构是否灵活可靠。

④ 检查灭火器的驱动气体压力是否在工作压力范围内（贮压式灭火器查看压力指示器是否指示在绿区范围内）。

2. 配置检查

① 检查灭火器的类型、规格、灭火级别和配置数量是否符合建筑灭火器配置设计要求，在同一灭火器配置单元内采用不同类型灭火器时，其灭火剂应能相容。

② 检查灭火器的保护距离是否符合规范的有关规定，灭火器的设置应保证配置场所的任一点都在灭火器设置点的保护范围内。

③ 检查灭火器的设置点和设置环境。灭火器设置点附近应无障碍物，取用灭火器方便，且不得影响人员安全疏散；在有视线障碍的设置点安装设置灭火器时，应在醒目的地方设置指示灭火器位置的发光标志；在灭火箱的箱体正面和灭火器设置点附近的墙面上，应设置指示灭火器位置的标志，这些标志宜选用发光标志；灭火器的设置点应通风、干燥，其环境温度不得超出灭火器的使用温度范围；设置在室外和特殊场所的灭火器应采取相应的保护措施。

④ 检查灭火器的设置方式。灭火器的摆放应稳固，灭火器的铭牌应朝外，灭火器的器头宜向上。手提式灭火器宜设置在灭火器箱内或挂钩、托架上，或干燥、洁净的地面上；推车式灭火器宜设置在平坦场地，不得设置在台阶上，在没有外力作用下，推力式灭火器不得自行滑动，推车式灭火器的设置和防止自行滑动的固定措施等均不得影响其操作使用和正常行驶移动。灭火器（箱）不应被遮挡、拴系或上锁；灭火器箱的箱门开启应方便灵活，其箱门开启后不得阻挡人员安全疏散，开门型灭火器箱的箱门开启角度应不小于 175 度，翻盖型灭火器箱的翻盖开启角度应不小于 100 度（不影响取用和疏散的场合除外）；挂钩、托架安装后应能承受一定的静载荷，以 5 倍的手提式灭火器的载荷（不小于 45 千克）悬挂于挂钩、托架上，作用 5 分钟，不应出现松动、脱落、断裂和明显变型；挂钩、托架安装后，应保证可用徒手的方式便捷地取用手提式灭火器，当两具及两具以上的手提式灭火器相邻设置在挂钩、托架上时，应保证可任意地取用其中一具；设有夹持持带的挂钩、托架，夹持带的打开方式应从正面可以看到，当夹持带打开时，手提式灭火器应不掉落；嵌墙式灭火器箱及灭火器挂钩、托架的安装高度，应符合手提式灭火器顶部离地面距离不大于 1.50 米，底部离地面距离不小于 0.08 米的规定，其设置点与设计点的垂直偏差不应大于 0.01 米。

3. 注意事项

① 检查灭火器配置场所的使用性质包括可燃物的种类和物态等是否发生变化、灭火器是否被挪动、缺少零部件等，如有则应及时调整、更换。

② 检查灭火器是否达到送修条件和维修期限。存在机械损伤、明显锈蚀、灭火剂

泄漏、被开启使用过或符合其他维修条件的灭火器应及时进行维修。每次送修的灭火器数量不得超过计算单元配置灭火器总数量的 1/4。超出时，应选择相同类型和操作方法的灭火器替代，替代灭火器的灭火级别不应小于原配置灭火器的灭火级别。灭火的维修期限应符合表 3-1 的规定。

表 3-1　灭火器的维修期限

灭火器类型		维修期限
水基型灭火器	手提式水基型灭火器	出厂期满三年。首次维修以后每满一年
	推车式水基型灭火器	
干粉灭火器	手提式（贮压式）干粉灭火器	出厂期满五年。首次维修以后每满两年
	手提式（储气瓶式）干粉灭火器	
	推车式（贮压式）干粉灭火器	
	推车式（储气瓶式）干粉灭火器	
洁净气体灭火器	手提式洁净气体灭火器	
	推车式洁净气体灭火器	
二氧化碳灭火器	手提式二氧化碳灭火器	
	推车式二氧化碳灭火器	

③ 检查灭火器是否达到报废条件和报废期限。灭火器报废后，应按照等效替代的原则进行更换。

下列类型的灭火器应报废：酸碱型灭火器；化学泡沫型灭火器；倒置使用型灭火器；氯溴甲烷、四氯化碳灭火器；国家政策明令淘汰的其他类型灭火器。在下列情况之下的灭火器应报废：筒体严重锈蚀（锈蚀面积大于、等于筒体总面积的 1/3，表面产生凹坑）的灭火器；筒体明显变形，机构损伤严重的灭火器，器头存在裂纹、无泄压机构的灭火器；筒体为平底等结构不合理的灭火器；没有间歇喷射机构的手提式灭火器；没有生产厂名和出厂年月的（含铭牌脱落，或虽有铭牌，但已看不清生产厂名称，或出厂年月钢印无法识别）灭火器；筒体有锡焊、铜焊或补缀等修痕迹的灭火器；被火烧过的灭火器。

灭火器出厂时间达到或超过表 3-2 规定的报废期限时应报废。

表 3-2 灭火器的报废期限

灭火器类型		报废期限
水基型灭火器	手提式水基型灭火器	6
	推车式水基型灭火器	
干粉灭火器	手提式（贮压式）干粉灭火器	10
	手提式（储气瓶式）干粉灭火器	
	推车式（贮压式）干粉灭火器	
	推车式（储气瓶式）干粉灭火器	
洁净气体灭火器	手提式洁净气体灭火器	
	推车式洁净气体灭火器	
二氧化碳灭火器	手提式二氧化碳灭火器	12
	推车式二氧化碳灭火器	

第四章

消防宣传培训

Xiaofang Xuanchuan Peixun

消防安全教育是将消防安全知识传授给公民，让公民认识火灾的危害，懂得防止火灾的基本措施和扑灭火灾的基本方法，提高防火警惕性和同火灾作斗争的自觉性，以培养公民消防安全素养的一项教育工作。是消防安全管理工作中一项重要的基础工作。按教育的手段、内容和性质，消防安全教育可分为消防安全宣传教育和消防安全教育培训。

第一节 宣传和培训的意义

一、贯彻消防工作原则

消防安全宣传教育、培训工作是一项涉及整个社会及广大职工群众的工作，必须充分发动和依靠职工群众才能搞好。要充分调动全体公民做好消防安全工作的积极性，提高公民的消防安全意识，就必须走群众路线，就必须通过消防安全宣传教育工作这一主要途径，去宣传和教育群众。另外，从消防安全工作的实践来看，群众是消防安全实践的主体，同时也必然是思想认识的主体；但是正确的认识和信念的形成，从来不会自发产生，只有通过灌输、教育才能完成，所以，消防安全工作只有宣传教育和依靠人民群众，才会有坚实的基础，才能得到巩固和发展。

二、普及消防知识

从消防工作的实践看，引起火灾的原因很多，但制约的因素是人而不是物。火灾统计分析结果也表明，绝大多数的火灾是由于人们思想麻痹、用火不慎或违反消防安全规章制度和安全技术操作规程所致。所以，要把消防安全工作做好，就必须要通过必要的宣传教育形式，向公民普及消防安全常识，增强公民的责任感和法制观念、集体观念，自觉遵守消防安全制度和操作规程，让广大民众平时注意防火，着火能够及时扑救，减少损失。营造一种人人都关心防火安全、人人都重视防火安全、人人都能够自觉做好消防安全工作的局面。

三、促进全社会精神文明和社会的稳定

从火灾造成的危害看，一方面会造成人员伤亡和经济损失，使人民群众的生命、健康受到伤害，影响经济的发展；同时，严重的火灾往往导致生产的停滞、企业的破

产，影响社会的稳定和繁荣。所以，通过广泛的消防安全宣传教育，使职工群众人人重视防火，处处注意安全，创造良好的消防安全环境，从而提高公民的精神文明程度，促进社会的稳定和繁荣。

第二节　宣传和培训的特点

一、法律规定性

《消防法》第一章第六条明确规定："各级人民政府应当组织开展经常性消防宣传教育。公安机关及其消防机构应当加强消防法律、法规的宣传，并督促、指导、协助有关单位做好消防宣传教育工作。教育、人力资源行政主管部门和学校、有关职业培训机构应当将消防知识纳入教育、教学、培训的内容。新闻、广播、电视等有关单位，应当有针对性地面向社会进行消防宣传教育。工会、共产主义青年团、妇女联合会等团体应当结合各自工作对象的特点，组织开展消防宣传教育。村民委员会、居民委员会应当协助人民政府以及公安机关等部门，加强消防宣传教育。"

按照《社会消防安全教育培训规定》（公安部 109 号令）的内容，单位应当根据本单位的特点，建立健全消防安全教育培训制度，明确机构和人员，保障教育培训工作经费，并按要求开展消防安全教育培训和宣传教育。具体法规内容如下：

第十四条　单位应当根据本单位的特点，建立健全消防安全教育培训制度，明确机构和人员，保障教育培训工作经费，按照下列规定对职工进行消防安全教育培训：

① 定期开展形式多样的消防安全宣传教育；

② 对新上岗和进入新岗位的职工进行上岗前消防安全培训。

③ 对在岗的职工每年至少进行一次消防安全培训。

④ 消防安全重点单位每半年至少组织一次，其他单位每年至少组织一次灭火和应急疏散演练。

单位对职工的消防安全教育培训应当将本单位的火灾危险性、防火灭火措施、消防设施及灭火器材的操作使用方法、人员疏散逃生知识等作为培训的重点。

应当按照下列要求对公众开展消防安全宣传教育：

① 在安全出口、疏散通道和消防设施等处的醒目位置设置消防安全标志、标识等。

② 根据需要编印场所消防安全宣传资料供公众取阅。

③ 利用单位广播、视频设备播放消防安全知识。

养老院、福利院、救助站等单位，应当对服务对象开展经常性的用火用电和火场自救逃生安全教育。

第二十三条 旅游景区、城市公园绿地的经营管理单位、大型群众性活动主办单位应当在景区、公园绿地、活动场所醒目位置设置疏散路线、消防设施示意图和消防安全警示标识，利用广播、视频设备、宣传栏等开展消防安全宣传教育。

导游人员、旅游景区工作人员应当向游客介绍景区消防安全常识和管理要求。

第二十四条 在建工程的施工单位应当开展下列消防安全教育工作：

① 建设工程施工前应当对施工人员进行消防安全教育。

② 在建设工地醒目位置、施工人员集中住宿场所设置消防安全宣传栏，悬挂消防安全挂图和消防安全警示标识。

③ 对明火作业人员进行经常性的消防安全教育。

④ 组织灭火和应急疏散演练。

在建工程的建设单位应当配合施工单位做好上述消防安全教育工作。

第二十五条 新闻、广播、电视等单位应当积极开设消防安全教育栏目，制作节目，对公众开展公益性消防安全宣传教育。

第二十六条 公安、教育、民政、人力资源和社会保障、住房和城乡建设、安全监管、旅游部门管理的培训机构，应当根据教育培训对象特点和实际需要进行消防安全教育培训。

二、广泛性

一方面，是指主体的广泛性。消防宣传教育工作涉及部门多、社会面广，必须依靠各级政府、各单位的重视和支持，依靠广大群众的积极参与，依靠全社会的共同努力。为此，经国务院同意的公安部、监察部、国家安全生产监督管理局联合发布的《关于进一步落实消防工作责任制的若干意见》规定了广泛的消防宣传教育义务主体，即“教育行政主管部门要将消防教育列入国民教育计划，学校及其他教育机构要将消防知识纳入有关教育课程。司法、劳动和社会保障、科技行政部门要将消防法规和消防知识列入普法、培训和科普工作的内容。新闻、出版、广播、电影、电视等有关单位及其主管部门要开展消防公益宣传。公安机关消防机构要面向单位和社区、农村，开展消防法制和消防安全知识的宣传教育”。另一方面，是指工作对象的广泛性。消防宣传教育是一项全民性教育活动，从儿童到老人，从学校到家庭，从城市到农村，进而到整个社会，只有广大群众都能受到广泛的消防安全宣传教育，才能普遍提高人们的消防素质。

三、灵活性

是指消防宣传教育要从实际出发，依据人们的群体特性和个人差异，灵活多样、有针对性地进行宣传教育。

四、长期性

由于人们的观念、理想和信念形成的周期比较长，同时又处于不断变化中，因此，人们消防素质的提高是一个较为漫长的过程，不可能一蹴而就、立竿见影。消防宣传教育必须坚持不懈、扎扎实实地开展下去，这是一项长期的战略任务。

五、实用性

消防宣传以提高全民消防安全意识、提升全民自防自救能力、减少各类火灾隐患为目标，从贴近群众的角度出发，采取形式多样的宣传手段和方式，每一次宣传活动、每一种宣传媒体、每一项宣传内容都与群众的生活密切相关，对人们保障自身消防安全有实实在在的用处。

第三节　宣传的形式

根据宣传教育的内容和手段，消防安全宣传教育的形式或渠道可有以下几种。

一、报纸杂志

（一）报纸

消防宣传教育可以根据报纸的特点和社会消防安全的需要，找准相关栏目的结合点，结合消防安全工作的实际情况，使其成为开展消防安全宣传教育的阵地，有条件的地方和单位，还可以在当地或本单位的报纸上专门开办消防安全宣传专栏，进行定期或不定期的消防安全知识宣传教育。如报道火灾新闻、火灾动态，表扬消防安全方面的好人好事，登载火灾事故处理情况、曝光火灾隐患和进行消防安全评论等。

（二）杂志

根据杂志的特点，可以专门创办消防安全期刊或利用相关期刊，连续刊载消防安全报道、消防安全技术、消防科研成果和进行消防安全研讨等，把较为系统的消防安全知识传播向全社会，达到宣传消防安全知识的目的。

二、广播电讯

（一）广播

消防安全宣传教育可以根据广播的特点，进行消防新闻播报、现场直播或运用专题广播栏目开展消防安全宣传教育活动。另外，由于有线广播在一个区域或单位，具有听众相对集中、没有栏目时间限制、在消防科普教育的内容上可长可短等优势，可根据消防安全宣传教育的需要随时播出。当大量的消防安全知识在无线广播不能满足传播时，有线广播完全可以给予弥补。

（二）电讯

在现代通信技术的条件下，有关消防安全知识可以利用移动通信、信息台或其他电讯平台进行宣传教育。如不少消防机构通过当地的中国移动通信、中国电信等，在手机的通话间隙发送“消防情系你我他，预防火灾靠大家”等有关消防安全知识方面的短信，均可收到较好的宣传效果。

三、摄影绘画

摄影就是用照相机拍下实物影像。在消防安全宣传教育中，我们可以通过拍摄或制作消防新闻图片、消防艺术图片、消防安全教育图片等形式进行广泛的消防安全宣传教育。如独立发布消防新闻，同时消防图片还可以作题图、插图、封面等，不仅传递消防信息，普及消防安全知识，还起到了美化版面和导读的作用，使报刊、网络的消防安全教育更加图文并茂。另外，图片消防安全知识不仅要渗透在高科技传播媒介中，还要通过各种表现形式进行传播。如组织开展消防安全教育摄影大赛、摄影展，制作消防安全教育知识画报、画册、画廊、公益广告等。

四、电影电视

（一）电影

电影是指利用摄影机以每秒 24 帧连续胶片拍摄记录的连续影像，通过相同帧速进行连续回放，在银幕上再现活动影像和完整故事的视觉手段。电影片受众面大，宣传消防安全教育效果好，人民公安报社与北京法宣影视文化有限公司联合摄制的《火海逃生》等电影片都取得了很好的社会效益。

（二）电视

电视是利用无线电波或导线把实物的活动影像和声音变成电信号传送出去，在接收端把收到的电信号变成影像和声音再现出来的装置。无论无线电视还是有线电视，都是我们开展消防宣传教育，传递消防安全知识重要且有效的手段。在电视消防安全宣传教育中，我们可以把相关的消防安全知识，运用娱乐、文艺类等节目形式，使教育内容更加丰富多彩和寓教于乐；对一些比较严肃的消防话题，也可以通过新闻、专题、访谈类等节目形式，及时传递给观众；有条件的地方还可以在当地电视台开办“消防安全宣传”教育栏目，建立固定的电视消防安全宣传教育阵地。总之，电视节目的各种形式，都可以为消防安全宣传教育内容提供更为直观、有效的传播途径。

另外，随着电视事业的发展，各城市和县镇，以及一些大型企业、大型饭店宾馆等公众聚集场所、社区等区域，都建立了有线电视网。用其进行消防安全知识的传播，不仅会使消防安全宣传教育的内容针对性更强，而且观众相对更加集中。特别是针对不同行业、不同季节消防安全工作的实际需要制作的消防安全知识光盘，可以在这里随时播放、经常播放，加深观众对消防安全知识的了解和掌握，增强消防安全宣传教育的效果。

五、互联网

互联网是指由若干计算机网络相互连接而成的网络。是消防安全宣传教育可以很好利用的又一个重要的平台。如最新的消防安全信息可以通过网络向全世界发布，可以将文字、图片、视频多媒体等各种内容集中在一起展示；可以通过消防游戏、有奖竞答、问卷调查、滚动新闻、友情链接消防网页、消防论坛互动等形式，加大互联网宣传消防安全的力度。

消防网站的建立，在消防安全宣传教育和消防信息的交流中，人们可以看到文字、图片、活动影像，听到声音；可以进行网络教育和培训，建立消防数据资源库，把消防标准、规范、专利、论文等内容的消防数据资源登录到互联网上，可极大地丰富消防数据的可访问性；可建立有视频点播和以普及消防科普为主的Flash文件消防互动内容模式，访问者在网上可以在线观看消防的一些现场火灾案例、消防实战片段甚至是消防文艺电影；建立网上博物馆，企业和个人建立消防网站等。还可以利用远程教育网络开展消防安全宣传教育，将消防安全宣传教育与远程教育相结合，制作消防安全知识、火灾案例分析、生产生活用火常识等影视片在远程教育中播出。

六、舞台艺术

舞台艺术是指通过演员向观众的表演来展现其内容的特定的艺术门类。较为常见的表现形式主要有戏剧、小品、歌曲、曲艺、音乐、舞蹈等，在普通民众中间具有很大的吸引力。所以，消防安全宣传工作者应当充分利用这些资源，通过多种形式调动民间艺术创作者的积极性，把消防安全知识融入这些艺术之中，创作出富有生活气息的消防安全舞台艺术。

七、普通方式

（一）参观、展览

近几年来，中国各地的消防站和新建立的消防教育基地、消防博物馆先后面向社会开放，为开展消防安全宣传教育，传授消防安全知识，建立起了固定的场所。

（二）运用乡规民约

运用居民防火公约、乡规民约的方式。居民防火公约和乡规民约也是较为传统的方式，对于城镇居民和农村村民的行为具有一定的约束和指导作用。可以适当地把消防安全知识纳入乡规民约中，让村民了解和掌握一些必备的防火常识，从而达到宣传消防安全知识的目的。

另外，随着人们生活水平的提高，居民业余文化生活丰富多彩，一些经济相对发达的地区可以利用娱乐设施建立消防画廊或者在农村主要道路两侧设置农村防火宣传栏，普及消防安全知识。

（三）设置流动式消防宣传栏

城镇街道、居民社区、乡（镇）政府、村民委员会可以制作一些有关消防安全知识性的流动式宣传栏和消防画廊，在村民的赶集日、“11•9”宣传日、火灾多发季节和当地的民俗节日，大张旗鼓地开展消防安全宣传教育活动。对于内容比较多的消防安全知识，适宜在宣传栏、墙画、宣传橱窗、宣传册或报刊等传播媒介上发布。还可以利用宣传车、展会等形式进行，从而达到普及消防安全知识的目的。

八、消防主题宣传活动

消防主题宣传活动是指具有独立鲜明主题的对公民进行消防安全宣传教育的专项活动。通常是由当地的公安机关消防机构，在每年春节、元旦、“五一”国际劳动节、国庆节和“11•9”消防安全日等重大和法定的节日，以政府名义组织；或由机关、团体、企业事业单位在本单位组织。

消防主题宣传活动应当结合当地或本单位的消防安全形势，有针对性地对当地民众或单位员工进行消防安全宣传教育。宣传教育的内容和形式，可在以上所述的方式中选择。对于农村地区，可以组织开展生动有趣的消防安全知识竞赛；也可以结合开展普法教育和文化、科技、卫生“三下乡”活动的时机，通过送消防书籍、消防挂历进村、进寨、进校；可以通过编演小品、相声等群众喜闻乐见的形式进行。

九、消防安全文学创作

文学创作是反映社会生活的一种文化形式。消防安全宣传教育完全可以利用这种形式进行宣传教育如反映消防队生活和灾害预防方面的小说、报告文学、少儿等读物和儿童防火拍手歌谣、儿童防火游戏、儿童防火三字经等题材的作品，都起到了很好的宣传教育作用。

第四节　培训的形式

消防安全培训教育的形式是由消防安全培训教育的内容和对象决定的。根据消防安全培训教育的内容、特点以及各单位消防安全工作的实践，消防安全培训教育的形式按受教育对象的多少和教育的层次可归纳为以下几种。

一、培训对象

消防安全培训教育按被教育对象人数的多少，分为集体教育和个人教育两种形式。

（一）集体消防安全培训

集体消防安全教育按讲授方式又可分为讲课式和会议式两种。

① 讲课式主要是以办培训班或学习班的形式，在课堂上讲授消防安全知识。此种方式是有计划进行消防安全教育的基本方式。如成批的新工人入厂进行消防安全教育、公安机关消防机构或其他有关部门组织的消防安全培训等多采用此种方式。

② 会议式主要有消防安全会议、专题研讨会和讲演会、火灾现场会等形式。

安全会议教育是指各级管理人员定期召开某种安全会议，以研究解决消防安全工作中的有关问题，引起并保持人们对消防安全的重视和注意的形式。

研讨会式教育是指为了研究和讨论消防安全管理人员的疑难问题，在各机关、团体、企业事业单位的公司、厂、车间以及班前、班后开会，分析讨论发生的事故、存在的事故隐患等问题，研究解决问题的方法，同时又对管理人员进行了消防安全教育。此种方式，教育的对象一般不是初学者，而是对消防安全知识和消防安全管理具有一定知识的人，人数不会很多。要求组织者要有丰富的经验，善于引导。参加者应有一定的实践经验，也可利用讲演的方式进行。

火灾现场会教育是用反面教训进行消防安全教育的方式。本单位或他单位发生了火灾，及时组织职工或领导干部在火灾现场召开会议，用活生生的事实进行教育，效果应该是最好的。在会上领导干部要引导分析导致火灾的原因，认识火灾的危害，提出今后预防类似火灾的措施和要求。

（二）个人消防安全培训

在工业企业单位中，职工的每个岗位都有其固有的特点，职工个人也有一定的目的性，如果完全采用集体消防安全教育的形式是不可能完全达到目的的，还必须与个别指导相结合，纠正错误之处，使作业人员逐步达到消防安全的要求。个人消防安全教育的形式主要有岗位培训教育、技能督察教育两种。

① 岗位培训教育是根据职工操作岗位的实际情况和特点而进行的。为使受教育职工能正确掌握“应知应会”的内容和要求，教育者必须按规定的内容、要领、方法和程序进行教育。

② 技能督察教育是指消防安全管理人员深入到职工操作岗位督促检查消防安全教育结果时进行的教育。要求各级消防安全管理人员要经常不断地深入到职工群众的作业岗位检查消防安全制度和措施落实情况，查看执行是否正确，发现问题要弄清原因和理由，提出措施和要求。根据个人的不同情况，管理人员还应采取个别劝告或其他更恰当的方法和手段进行教育。

二、培训层次

在企业事业单位，消防安全培训按教育的不同层次，可分为单位、部门、岗位三级。要求新职工，包括从其他单位新调入的职工，都要进行三级消防培训安全教育。

（一）单位级

新工人来单位报到后，首先要由单位的领导、消防安全部门和有关技术人员给他们上消防安全知识课，介绍本单位的特点、重点部位、安全制度、灭火设施等，学会使用一般的灭火器材；从事易燃易爆生产、储存、销售和使用的单位，还要组织他们学习基本的化工知识，了解全部的工艺流程。经消防安全教育，考试合格者要填写消防安全教育登记卡，然后持卡向车间、部门报到。未经过厂级消防安全教育的新工人，车间可以拒绝接收。

（二）部门级教育

新工人到部门后，还要进行部门一级的教育，介绍本部门的生产经营特点、具体的安全制度及消防器材分布情况等。教育后同样要在消防安全教育登记卡上登记。

（三）岗位级教育

岗位消防安全教育，主要是结合新工人的具体工种，介绍操作中的防火知识、操作规程，以及发现了事故苗子后的应急措施等。对在易燃易爆岗位操作的工人以及特殊工种人员，只经过基本的消防安全教育还是不能够单独上岗操作的，上岗操作还要先在老工人的监护下进行，在经过一段的时间实习后，经考核确认已具备独立操作的能力时，才可独立操作。

三、培训内容

根据培训的主要内容，消防安全培训可以分为以下几种。

（一）消防安全工作的方针和政策教育

消防安全工作，是随着经济建设和工业化程度的发展而发展的。“预防为主，防消结合”的消防工作方针以及各项消防安全工作的具体政策，是保障公民生命财产安全、社会秩序安全、经济发展安全、企业生产安全的重要措施。所以，进行消防安全宣传教育，首先应当进行消防安全工作的方针和政策教育，这是调动民众积极性、做好消防安全工作的前提。

（二）消防安全法规教育

消防安全法规是人人应该遵守的准则。通过消防安全法规教育，使广大民众懂得哪些应该做，应该怎样做；哪些不能做，为什么不能做，做了又有什么危害和后果等，从而保证各项消防法规的正确贯彻执行。消防安全法规教育的主要内容包括国家消防工作方针、政策和消防法律法规等。

（三）消防安全科普知识教育

消防安全科普知识是普通公民都能接受且又非常需要公民知道的消防安全基本知识，其主要内容应当包括：火灾的危害和防火、灭火的基本方法等常识；日用危险物品（含燃气）使用的防火安全常识；常用电器使用防火安全常识；失火如何报警、如何扑救，如何使用常见的应急灭火器材，如何自救互救和疏散等消防安全知识等。使广大民众都懂得这些基本的消防安全科普知识，是有效地控制火灾发生的重要基础。

（四）火灾案例教育

人们对火灾危害的认识往往需从火灾事故的教训中得到，而要提高人们的消防安全意识和防火警惕性，火灾案例教育则是一种最具说服力的方法。通过对火灾案例的宣传教育，可从反面提高人们对防火工作的认识，从中吸取教训，总结经验，采取措施，做好工作。

火灾案例教育一般是通过召开火灾现场会进行的。因为召开火灾现场会是最贴近群众的消防安全宣传教育形式，能够让群众最直观了解火灾发生的原因，从而从火灾事故中提高警觉性。尤其是在受经济条件制约的农村地区，由于缺乏消防安全宣传教育的硬件设施，大部分农村群众对消防安全知识又知之甚少，特别是封建迷信思想较为突出的地区，对一些未调查清楚原因的火灾，有些人就盲目认为是“火神显灵”，缺乏科学的认识。通过召开火灾现场会，组织群众到火灾现场听取火灾调查人员对火灾事故的分析，能够使群众正确认识火灾原因，同时起到普及消防安全知识、消除封建迷信思想的作用。

（五）激励教育

在消防安全教育中，激励教育是一项不可缺少的教育形式。激励教育有物质激励和精神激励之分，如对在消防安全工作中有突出表现的职工或工作人员给予一定的物质奖励或奖金，而对失职的人员给予一定的扣发奖金、罚款等物质惩罚，并通过公众场合宣布这些奖励或惩罚，这样就在物质和精神上都进行了教育。实践证明，精神上的激励往往比物质激励更重要，一个人在消防安全工作中有成绩，要及时进行适当的表扬，以激起人的光荣感，培养更大的进取心。一个消防安全做得好的同志受到表扬，他会总结经验，克服缺点，会在今后做得更好；对消防安全做得差的同志实事求是地给予批评，严而不苛，厉而不疏，激起痛改之心，鼓起奋发之志。这样从正反两方面进行激励，不仅会使有关人员受到激励，同时对其他同志也有很强的辐射作用。所以激励教育对职工群众是十分必要的。

（六）消防安全技能培训教育

消防安全技能教育主要是对作业人员而言的。在一个工业企业单位，要达到生产作业的消防安全，作业人员不仅要获得消防安全基础知识，而且还应掌握防火、灭火的基本技能。如果消防安全教育只是使受教育者拥有消防安全知识，那么实际上还不能完全防止火灾事故的发生。只有作业人员在实践中灵活地运用所掌握的消防安全知识，并且具有熟练的操作能力，才能体现消防安全教育的效果。培训这种能力，就需要安全技能教育。

第五章

灭火和应急疏散预案及演练

Miehuo He Yingji Shusan Yu'an Ji Yanlian

第一节　灭火和应急疏散预案及演练的要求

《消防法》第十六条第一款第一项指出：机关、团体、企业、事业等单位应当落实消防安全责任制，制定本单位的消防安全制度、消防安全操作规程，制定灭火和应急疏散预案。

第十七条　第二款第四项：消防安全重点单位应当对职工进行岗前消防安全培训，定期组织消防安全培训和消防演练。

《机关、团体、企业、事业单位消防安全管理规定》第七章“灭火、应急疏散预案和演练”中提出：

第三十九条　消防安全重点单位制定的灭火和应急疏散预案应当包括下列内容：

① 组织机构，包括：灭火行动组、通讯联络组、疏散引导组、安全防护救护组。

② 报警和接警处置程序。

③ 应急疏散的组织程序和措施。

④ 扑救初起火灾的程序和措施。

⑤ 通讯联络、安全防护救护的程序和措施。

第四十条　消防安全重点单位应当按照灭火和应急疏散预案，至少每半年进行一次演练，并结合实际，不断完善预案。其他单位应当结合本单位实际，参照制定相应的应急方案，至少每年组织一次演练。

消防演练时，应当设置明显标识并事先告知演练范围内的人员。

其他要求应符合公共安全标准《人员密集场所消防安全管理》（GA 654—2006）（见附录 4）的规定。

第二节　灭火和应急疏散预案

一、一般要求

（一）总要求

企事业单位灭火和应急疏散预案（以下简称预案）的编制应切实符合单位实际情况；预案的内容应通俗易懂；预案中的图标和重点危险源应有图例说明。

（二）预案编制原则

在全面掌握单位建筑物基本情况、消防设施情况、人员情况和火灾危险源等各方面情况的基础上，从单位实际出发，明确各级人员处置火灾事故的责任，针对可能出现的各种火灾事故，明确处置火灾事故的程序和方法及预案培训和演练方法，确保预案的科学性和可操作性。医院、养老院以及寄宿制学校、幼儿园、托儿所以及公共娱乐场所等夜间仍然营业的单位，还应针对夜间情况制定灭火和应急疏散预案，并进行演练。

（三）预案编制要求

① 预案编制人员应具有中级以上专业技术职称，从事消防安全工作三年以上。

② 预案编制完成后，应进行评审。评审应由上级主管部门或地方政府负责安全管理的部门组织审查。评审后，按规定报有关部门备案，并经上级主管部门或地方政府负责安全管理的部门主要负责人签署发布。

（四）预案编制准备

① 全面分析本单位危险因素、可能发生的火灾类型及危害程度。

② 排查火灾隐患的种类、数量和分布情况，并在火灾隐患治理的基础上，预测可能发生的火灾类型及其危害程度。

③ 确定火灾危险源，进行火灾风险评估。

④ 针对火灾危险源和存在的问题，确定相应的防范措施。

⑤ 客观评价本单位应急能力。

⑥ 充分借鉴国内外同行业火灾事故教训及应急工作经验。

二、基本内容

（一）单位基本情况

① 预案应包括单位名称、地址、使用功能、建筑面积、建筑结构和主要人员情况说明等内容。

② 生产企业单位还应包括生产的主要产品、主要原材料、生产能力、主要生产工艺、主要生产设施及装备等内容。

③ 危险化学品运输单位还应包括运输车辆情况及主要的运输产品、运量、运地、行车路线和处理化学品物质存放处等内容。

（二）单位周边情况

① 预案应包括距本单位 300 ～ 500 米范围内有关相邻建筑地形地貌、道路和水源等情况说明。

② 对重点单位，还应说明单位的工程性质、地质情况、周围环境和交通运输等内容。

③ 预案还应包括周边区域内单位、社区、重要基础设施和道路等情况。

（三）平面布局图

应体现不同功能分区的布置，对于不同区域应用不同颜色标明，对于不同危险级别的用不同颜色区分；对于生产企业，应标明以下内容：

① 生产、管理和生活区域。

② 高温、有害物质和易燃易爆危险品布置区域。

③ 危险品的品名和储量。

④ 常年主导风向、运输路线和附近水源。

（四）组织机构及职责

1. 应急组织体系

明确应急组织形式，构成单位或人员，并尽可能以结构图的形式表示出来。

2. 指挥机构及职责

明确应急救援指挥机构总指挥、副总指挥、各成员单位及其相应职责。应急救援指挥机构根据事故类型和应急工作需要，可以设置相应的应急救援工作小组，并明确各小组的工作任务及职责。

3. 应急指挥部设置

明确应急情况下指挥部的设置，确保其在通风地带，并有足够的安全距离和良好的观察视线。

（五）重点火灾危险源

生产企业应对其生产工艺、车间、仓库明确重点危险源以及危险源的位置、性质和可能发生的事故进行分析，明确危险源区域的操作人员和防护手段，对危险品的仓储位置、形式和数量进行有效说明。

（六）消防设施情况

预案应明确企事业单位的消防设施类型、数量、性能、参数、联动逻辑关系以及产品的规格、型号、生产企业和具体参数等内容。

（七）各种火灾事故情况设定

① 企事业单位应设定和分析可能发生的火灾事故情况，包括可燃物的性质、危及范围、爆炸可能性、泄漏可能性以及蔓延可能性等内容。

② 说明中应明确单位最有可能发生火灾事故的情况列表，表中含有着火地点、火灾事故性质以及火灾事故影响人员的状况等。

③ 说明中应明确火灾事故危害性质、造成的直接和间接损失（含人员和财产损失）。

（八）火灾事故应急措施

单位应根据设定的火灾情况，制定疏散逃生方案、灭火方案和围堵方案，并明确应急物资的保障情况。

1. 火灾事故发生现场的处置

① 起火单位、单位负责人以及现场观众都应保护现场，待公安消防部队人员到达现场后，还应协助消防部队人员做好现场保护工作。

② 初期火灾灭火可使用灭火器和消防水桶灭火，并在火焰四处喷发蔓延之前，使用室内消火栓等设备进行灭火。

2. 人员逃生方案

① 当得知发生火灾后，一定要保持镇静，不要惊慌。

② 在火灾袭来时，应冷静考虑逃生的办法，不应贪恋财物。

③ 疏散时听从工作人员或对环境熟悉的人的安排，切忌到处乱跑，堵塞出口。

④ 在疏散过程中最好戴防毒面具，若没有，应用毛巾（折叠八层左右效果最佳）或用手边的其他衣物捂严口鼻，弯腰行走。为防止热辐射，尽量用浸湿的衣物披裹身体。

⑤ 一旦有人被困在房间内，要关紧迎火的门（窗）缝，以防止烟气进入，并不时地往上泼水，等待消防人员前来救援。如果该房间有朝向外部的窗户，还应打开窗户向外部发出求救信号，情况危急时，使用平时备用的绳索或缓降器逃生，还可考虑自制救生绳索（如将几条床单系在一起），切勿盲目跳楼。

⑥ 不应乘坐电梯。

⑦ 集体逃生时，应在队伍的前头、末尾以及每个划分的小组中配备引导员进行引导。

3. 火灾事故周边环境的应急处置

（1）关闭防火门和防火卷帘

① 起火层的防火门和防火卷帘要先于其他层关闭。此时楼梯等纵向分隔区域优先，然后是水平分隔区域。

② 疏散通道上的防火卷帘先下降到距地面 2 米的高度，待人员疏散完毕后再完全关闭。

（2）停止空调设备及开启排烟设备

① 火灾时应停止使用空调设备，以防止火和烟气通过空调系统传播。

② 火灾时应迅速开启消防排烟设备，以利于人员疏散。

（3）停止电梯运行

火灾时，应停止电梯运行，防止人员因切断电源后滞留在电梯内的危险。

（4）搬运危险物品

① 火灾发生地附近的危险物品应尽早移除，并及时停止运行使用危险品的设备，关闭总阀门。

② 若无法移除，应作为紧急情况向消防队报告。

4. 与消防队伍配合的应急方案

① 打开消防车通道上的各个大门，清除阻碍消防车通行的物体，在路口迎接消防车。

② 为消防队积极引导通向起火地点的最短路线、楼内通径以及紧急消防电梯的通径等。

③ 单位负责人和熟知情况的人员要主动与消防队现场指挥部取得联系，积极提供如下信息：

火灾蔓延情况，包括起火地点、燃烧物体及燃烧范围（火焰、烟的扩散情况等）、是否有危险品或其他重要物品以及起火原因等；

人员疏散情况，包括是否有未逃离者、疏散引导情况以及受伤者的状况等；

初期灭火行动，包括初期灭火情况、防火分隔区域构成情况、单位固定灭火设备（室内消火栓、自动喷淋灭火设备和紧急用灭火设备等）的状况；

空调设备使用及排烟设备运行情况，包括空调设备的使用情况、排烟设备的运行情况、电梯、滚梯的运行情况以及紧急用电的确保情况等。

三、基本格式及标识

（一）基本格式

预案应包括：

① 封面，包括标题、单位名称、预案编号、实施日期、签发人（签字）和公章。

② 目录。

③ 引言、概况。

④ 术语、符号和代号。

⑤ 预案内容。

⑥ 附录。

⑦ 附加说明。

（二）标识

按照火灾事件的性质、严重程度、可控性和影响范围等因素将预案分成 4 级，特别重大的是Ⅰ级、重大的是Ⅱ级、较大的是Ⅲ级、一般的是Ⅳ级，并分别以红色、黄色、橙色、蓝色为标识。

第三节　演练实施

一、总则

企事业单位应在预案编制后对预案进行定期的培训和演练，强化预案执行的有效性；并定期对预案的可操作性和有效性进行评估，以保证预案的有效性。

二、演练实施要求

（一）预案的培训

1. 培训的目的

通过培训，可以发现应急预案的不足和缺陷，并在实践中加以补充和改进。通过培训，可以使培训人员了解火灾发生后如何去做以及如何协调各应急部门人员的工作等。

2. 培训的范围

培训的范围包括：政府主管部门的培训；企事业单位人员的培训；社区居民的培训以及专业救援队伍的培训。

3. 培训的内容

预案的培训应使参与应急救援行动的所有相关人员了解和掌握识别危险、采取必要的应急措施、启动紧急警报系统、安全疏散人群等基本操作。同时，培训要加强与灭火操作有关的训练，强调不同应急水平和注意事项等内容。具体培训内容有：

（1）报警

① 使应急人员了解并掌握如何利用身边工具最快最有效地报警，例如使用移动电话、固定电话、无线电、网络或其他方式报警。

② 使应急人员熟悉发布紧急情况通告的方法，如使用警笛、警铃、电话或广播等。

③ 当火灾发生后，为及时疏散火灾现场的所有人员，应急人员应掌握在现场贴发警示标志的方法。

（2）疏散

为避免火灾中不必要的人员伤亡，培训应使应急人员在火灾现场安全、有序地疏散被困人员或周围人员。对人员疏散的培训主要在应急演习中进行，通过演习还可以测试应急人员的疏散能力。

（3）火灾应急培训

要求应急人员必须掌握必要的灭火技术以便在火灾初期迅速灭火，降低或减少导致灾难性事故的危险，掌握灭火装置的识别、使用、保养和维修等基本技术。

（二）演练

1. 演练的目的

① 通过演练可以检查应对可能发生的各种紧急情况的适应性及它们之间相互支援及协调程度。

② 检验应急救援指挥部的应急能力。包括组织指挥、专业队伍救援能力和人民群众对应急响应能力。

③ 通过演练可以证实应急救援预案是可行的，从而增强承担应急救援任务的信心，对每个成员来说，通过全面的应急救援演练，可以提高技术及业务能力。

④ 通过演练可以发现预案中存在的问题，为修正预案提供实际资料。尤其是通过演练后的讲评、总结，可以暴露预案中未曾考虑到的问题和提出改正的建议，是完善预案内容、提高预案质量的重要步骤。

2. 演练的分类及内容

① 预案演练的分类一般分为室内演练和现场演练两种。

② 室内演练又称为组织指挥演练。它是偏重于研究性质的，主要由指挥部的领导和指挥、通信、防化等各部门以及专业救援队队长组成的指挥系统。在各级职能机关、部门的统一领导下，按一定的目的和要求，以室内组织的形式将各级救援力量组织起来，实施应急救援任务和对危害到的居民群众实施有效防护的指导。室内演练的规模，可以是综合性的演练，也可以是单一项目的演练，或者是几个项目联合演练。

③ 现场演练又称事故想定实地演练。根据其任务要求和规模可分为单项训练、部分演练、综合演练三种。

一是单项训练是针对完成应急救援任务中的某个单项科目而进行的基本操作，如个人防护训练、空气检测训练、通讯训练等单一科目训练。它是部分演练、综合演练不可分割的一个组成单元，也是部分演练、综合演练的基础。一般情况下，只有搞好各个单项训练，才能进行下一步演练。

二是部分演练是检验应急救援任务中的某个科目、某个部分的准备情况，以及同应急救援单位之间的协调程度而进行的基本工作。

三是综合演练是检验指挥部的指挥、协调能力和救援专业队的救援能力及其配合情况，各种保障系统的完善情况，以及群众的避灾能力等而进行的工作。

④ 是演练的基本要求和内容：

为了使演练得到预期的效果，演练的计划必须细致周密，要把各级应急救援力量和应配备的救援器材组成统一的整体。

演练的基本内容根据演练的任务要求和规模而定，一般应考虑如下几个问题：各演练课目时间顺序要合乎逻辑性；各演练单位相互支援、配合及协调程度；企业生产系统运行情况；企业内应急情况；企业内应急抢险；急救与医疗；企业内洗消；染毒空气检测与化验；事故区清点人数及人员控制；防护指导，包括专业人员的个人防护及居民对毒气的防护；通讯及报警信号联络；各种标志布设及由于危害区域的变化布设点的变更；交通控制及交通路口的管理；治安工作；政治宣传工作；居民及无关人员的撤离以及有关撤离的演练内容；防护区的洗消污水处理及上、下水源受污染情况调查；事故的善后工作，包括防护区居民房屋内空气器具的消毒；当时当地的气象情况及地形、地物情况及对事故危害程度的影响；向上级报告情况及向友邻单位通报情况；各专业队讲评要点；演练资料汇总需要的表格。

3. 人员组成

不论演练规模的大小，一般都要由两部分人员组成：一是应急救援的演练者，占演练人员的绝大多数。从指挥员起至参加应急救援的每一个专业队员都应是现职人员，即将来可能与应急救援直接有关者。二是应急救援预案考核评价者，应当是应急救援方面的专家。专家评价小组，分工对演练的每一个程序进行考核评价，演练后与演练者共同进行讲评和总结。

不同的演练科目，担任主要任务的人员最好分别承担多个角色，从而能使更多的人得到实际的锻炼。

4. 情况设置

情况设置是根据演练的目的而定的，即把欲达到的目的分列成演练的科目转换成演练方式，通过演练逐步进行检查、考核来完成的。为使情况设置逼真而又分项检查，在设置时要考虑下列几个方面问题：

① 部分演练一般只要简单的事件描述，如企业外应急监测演练只需设置与此相适应的空气染毒情况即可。而综合演练不单要设置空气受染情况，而且每一科目的情况都要详细描述。

② 演练的序列要强调时间性，演练顺序应符合逻辑性。

③ 有关情况的数据设置，应符合实际情况；演练时，要求测得的数据，要从实战出发。

④ 演练用的信号、标志和指令应统一，使每个演练者都能立即明白迅速执行。

⑤ 待检查项目和考核内容应标准清楚，容易评分和评价。

⑥ 演练模拟条件应有一定的广度，以便于各应急救援专业分队有各自的灵活性。

5. 时间安排

演练时间安排应按真实事故条件进行，但在特殊情况下，可根据演练的需要安排合适的时间。演练日程安排后应率先通知有关单位和参加演练的人员，以利于做好充分的准备。单项科目的训练，为能更好地反映真实情况，也可以事先不通知。

6. 演练条件选择

应选择比较不利的条件，如在夜间进行科目训练，选择能够说明问题的气象条件进行演练，选择高温、低温等较严峻的自然环境条件进行演练。但在准备不够充分或演练人员素质较低时，为了检验预案的可行性和提高演练人员的技术水平，也可选择条件较好的环境进行演练。

7. 演练时的安全保证

演练要在绝对安全的条件下进行。如燃烧、爆炸的设定，模拟剂的施放，洗消用水的排放，交通控制的安全，防护措施的安全，消防、抢险演练的安全保障等必须认真、细致地考虑；演练时要在其影响范围内告知该地区地居民，以免引起不必要的惊慌，要求居民做到的事项要各家各户通知到每个人。

8. 讲评和总结

演练后的讲评是对每个演练者的再次学习和全面提高的好机会，要求每个演练者都要参加演练后的讲评。对组织指挥者来说，通过讲评可以发现事故应急救援预案中的问题，并可以从中找到改进的措施，把预案提高到一个新的水平。因此演练后的讲评和总结是演练必不可少的组成部分，时间安排上往往要长于演练时间。讲评和总结的内容要整理成资料存档，并上报上级部门。对于每个救援专业队来说，讲评要写出书面报告递交上级部门，报告内容如下：

① 通过演练发现的主要问题。

② 对演练准备情况的评价。

③ 对预案有关程序、内容的建议和改进意见。

④ 对训练、器材设备方面的改进意见。

⑤ 演练的最佳顺序和时间建议。

⑥ 对演练情况设置的意见。

⑦ 对演练指挥机关的意见等。

⑧ 应急救援演练指挥部根据每个救援专业队的报告汇集写成综合报告。

9. 对预案的修正

预案应通过实践考验，证实该预案切实可行后才能实施。因此在演练讲评和总结完成以后，要根据讲评和总结的意见，进行进一步的验证，认为确实需要修正的预案内容，要在最短时间内修正完毕，并报上级批准。

灭火和应急疏散预案及演练实例见附录 9。

第六章

初起火灾的处置常识

Chuqi Huozai De Chuzhi Changshi

第一节　火灾报警

任何单位和个人在发现火灾时，都应迅速准确地拨报火警，成年公民应积极参加扑救，这是每个公民的义务。

一、报火警的意义和对象

（一）及早报警的意义

经验告诉我们，在起火后十几分钟内，能否将火扑灭，不酿成大火，这是个关键时刻。把握这个关键时刻主要有两条：一是利用现场灭火器材及时扑救；二是同时拨报火警以便调来足够的力量，及早地控制和扑灭火灾。不管火势大小，都应报警。不要以为自己有足够的力量扑救就不向消防报警，存在侥幸心理；企业单位发生火灾怕影响评先进、评奖金，怕消防车拉警报影响声誉，怕追究责任或受经济处罚等。因为火势的发展往往是难以预料的，如扑救方法不当，对起火物质的性质不了解，灭火器材的效用所限等原因，均有可能控制不住火势而酿成大火，此刻才想起报警，就是消防队到场扑救，也必然费力费时，造成一定损失。有时由于火势已发展到猛烈阶段，大势已定，消防队到场只能控制火势不使之蔓延扩大，但损失和危害已成定局。所以报警早、损失小，就是这个道理。

（二）报警的对象

① 向周围的人员发出火灾警报，召集他们前来参加扑救或疏散物资。

② 本单位（地区）有专职、志愿消防队的，应迅速向他们报警。

③ 向公安消防队报警。公安消防队是灭火的主要力量，尽管着火单位有专职消防队，也应向公安消防队报警，不可等本单位扑救不了再向公安消防队报警，那会延误灭火时机。

④ 向受火灾威胁的人员发出警报，要他们迅速做好疏散准备。发出警报时根据火灾发展情况，作出局部或全部疏散的决定，并告诉群众要从容、镇静，避免引起慌乱、拥挤。

二、报警的方法及内容

（一）报警的方法

除装有自动报警系统的单位可以自动报警外，其他单位或个人根据条件分别采取以下方法报警。

1. 向单位和周围的人群报警

① 使用手动报警设备报警。如使用电话、警铃、汽笛、敲钟或其他平时约定的报警手段报警。

② 派人到本单位（地区）的专职消防队报警。

③ 使用有线广播报警。

④ 农村可以使用敲锣等方法报警。

⑤ 大声呼喊报警。

2. 向公安消防队报警

① 拨打“119”火警电话向公安消防队报警。

② 没有电话且离消防队较近时，可骑自行车到消防队报警。总之，方法要因地制宜，以最快的速度将火警报出去为目的。

（二）报火警的内容

在拨打火警电话向公安消防队报火警时，必须讲清以下内容：

① 发生火灾单位或个人的详细地址。包括街道名称，门牌号码，靠近何处；农村发生火灾要讲明县、乡（镇）、村庄名称；大型企业要讲明分厂、车间或部门；高层建筑要讲明第几层等。总之，地址要讲得明确、具体。

② 起火物种类及储量。如房屋、商店、油库、露天堆场等；房屋着火最好讲明何建筑，如棚屋、砖木结构、新式工房、高层建筑等；尤其要注意讲明的是起火物为何物，如液化石油气、汽油、化学试剂、棉花、麦秸等都应讲明白，以便消防部门根据情况派出相应的灭火车辆。说明了起火物种和储量，便于消防队调集力量时选择使用什么类型的车辆，调集多少车辆。

③ 火势情况。如只见冒烟、有火光、火势猛烈、有多少间房屋着火等。

④ 报警人姓名及所用电话号码。以便消防部门电话联系，了解火场情况。报警之后，还应派人到路口接应消防车。

第二节　安全疏散

一、人员的安全疏散

1. 稳定情绪，维护现场秩序

火灾时，在场人员有烟气中毒、窒息以及被热辐射、热气流烧伤的危险。因此，发生火灾后，首先要了解火场有无被困人员及被困地点和抢救的通道，以便进行安全疏散。当遇有居民住宅、集体宿舍和人员密集的公共场所起火，人员安全受到威胁时，或因发生爆炸着火，在建筑物倒塌的现场上或浓烟、充满毒气的房屋里，人员受伤、被困时，必须采取稳妥可靠的措施，积极进行抢救和疏散。有时人们虽然未受到火的直接威胁，但处于惊慌失措的紧张状态（如影剧院、医院等公共场所发生火灾），有造成伤亡事故的危险，在喊话宣传稳定情绪的同时，也要尽快地组织疏散，撤离火灾现场。一般情况下，绝大多数的火灾现场被困人员可以安全疏散或自救，脱离险境。因此，必须坚定自救意识，不惊慌失措，冷静观察，采取可行的措施进行疏散自救。

2. 能见度差，鱼贯地撤离

疏散时，如人员较多或能见度很差时，应在熟悉疏散通道的人员带领下，鱼贯地撤离起火点。带领人可用绳子牵领，用“跟着我”的喊话或前后扯着衣襟的方法将人员撤至室外或安全地点。

3. 烟雾较浓，做好防护，低姿撤离

在撤离火场途中被浓烟所围困时，由于烟雾一般是向上流动，地面上的烟雾相对来说比较稀薄，因此可采取低姿势行走或匍匐穿过浓烟区的方法，如果有条件，可用湿毛巾等捂住嘴、鼻或用短呼吸法，用鼻子呼吸，以便迅速撤出浓烟区。

4. 楼房着火，利用有利条件，不盲目跳楼

楼房的下层着火时，楼上的人不要惊慌失措，应根据现场的不同情况采取正确的自救措施。如果楼梯间只是充满烟雾，可采取低姿势手扶栏杆迅速而下；如果楼梯已被烟火堵住但未坍塌，还有可能冲得出去时，则可向头部、上身淋些水，用浸湿的棉被、毯子等物披围在身上从烟火中冲过去；如果楼梯已被烧断、通道已被堵死，可通过屋顶上的老虎窗、阳台、落水管等处逃生，或在固定的物体上（如窗框、水管等）拴绳子，也可将被单、窗帘撕成条连接起来，然后手拉绳缓缓而下；如果上述措施行不通时，

则应退回室内，关闭通往着火区的门窗，还可向门窗上浇水，延缓火势蔓延，并向窗外伸出衣物或抛出小物件发出求救信号或呼喊引起楼外人员注意，设法求救；在火势猛烈时间来不及的情况下，如被困在二楼要跳楼时，可先往楼外地面上抛掷一些棉被等物，或地面上人员在地上垫席梦思等软垫，以增加缓冲，然后手拉着窗台或阳台往下滑，这样可使双脚先着地，又可能缩小高度；如果被困在三楼以上，则不能盲目跳楼，可转移到其他较安全地点，耐心等待救援。

5. 自身着火，快速扑打，不能奔跑

一旦衣帽着火，应尽快地把衣帽脱掉，如来不及，可把衣服撕碎扔掉，切记不能奔跑，那样会使身上的火越烧越旺，还会把火种带到其他场所，引起新的火点。身上着火，着火人也可就地倒下打滚，把身上的火焰压灭；在场的其他人员也可用湿麻袋、毯子等物把着火人包裹起来以窒息火焰；或者向着火人身上浇水，帮助受害者将烧着的衣服撕下；或者跳入附近池塘、小河中将身上的火熄掉。

6. 保护疏散人员的安全，防止再入“火口”

火场上脱离险境的人员，往往因某种心理原因的驱使，不顾一切，想重新回到原处达到目的。如果自己的亲人还被围困在房间里，急于救出亲人；怕珍贵的财物被烧，想急切地抢救出来等。这不仅会使他们重新陷入危险境地，且给火场扑救工作带来困难。所以，火场指挥人员应组织人安排好这些脱险人员、做好安慰工作，以保证他们的安全。

二、物资的安全疏散

（一）应立即疏散的物资

① 疏散那些可能扩大火势和有爆炸危险的物资。例如起火点附近的汽油、柴油油桶，充装有气体的钢瓶以及其他易燃、易爆和有毒的物品。

② 疏散性质重要、价值昂贵的物资。例如档案资料、高级仪器、珍贵文物以及经济价值大的原料、产品、设备等。

③ 疏散影响灭火战斗的物资。例如妨碍灭火行动的物资、怕水的物资（糖、电石）等。

（二）组织疏散的要求

① 将参加疏散的职工或群众编成组，指定负责人，使整个疏散工作有秩序地进行。

② 先疏散受水、火、烟威胁最大的物资。

③ 尽量利用各类搬运机械进行疏散，如企业单位的起重机、输送机、汽车、装卸机等。

④ 怕水的物资应用苫布进行保护。

⑤ 单位应明确疏散引导员，负责在楼层、疏散通道、安全出口组织引导在场人员安全疏散。

三、特殊场所（建筑）的疏散

（一）人员密集场所的安全疏散

影剧院、体育馆、礼堂、医院、学校以及商店等人员密集场所，一旦起火，如果疏散不力，就会造成重大伤亡事故。因此，人员疏散是头等任务。这些场所的安全出口数量，走道、楼梯和门的宽度以及到达疏散出口的距离等，都必须符合防火设计要求。同时，还应做好各种情况下的安全疏散准备工作，以适应火灾时安全疏散的需要。

① 制订安全疏散计划。按人员的分布情况，制订在火灾等紧急情况下的安全疏散路线，并绘制平面图，用醒目的箭头标示出出入口和疏散路线。路线要尽量简捷，安全出口的利用率要平均。对工作人员要明确分工，平时要进行训练，以便火灾时按疏散计划组织人流有秩序地进行疏散。

② 在经营时间里，工作人员要坚守岗位，并保证安全走道、楼梯和出口畅通无阻。安全出口不得锁闭，通道不得堆放物资。组织疏散时应进行宣传，稳定情绪，使大家能够积极配合，按指定路线尽快将在场人员疏散出去。

③ 安全疏散时要维持好秩序，注意不要互相拥挤，要扶老携幼，要帮助残疾人和有病、行动不便的人一道撤离火场。

④ 人员密集场所应配置应急疏散器材箱：消防安全重点单位每 1 000 平方米至少配置 1 个器材箱，总数不少于 2 个；非消防安全重点单位 1 000 平方米以下至少配置 1 个器材箱，1 000 平方米以上至少配置 2 个器材箱。每个器材箱内应配备不少于 1 根疏散荧光棒、1 个电源型移动疏散指示标志、4 个口哨、1 个手持扩音器、2 件反光背心、2 个手电筒、2 具防烟面具、20 条毛巾、10 瓶瓶装矿泉水等器材；应急疏散器材箱应均匀分布在场所显眼位置，便于取用，并不得影响疏散。

（二）地下建筑的安全疏散

地下建筑包括地下旅馆、商店、游艺场、物资仓库等，这些场所发生火灾时，烟气流对人的危害很大，因此需要在更短的时间里将人员疏散出去。地下建筑由于空间较小，疏散设施有限，起火时烟气很快充满空间，空间温度高，能见度极差，人们在惊慌中又易迷失方向等，人员疏散只能通过出入口。安全疏散的难度要比地面建筑大得多，所以这种场所的安全疏散工作更需要加强。

① 应制订区间（两个出入口之间的区域）疏散计划。计划应明确指出区间人员疏散路线和每条路线上的负责人。计划要用平面图显示出来。

② 服务管理人员都必须熟悉计划，特别是要明确疏散路线，一旦发生紧急情况，能沉着地引导人流撤离起火场所。

③ 地下建筑内的走道两侧附设的招牌、广告、装饰物均不得突出于走道内。

④ 地下建筑失火时，如果发生断电事故，营业单位应立即启用平时备好的事故照明设施或使用手电筒、电池灯等照明器具，以引导疏散。

⑤ 单位负责安全的管理人员在人员撤离后应清理现场，防止有人在慌乱中采取躲藏起来的办法而发生中毒或被烧死的事故。

（三）高层建筑的安全疏散

① 要冷静地观察从哪里可以疏散逃生，并且要呼叫他人，提醒他人及时进行疏散。疏散时应按照安全出口的指示标志，尽快地从安全通道和室外消防楼梯安全撤出。

② 切勿盲目乱窜或奔向电梯，那样反而贻误逃生的时机或被困在电梯间而致死。这是因为，火灾时电梯的电源常常被切断，同时电梯井烟囱效应很强，烟火极易向此处蔓延。如果情况危急，急欲逃生，可利用阳台之间的空隙、落水管或自救绳等滑行到没有起火的楼层或地面上，但千万不要跳楼。

③ 如果确实无力或没有条件用上述方法自救时，可紧闭房门，减少烟气、火焰侵入，躲在窗户下或到阳台避烟，单元式住宅楼也可沿通至屋顶的楼梯上到楼顶，等待到达火场的消防人员解救。总之，在任何情况下，都不要放弃求生的希望。

④ 高层建筑内人员密集场所要确定疏散引导员，引导顾客进行疏散，火灾时，要利用音响设备通报和指导人员按一定程序疏散，防止拥挤，影响疏散或造成踩伤事故。当烟雾弥漫到走道或楼梯间时，要及时排烟，并尽可能地引导客人从远离着火区的疏散楼梯疏散。

第三节　火灾扑救

救人第一和准确、迅速、集中兵力打歼灭战，是火灾扑救指导思想的基本内容，单位应按照消防安全四个能力建设要求建立两级灭火力量，第一灭火力量为失火现场单位员工在 1 分钟内形成的灭火救援力量，第二灭火力量为火灾确认后单位按照灭火和应急疏散预案组织员工 3 分钟内形成的灭火救援力量。

一、火灾扑救的基本原则

（一）先控制

先控制是指扑救火灾时，先把主要力量部署在火场上火势蔓延的主要方面，设兵堵截，对发展的火势实施有效控制，防止蔓延扩大，为迅速消灭火灾创造有利条件。

对不同的火灾，有不同的控制方法。一般地说，有直接控制火势，防止灾情扩大；也有间接控制火势，如对燃烧的和邻近的液体或气体贮罐进行冷却，防止罐体变形破坏或爆炸，防止油品沸溢，阻止可燃液体流散，制止气体外喷扩散，防止飞火，防止复燃，排除或防止爆炸物发生爆炸等均是间接控制。

（二）后消灭

就是在控制火势的同时，集中兵力向火源展开全面进攻，逐一或全面彻底消灭火灾。后消灭，是在控制的前提下，主动向火点进攻，在控制过程中开始进行消灭，直到迅速全面彻底消灭火灾。

在火场上，灭火力量处于优势，此时应在控制火势过程中积极主动及时消灭火灾；灭火力量处于劣势时，必须设法扭转被动局面，应积极主动从控制火势入手，控制火势蔓延或控制减缓火势蔓延速度，或者选择作战重心，在某一方面设置阵地，控制火势。此时应积极调集增援力量，改变被动局面去夺取灭火战斗的胜利。

二、火灾扑救的基本方法

在火灾扑救中要根据不同情况适时地采取堵截、快攻、排烟、隔离等基本方法。

（一）堵截

堵截火势，防止蔓延或减缓蔓延速度，或在堵截过程中消灭火灾，是积极防御与主动进攻相结合的火灾扑救基本方法。

在实际应用中，当单位灭火人员不能接近火场时，应根据着火对象及火灾现场实际，果断在蔓延方向设置水枪阵地、水帘，关闭防火门、防火卷帘、挡烟垂壁等，堵截蔓延，防止火势扩大。

（二）快攻

当灭火人员能够接近火源时，应迅速利用身边的灭火器材灭火，将火势控制在初期低温少烟阶段。

（三）排烟

利用门窗、破拆孔洞将高温浓烟排出建筑物外，是引导火势蔓延方向、减少火灾损失的重要措施。

（四）隔离

针对大面积燃烧区或火势比较复杂的火场，根据火灾扑救的需要，将燃烧区分割成两个或数个战斗区段，以便于分别部署力量将火扑灭。

三、常见消防设施器材的使用方法

1. 火灾手动报警器

当发生火灾时在消防火灾探测器没有探测到火灾的时候，人员手动按下手动火灾报警按钮，按下手动报警按钮 3 ～ 5 秒钟，手动报警按钮上的火警确认灯会点亮，报告火灾信号。

2. 室内消火栓

当发生火灾时，找到离火场距离最近的消火栓，打开消火栓箱门，取出水带，将水带的一端接在消火栓出水口上，另一端接好水枪，拉到起火点附近后方可打开消火栓阀门。

3. 二氧化碳灭火器

使用时，手提灭火器的提把，迅速赶到火场，在距起火点大约 5 米处放下灭火器。一只手握住喇叭形喷筒根部的手柄，把喷筒对准火焰，另一只手压下压把，二氧化碳就喷射出来。

4. 干粉灭火器

使用前先把灭火器上下颠倒几下，使筒内干粉松动。先拔下保险销，一只手握住喷嘴，另一只手用力按下压把，干粉便会从喷嘴射出来。

第四节　火灾现场保护

一、火灾现场保护的目的

火灾现场是提取查证火灾原因痕迹物主的重要场所。保护火灾现场的目的，是为了发现起火物、引火物，根据着火物质的燃烧特性、火势蔓延情况，研究火灾发展蔓延的过程，为确定起火点搜集物证创造条件。因此，火灾现场一旦遭到破坏，就会直接影响现场勘察工作的顺利进行，影响获取火灾现场诸因素的客观资料，影响勘察工作的质量，同时也影响火灾调查人员的准确判断。所以，保护好火灾现场对做好火灾调查工作具有十分重要的意义。

二、火灾现场保护的要求

（一）正确划定火灾现场保护范围

通常情况下，火灾现场的保护范围应包括燃烧的全部场所以及与火灾有关的一切地点。保护范围确定后，禁止任何人（包括现场保护人员）进入保护区，更不得擅自移动火场中的任何物品，对火灾痕迹和物证，应采取有效措施，妥善保护。

但是，考虑到生产的需要，在确定现场保护范围时，对那些一经停产将会造成巨大经济损失的场所或部位，要首先进行分析研究，可以不停产的坚决不停，可以恢复生产的应尽快恢复。对于起火点比较明晰的火场，不论燃烧范围多大，也应该把保护区圈定在最小限度，尽量减少停产造成的间接损失。

遇有下列情况时，根据需要应适当扩大保护区：

1. 起火点位置未确定

起火点部位不明显；对起火点位置看法有分歧；初步认定的起火点与火场遗留痕迹不一致。

2. 电气故障引起的火灾

当怀疑起火原因为电气设备故障时，凡属与火场用电设备有关的线路、设备，如进户线、总配电盘、开关、灯座、插座、电机及其拖动设备和它们通过或安装的场所，都应列入保护范围。有时电气故障引起的火灾，起火点和故障点并不一致，甚至相隔很远，则保护范围应扩大到发生故障的那个场所。

3. 爆炸现场

建筑物因爆炸倒塌起火的现场，不论被抛出物体飞出的距离有多远，也应把抛出物着地点列入保护范围；同时把爆炸破坏或影响到的建筑物等列入现场保护区。但并不是把这个大范围全都禁锢起来，只是将有助于查明爆炸原因、分析爆炸过程及爆炸威力的有关物件圈围保护好。

（二）火灾现场保护的基本要求

1. 对现场保护人员的基本要求

现场保护人员要服从统一指挥，遵守纪律，有组织地做好现场保护工作。不准随便进入现场，不准触摸现场物品，不准移动、拿用现场物品。现场保护人员要有高度的责任感，坚守岗位，做好工作，保护好现场的痕迹、物证，收集群众的反映，自始至终保护好现场。

2. 火场保护中的要求

① 要及时严密地保护现场，使火灾现场能保持停止燃烧时的原样，为发现发火物、引火物、物质燃烧、火势蔓延、放火犯罪的痕迹研究、火灾发展蔓延的过程、确定起火点、搜集物证创造条件。

② 公安机关消防机构在接到火灾报警后，应该迅速组织勘察力量前往现场，同时积极部署现场保护工作，以减少火灾发生过程中，或火灾发生后，由于人为的、自然的影响，引起火灾现场不同程度的变化。

③ 城乡公安派出所民警、厂矿、企业、机关、学校和街道居民委员会的治安保卫人员以及义务消防组织都有责任保护现场，广大干部群众都有权利协助保护现场。起火单位和区城负责人也应及时安排现场的保护工作。同时积极与消防部门联系，要求派人勘察现场，待现场勘察人员到场后，再重新决定保护现场的有关事宜，若火场勘察人员已在起火当时到达火场，则应协同失火单位统一布置现场保护。

④ 扑灭火灾也应视为保护火灾现场的重要组成部分。灭火指挥员在灭火行动中应充分注意这一点。火灭后进行火场勘察从某种意义讲是火场保护的继续，更应努力避免拆除或移动现场中的任何遗留物。

（三）保护现场的方法

1. 灭火中的现场保护

在进行火情侦察时，应注意发现和保护起火部位和起火点。在起火部位的灭火行动，特别是在扫残火时，尽量不实施消防破拆或变动物品的位置，以保持燃烧后的自然状态。

2. 勘察的现场保护

① 露天现场。首先在发生火灾的地点和留有火灾痕迹、物证的一切场所的周围，划定保护范围。在情况尚不大清楚的时候，可以将保护范围适当扩大一些。待勘察工作就绪后，可酌情缩小保护区，同时布置警戒。对重要部位可绕红白相间的绳旗画警戒圈或设置屏障遮挡。如果火灾发生在交通道路上，在农村可实行全部封锁或部分的封锁，重要的进出口处，布置路障并派专人看守；在城市由于行人、车辆流量大，封锁范围应尽量缩小，并由公安专门人员负责治安警戒、疏导行人和车辆。

② 室内现场。对室内现场的保护，主要是在室外门窗下布置专人看守，或者对重点部位加封；对现场的室外和院落也应划出一定的禁入范围。对于私人房间要做好房主的安抚工作，讲清道理，劝其不要急于清理。

③ 大型火灾现场。可利用原有的围墙、栅栏等进行封锁隔离，尽量不要影响交通和居民生活。

3. 痕迹与物证的现场保护方法

对于可能证明火灾蔓延方向和火灾原因的任何痕迹、物证，均应严加保护。为了引起人们注意，可在留有痕迹、物证的地点做出保护标志。对室外某些痕迹、物证、尸体等应用席子、塑料布等加以遮盖。

（四）现场保护中的应急措施

保护现场的人员不仅限于布置警戒，封锁现场，保护痕迹物证，由于现场上有时会出现一些紧急情况，所以现场保护人员要提高警惕，随时掌握现场的动态，发现问题时，负责保护现场的人员应及时对不同的情况积极采取有效措施进行处理，并及时向有关部门报告。

① 扑灭后的火场“死灰”复燃，甚至二次成灾时要迅速有效地实施扑救，酌情及时报警。有的火场扑灭后善后事宜未尽，现场保护人员应及时发现，积极处理，如发现易燃液体或者可燃气体泄漏，应关闭阀门，发现有导线落地时，应切断有关电源。

② 对遇有人命危急的情况，应立即设法施行急救，对遇有趁火打劫，或者二次放火的，思维要敏捷，对打听消息、反复探视、问询火场情况以及行为可疑的人要多加小心，纳入视线后，必要情况下移交公安机关。

③ 危险物品发生火灾时，无关人员不要靠近，危险区域实行隔离，禁止进入，人要站在上风处，离开低洼处。对于那些一接触就可能被灼伤、有毒物品、放射性物品引起的火灾现场，进入现场的人，要佩戴隔绝或呼吸器，穿全身防护衣，暴露在放射线中的人员及装置要等待放射线主管人员到达，按其指示处理，清扫现场。

④ 被烧坏的建筑物有倒塌危险并危及他人安全时，应采取措施使其固定。如受条件限制不能使其固定时，应在其倒塌之前，仔细观察并记下倒塌前的烧毁情况；采取移动措施时，尽量使现场少受破坏，若需要变动时，事前应详细记录现场原貌。

附 录

附 录 1

中华人民共和国消防法

（1998 年 4 月 29 日第九届全国人民代表大会常务委员会第二次会议通过 2008 年 10 月 28 日第十一届全国人民代表大会常务委员会第五次会议修订）

第一章 总 则

第一条 为了预防火灾和减少火灾危害，加强应急救援工作，保护人身、财产安全，维护公共安全，制定本法。

第二条 消防工作贯彻预防为主、防消结合的方针，按照政府统一领导、部门依法监管、单位全面负责、公民积极参与的原则，实行消防安全责任制，建立健全社会化的消防工作网络。

第三条 国务院领导全国的消防工作。地方各级人民政府负责本行政区域内的消防工作。

各级人民政府应当将消防工作纳入国民经济和社会发展计划，保障消防工作与经济社会发展相适应。

第四条 国务院公安部门对全国的消防工作实施监督管理。县级以上地方人民政府公安机关对本行政区域内的消防工作实施监督管理，并由本级人民政府公安机关消防机构负责实施。军事设施的消防工作，由其主管单位监督管理，公安机关消防机构协助；矿井地下部分、核电厂、海上石油天然气设施的消防工作，由其主管单位监督管理。

县级以上人民政府其他有关部门在各自的职责范围内，依照本法和其他相关法律、法规的规定做好消防工作。

法律、行政法规对森林、草原的消防工作另有规定的，从其规定。

第五条 任何单位和个人都有维护消防安全、保护消防设施、预防火灾、报告火警的义务。任何单位和成年人都有参加有组织的灭火工作的义务。

第六条 各级人民政府应当组织开展经常性的消防宣传教育，提高公民的消防安全意识。

机关、团体、企业、事业等单位，应当加强对本单位人员的消防宣传教育。

公安机关及其消防机构应当加强消防法律、法规的宣传，并督促、指导、协助有关单位做好消防宣传教育工作。

教育、人力资源行政主管部门和学校、有关职业培训机构应当将消防知识纳入教育、教学、培训的内容。

新闻、广播、电视等有关单位，应当有针对性地面向社会进行消防宣传教育。

工会、共产主义青年团、妇女联合会等团体应当结合各自工作对象的特点，组织开展消防宣传教育。

村民委员会、居民委员会应当协助人民政府以及公安机关等部门，加强消防宣传教育。

第七条 国家鼓励、支持消防科学研究和技术创新，推广使用先进的消防和应急救援技术、设备；鼓励、支持社会力量开展消防公益活动。

对在消防工作中有突出贡献的单位和个人，应当按照国家有关规定给予表彰和奖励。

第二章 火灾预防

第八条 地方各级人民政府应当将包括消防安全布局、消防站、消防供水、消防通信、消防车通道、消防装备等内容的消防规划纳入城乡规划，并负责组织实施。

城乡消防安全布局不符合消防安全要求的，应当调整、完善；公共消防设施、消防装备不足或者不适应实际需要的，应当增建、改建、配置或者进行技术改造。

第九条 建设工程的消防设计、施工必须符合国家工程建设消防技术标准。建设、设计、施工、工程监理等单位依法对建设工程的消防设计、施工质量负责。

第十条 按照国家工程建设消防技术标准需要进行消防设计的建设工程，除本法第十一条另有规定的外，建设单位应当自依法取得施工许可之日起七个工作日内，将消防设计文件报公安机关消防机构备案，公安机关消防机构应当进行抽查。

第十一条 国务院公安部门规定的大型的人员密集场所和其他特殊建设工程，建设单位应当将消防设计文件报送公安机关消防机构审核。公安机关消防机构依法对审核的结果负责。

第十二条 依法应当经公安机关消防机构进行消防设计审核的建设工程，未经依法审核或者审核不合格的，负责审批该工程施工许可的部门不得给予施工许可，建设单位、施工单位不得施工；其他建设工程取得施工许可后经依法抽查不合格的，应当停止施工。

第十三条 按照国家工程建设消防技术标准需要进行消防设计的建设工程竣工，依照下列规定进行消防验收、备案：

（一）本法第十一条规定的建设工程，建设单位应当向公安机关消防机构申请消防验收；

（二）其他建设工程，建设单位在验收后应当报公安机关消防机构备案，公安机关消防机构应当进行抽查。

依法应当进行消防验收的建设工程，未经消防验收或者消防验收不合格的，禁止投入使用；其他建设工程经依法抽查不合格的，应当停止使用。

第十四条 建设工程消防设计审核、消防验收、备案和抽查的具体办法，由国务院公安部门规定。

第十五条 公众聚集场所在投入使用、营业前，建设单位或者使用单位应当向场所所在地的县级以上地方人民政府公安机关消防机构申请消防安全检查。

公安机关消防机构应当自受理申请之日起十个工作日内，根据消防技术标准和管理规定，对该场所进行消防安全检查。未经消防安全检查或者经检查不符合消防安全要求的，不得投入使用、营业。

第十六条 机关、团体、企业、事业等单位应当履行下列消防安全职责：

（一）落实消防安全责任制，制定本单位的消防安全制度、消防安全操作规程，制定灭火和应急疏散预案；

（二）按照国家标准、行业标准配置消防设施、器材，设置消防安全标志，并定期组织检验、维修，确保完好有效；

（三）对建筑消防设施每年至少进行一次全面检测，确保完好有效，检测记录应当完整准确，存档备查；

（四）保障疏散通道、安全出口、消防车通道畅通，保证防火防烟分区、防火间距符合消防技术标准；

（五）组织防火检查，及时消除火灾隐患；

（六）组织进行有针对性的消防演练；

（七）法律、法规规定的其他消防安全职责。

单位的主要负责人是本单位的消防安全责任人。

第十七条 县级以上地方人民政府公安机关消防机构应当将发生火灾可能性较大以及发生火灾可能造成重大的人身伤亡或者财产损失的单位，确定为本行政区域内的消防安全重点单位，并由公安机关报本级人民政府备案。

消防安全重点单位除应当履行本法第十六条规定的职责外，还应当履行下列消防安全职责：

（一）确定消防安全管理人，组织实施本单位的消防安全管理工作；

（二）建立消防档案，确定消防安全重点部位，设置防火标志，实行严格管理；

（三）实行每日防火巡查，并建立巡查记录；

（四）对职工进行岗前消防安全培训，定期组织消防安全培训和消防演练。

第十八条 同一建筑物由两个以上单位管理或者使用的，应当明确各方的消防安全责任，并确定责任人对共用的疏散通道、安全出口、建筑消防设施和消防车通道进行统一管理。

住宅区的物业服务企业应当对管理区域内的共用消防设施进行维护管理，提供消防安全防范服务。

第十九条 生产、储存、经营易燃易爆危险品的场所不得与居住场所设置在同一建筑物内，并应当与居住场所保持安全距离。

生产、储存、经营其他物品的场所与居住场所设置在同一建筑物内的，应当符合国家工程建设消防技术标准。

第二十条 举办大型群众性活动，承办人应当依法向公安机关申请安全许可，制定灭火和应急疏散预案并组织演练，明确消防安全责任分工，确定消防安全管理人员，保持消防设施和消防器材配置齐全、完好有效，保证疏散通道、安全出口、疏散指示标志、应急照明和消防车通道符合消防技术标准和管理规定。

第二十一条 禁止在具有火灾、爆炸危险的场所吸烟、使用明火。因施工等特殊情况需要使用明火作业的，应当按照规定事先办理审批手续，采取相应的消防安全措施；作业人员应当遵守消防安全规定。

进行电焊、气焊等具有火灾危险作业的人员和自动消防系统的操作人员，必须持证上岗，并遵守消防安全操作规程。

第二十二条 生产、储存、装卸易燃易爆危险品的工厂、仓库和专用车站、码头的设置，应当符合消防技术标准。易燃易爆气体和液体的充装站、供应站、调压站，应当设置在符合消防安全要求的位置，并符合防火防爆要求。

已经设置的生产、储存、装卸易燃易爆危险品的工厂、仓库和专用车站、码头，易燃易爆气体和液体的充装站、供应站、调压站，不再符合前款规定的，地方人民政府应当组织、协调有关部门、单位限期解决，消除安全隐患。

第二十三条 生产、储存、运输、销售、使用、销毁易燃易爆危险品，必须执行消防技术标准和管理规定。

进入生产、储存易燃易爆危险品的场所，必须执行消防安全规定。禁止非法携带易燃易爆危险品进入公共场所或者乘坐公共交通工具。

储存可燃物资仓库的管理，必须执行消防技术标准和管理规定。

第二十四条 消防产品必须符合国家标准；没有国家标准的，必须符合行业标准。禁止生产、销售或者使用不合格的消防产品以及国家明令淘汰的消防产品。

依法实行强制性产品认证的消防产品，由具有法定资质的认证机构按照国家标准、行业标准的强制性要求认证合格后，方可生产、销售、使用。实行强制性产品认证的消防产品目录，由国务院产品质量监督部门会同国务院公安部门制定并公布。

新研制的尚未制定国家标准、行业标准的消防产品，应当按照国务院产品质量监督部门会同国务院公安部门规定的办法，经技术鉴定符合消防安全要求的，方可生产、销售、使用。

依照本条规定经强制性产品认证合格或者技术鉴定合格的消防产品，国务院公安部门消防机构应当予以公布。

第二十五条 产品质量监督部门、工商行政管理部门、公安机关消防机构应当按照各自职责加强对消防产品质量的监督检查。

第二十六条 建筑构件、建筑材料和室内装修、装饰材料的防火性能必须符合国家标准；没有国家标准的，必须符合行业标准。

人员密集场所室内装修、装饰，应当按照消防技术标准的要求，使用不燃、难燃材料。

第二十七条 电器产品、燃气用具的产品标准，应当符合消防安全的要求。

电器产品、燃气用具的安装、使用及其线路、管路的设计、敷设、维护保养、检测，必须符合消防技术标准和管理规定。

第二十八条 任何单位、个人不得损坏、挪用或者擅自拆除、停用消防设施、器材，不得埋压、圈占、遮挡消火栓或者占用防火间距，不得占用、堵塞、封闭疏散通道、安全出口、消防车通道。人员密集场所的门窗不得设置影响逃生和灭火救援的障碍物。

第二十九条 负责公共消防设施维护管理的单位，应当保持消防供水、消防通信、消防车通道等公共消防设施的完好有效。在修建道路以及停电、停水、截断通信线路时有可能影响消防队灭火救援的，有关单位必须事先通知当地公安机关消防机构。

第三十条 地方各级人民政府应当加强对农村消防工作的领导，采取措施加强公共消防设施建设，组织建立和督促落实消防安全责任制。

第三十一条 在农业收获季节、森林和草原防火期间、重大节假日期间以及火灾多发季节，地方各级人民政府应当组织开展有针对性的消防宣传教育，采取防火措施，进行消防安全检查。

第三十二条 乡镇人民政府、城市街道办事处应当指导、支持和帮助村民委员会、居民委员会开展群众性的消防工作。村民委员会、居民委员会应当确定消防安全管理人，组织制定防火安全公约，进行防火安全检查。

第三十三条 国家鼓励、引导公众聚集场所和生产、储存、运输、销售易燃易爆危险品的企业投保火灾公众责任保险；鼓励保险公司承保火灾公众责任保险。

第三十四条 消防产品质量认证、消防设施检测、消防安全监测等消防技术服务机构和执业人员，应当依法获得相应的资质、资格；依照法律、行政法规、国家标准、行业标准和执业准则，接受委托提供消防安全技术服务，并对服务质量负责。

第三章 消防组织

第三十五条 各级人民政府应当加强消防组织建设，根据经济和社会发展的需要，建立多种形式的消防组织，加强消防技术人才培养，增强火灾预防、扑救和应急救援的能力。

第三十六条 县级以上地方人民政府应当按照国家规定建立公安消防队、专职消防队，并按照国家标准配备消防装备，承担火灾扑救工作。

乡镇人民政府应当根据当地经济发展和消防工作的需要，建立专职消防队、志愿消防队，承担火灾扑救工作。

第三十七条 公安消防队、专职消防队依照国家规定承担重大灾害事故和其他以抢救人员生命为主的应急救援工作。

第三十八条 公安消防队、专职消防队应当充分发挥火灾扑救和应急救援专业力量的骨干作用；按照国家规定，组织实施专业技能训练，配备并维护保养装备器材，提高火灾扑救和应急救援的能力。

第三十九条 下列单位应当建立单位专职消防队，承担本单位的火灾扑救工作：

（一）大型核设施单位、大型发电厂、民用机场、主要港口；

（二）生产、储存易燃易爆危险品的大型企业；

（三）储备可燃的重要物资的大型仓库、基地；

（四）第（一）项、第（二）项、第（三）项规定以外的火灾危险性较大、距离公安消防队较远的其他大型企业；

（五）距离公安消防队较远、被列为全国重点文物保护单位的古建筑群的管理单位。

第四十条 专职消防队的建立，应当符合国家有关规定，并报当地公安机关消防机构验收。

专职消防队的队员依法享受社会保险和福利待遇。

第四十一条 机关、团体、企业、事业等单位以及村民委员会、居民委员会根据需要，建立志愿消防队等多种形式的消防组织，开展群众性自防自救工作。

第四十二条 公安机关消防机构应当对专职消防队、志愿消防队等消防组织进行业务指导；根据扑救火灾的需要，可以调动指挥专职消防队参加火灾扑救工作。

第四章 灭火救援

第四十三条 县级以上地方人民政府应当组织有关部门针对本行政区域内的火灾特点制定应急预案，建立应急反应和处置机制，为火灾扑救和应急救援工作提供人员、装备等保障。

第四十四条 任何人发现火灾都应当立即报警。任何单位、个人都应当无偿为报警提供便利，不得阻拦报警。严禁谎报火警。

人员密集场所发生火灾，该场所的现场工作人员应当立即组织、引导在场人员疏散。

任何单位发生火灾，必须立即组织力量扑救。邻近单位应当给予支援。

消防队接到火警，必须立即赶赴火灾现场，救助遇险人员，排除险情，扑灭火灾。

第四十五条 公安机关消防机构统一组织和指挥火灾现场扑救，应当优先保障遇险人员的生命安全。

火灾现场总指挥根据扑救火灾的需要，有权决定下列事项：

（一）使用各种水源；

（二）截断电力、可燃气体和可燃液体的输送，限制用火用电；

（三）划定警戒区，实行局部交通管制；

（四）利用邻近建筑物和有关设施；

（五）为了抢救人员和重要物资，防止火势蔓延，拆除或者破损毗邻火灾现场的建筑物、构筑物或者设施等；

（六）调动供水、供电、供气、通信、医疗救护、交通运输、环境保护等有关单位协助灭火救援。

根据扑救火灾的紧急需要，有关地方人民政府应当组织人员、调集所需物资支援灭火。

第四十六条 公安消防队、专职消防队参加火灾以外的其他重大灾害事故的应急救援工作，由县级以上人民政府统一领导。

第四十七条 消防车、消防艇前往执行火灾扑救或者应急救援任务，在确保安全的前提下，不受行驶速度、行驶路线、行驶方向和指挥信号的限制，其他车辆、船舶以及行人应当让行，不得穿插超越；收费公路、桥梁免收车辆通行费。交通管理指挥人员应当保证消防车、消防艇迅速通行。

赶赴火灾现场或者应急救援现场的消防人员和调集的消防装备、物资，需要铁路、水路或者航空运输的，有关单位应当优先运输。

第四十八条 消防车、消防艇以及消防器材、装备和设施，不得用于与消防和应急救援工作无关的事项。

第四十九条 公安消防队、专职消防队扑救火灾、应急救援，不得收取任何费用。

单位专职消防队、志愿消防队参加扑救外单位火灾所损耗的燃料、灭火剂和器材、装备等，由火灾发生地的人民政府给予补偿。

第五十条 对因参加扑救火灾或者应急救援受伤、致残或者死亡的人员，按照国家有关规定给予医疗、抚恤。

第五十一条 公安机关消防机构有权根据需要封闭火灾现场，负责调查火灾原因，统计火灾损失。

火灾扑灭后，发生火灾的单位和相关人员应当按照公安机关消防机构的要求保护现场，接受事故调查，如实提供与火灾有关的情况。

公安机关消防机构根据火灾现场勘验、调查情况和有关的检验、鉴定意见，及时制作火灾事故认定书，作为处理火灾事故的证据。

第五章 监督检查

第五十二条 地方各级人民政府应当落实消防工作责任制，对本级人民政府有关部门履行消防安全职责的情况进行监督检查。

县级以上地方人民政府有关部门应当根据本系统的特点，有针对性地开展消防安全检查，及时督促整改火灾隐患。

第五十三条 公安机关消防机构应当对机关、团体、企业、事业等单位遵守消防法律、法规的情况依法进行监督检查。公安派出所可以负责日常消防监督检查、开展消防宣传教育，具体办法由国务院公安部门规定。

公安机关消防机构、公安派出所的工作人员进行消防监督检查，应当出示证件。

第五十四条 公安机关消防机构在消防监督检查中发现火灾隐患的，应当通知有关单位或者个人立即采取措施消除隐患；不及时消除隐患可能严重威胁公共安全的，公安机关消防机构应当依照规定对危险部位或者场所采取临时查封措施。

第五十五条 公安机关消防机构在消防监督检查中发现城乡消防安全布局、公共消防设施不符合消防安全要求，或者发现本地区存在影响公共安全的重大火灾隐患的，应当由公安机关书面报告本级人民政府。

接到报告的人民政府应当及时核实情况，组织或者责成有关部门、单位采取措施，予以整改。

第五十六条 公安机关消防机构及其工作人员应当按照法定的职权和程序进行消防设计审核、消防验收和消防安全检查，做到公正、严格、文明、高效。

公安机关消防机构及其工作人员进行消防设计审核、消防验收和消防安全检查等，不得收取费用，不得利用消防设计审核、消防验收和消防安全检查谋取利益。公安机关消防机构及其工作人员不得利用职务为用户、建设单位指定或者变相指定消防产品的品牌、销售单位或者消防技术服务机构、消防设施施工单位。

第五十七条 公安机关消防机构及其工作人员执行职务，应当自觉接受社会和公民的监督。

任何单位和个人都有权对公安机关消防机构及其工作人员在执法中的违法行为进行检举、控告。收到检举、控告的机关，应当按照职责及时查处。

第六章　法律责任

第五十八条 违反本法规定，有下列行为之一的，责令停止施工、停止使用或者停产停业，并处三万元以上三十万元以下罚款：

（一）依法应当经公安机关消防机构进行消防设计审核的建设工程，未经依法审核或者审核不合格，擅自施工的；

（二）消防设计经公安机关消防机构依法抽查不合格，不停止施工的；

（三）依法应当进行消防验收的建设工程，未经消防验收或者消防验收不合格，擅自投入使用的；

（四）建设工程投入使用后经公安机关消防机构依法抽查不合格，不停止使用的；

（五）公众聚集场所未经消防安全检查或者经检查不符合消防安全要求，擅自投入使用、营业的。

建设单位未依照本法规定将消防设计文件报公安机关消防机构备案，或者在竣工后未依照本法规定报公安机关消防机构备案的，责令限期改正，处五千元以下罚款。

第五十九条 违反本法规定，有下列行为之一的，责令改正或者停止施工，并处一万元以上十万元以下罚款：

（一）建设单位要求建筑设计单位或者建筑施工企业降低消防技术标准设计、施工的；

（二）建筑设计单位不按照消防技术标准强制性要求进行消防设计的；

（三）建筑施工企业不按照消防设计文件和消防技术标准施工，降低消防施工质量的；

（四）工程监理单位与建设单位或者建筑施工企业串通，弄虚作假，降低消防施工质量的。

第六十条 单位违反本法规定，有下列行为之一的，责令改正，处五千元以上五万元以下罚款：

（一）消防设施、器材或者消防安全标志的配置、设置不符合国家标准、行业标准，或者未保持完好有效的；

（二）损坏、挪用或者擅自拆除、停用消防设施、器材的；

（三）占用、堵塞、封闭疏散通道、安全出口或者有其他妨碍安全疏散行为的；

（四）埋压、圈占、遮挡消火栓或者占用防火间距的；

（五）占用、堵塞、封闭消防车通道，妨碍消防车通行的；

（六）人员密集场所在门窗上设置影响逃生和灭火救援的障碍物的；

（七）对火灾隐患经公安机关消防机构通知后不及时采取措施消除的。

个人有前款第（二）项、第（三）项、第（四）项、第（五）项行为之一的，处警告或者五百元以下罚款。

有本条第一款第（三）项、第（四）项、第（五）项、第（六）项行为，经责令改正拒不改正的，强制执行，所需费用由违法行为人承担。

第六十一条 生产、储存、经营易燃易爆危险品的场所与居住场所设置在同一建筑物内，或者未与居住场所保持安全距离的，责令停产停业，并处五千元以上五万元以下罚款。

生产、储存、经营其他物品的场所与居住场所设置在同一建筑物内，不符合消防技术标准的，依照前款规定处罚。

第六十二条 有下列行为之一的，依照《中华人民共和国治安管理处罚法》的规定处罚：

（一）违反有关消防技术标准和管理规定生产、储存、运输、销售、使用、销毁易燃易爆危险品的；

（二）非法携带易燃易爆危险品进入公共场所或者乘坐公共交通工具的；

（三）谎报火警的；

（四）阻碍消防车、消防艇执行任务的；

（五）阻碍公安机关消防机构的工作人员依法执行职务的。

第六十三条 违反本法规定，有下列行为之一的，处警告或者五百元以下罚款；情节严重的，处五日以下拘留：

（一）违反消防安全规定进入生产、储存易燃易爆危险品场所的；

（二）违反规定使用明火作业或者在具有火灾、爆炸危险的场所吸烟、使用明火的。

第六十四条 违反本法规定，有下列行为之一，尚不构成犯罪的，处十日以上十五日以下拘留，可以并处五百元以下罚款；情节较轻的，处警告或者五百元以下罚款：

（一）指使或者强令他人违反消防安全规定，冒险作业的；

（二）过失引起火灾的；

（三）在火灾发生后阻拦报警，或者负有报告职责的人员不及时报警的；

（四）扰乱火灾现场秩序，或者拒不执行火灾现场指挥员指挥，影响灭火救援的；

（五）故意破坏或者伪造火灾现场的；

（六）擅自拆封或者使用被公安机关消防机构查封的场所、部位的。

第六十五条 违反本法规定，生产、销售不合格的消防产品或者国家明令淘汰的消防产品的，由产品质量监督部门或者工商行政管理部门依照《中华人民共和国产品质量法》的规定从重处罚。

人员密集场所使用不合格的消防产品或者国家明令淘汰的消防产品的，责令限期改正；逾期不改正的，处五千元以上五万元以下罚款，并对其直接负责的主管人员和其他直接责任人员处五百元以上二千元以下罚款；情节严重的，责令停产停业。

公安机关消防机构对于本条第二款规定的情形，除依法对使用者予以处罚外，应当将发现不合格的消防产品和国家明令淘汰的消防产品的情况通报产品质量监督部门、工商行政管理部门。产品质量监督部门、工商行政管理部门应当对生产者、销售者依法及时查处。

第六十六条 电器产品、燃气用具的安装、使用及其线路、管路的设计、敷设、维护保养、检测不符合消防技术标准和管理规定的，责令限期改正；逾期不改正的，责令停止使用，可以并处一千元以上五千元以下罚款。

第六十七条 机关、团体、企业、事业等单位违反本法第十六条、第十七条、第十八条、第二十一条第二款规定的，责令限期改正；逾期不改正的，对其直接负责的主管人员和其他直接责任人员依法给予处分或者给予警告处罚。

第六十八条 人员密集场所发生火灾，该场所的现场工作人员不履行组织、引导在场人员疏散的义务，情节严重，尚不构成犯罪的，处五日以上十日以下拘留。

第六十九条 消防产品质量认证、消防设施检测等消防技术服务机构出具虚假文件的，责令改正，处五万元以上十万元以下罚款，并对直接负责的主管人员和其他直接责任人员处一万元以上五万元以下罚款；有违法所得的，并处没收违法所得；给他人造成损失的，依法承担赔偿责任；情节严重的，由原许可机关依法责令停止执业或者吊销相应资质、资格。

前款规定的机构出具失实文件，给他人造成损失的，依法承担赔偿责任；造成重大损失的，由原许可机关依法责令停止执业或者吊销相应资质、资格。

第七十条 本法规定的行政处罚，除本法另有规定的外，由公安机关消防机构决定；其中拘留处罚由县级以上公安机关依照《中华人民共和国治安管理处罚法》的有关规定决定。

公安机关消防机构需要传唤消防安全违法行为人的，依照《中华人民共和国治安管理处罚法》的有关规定执行。

被责令停止施工、停止使用、停产停业的，应当在整改后向公安机关消防机构报告，经公安机关消防机构检查合格，方可恢复施工、使用、生产、经营。

当事人逾期不执行停产停业、停止使用、停止施工决定的，由作出决定的公安机关消防机构强制执行。

责令停产停业，对经济和社会生活影响较大的，由公安机关消防机构提出意见，并由公安机关报请本级人民政府依法决定。本级人民政府组织公安机关等部门实施。

第七十一条 公安机关消防机构的工作人员滥用职权、玩忽职守、徇私舞弊，有下列行为之一，尚不构成犯罪的，依法给予处分：

（一）对不符合消防安全要求的消防设计文件、建设工程、场所准予审核合格、消防验收合格、消防安全检查合格的；

（二）无故拖延消防设计审核、消防验收、消防安全检查，不在法定期限内履行审批职责的；

（三）发现火灾隐患不及时通知有关单位或者个人整改的；

（四）利用职务为用户、建设单位指定或者变相指定消防产品的品牌、销售单位或者消防技术服务机构、消防设施施工单位的；

（五）将消防车、消防艇以及消防器材、装备和设施用于与消防和应急救援无关的事项的；

（六）其他滥用职权、玩忽职守、徇私舞弊的行为。

建设、产品质量监督、工商行政管理等其他有关行政主管部门的工作人员在消防工作中滥用职权、玩忽职守、徇私舞弊，尚不构成犯罪的，依法给予处分。

第七十二条 违反本法规定，构成犯罪的，依法追究刑事责任。

第七章　附　则

第七十三条　本法下列用语的含义：

（一）消防设施，是指火灾自动报警系统、自动灭火系统、消火栓系统、防烟排烟系统以及应急广播和应急照明、安全疏散设施等。

（二）消防产品，是指专门用于火灾预防、灭火救援和火灾防护、避难、逃生的产品。

（三）公众聚集场所，是指宾馆、饭店、商场、集贸市场、客运车站候车室、客运码头候船厅、民用机场航站楼、体育场馆、会堂以及公共娱乐场所等。

（四）人员密集场所，是指公众聚集场所，医院的门诊楼、病房楼，学校的教学楼、图书馆、食堂和集体宿舍，养老院，福利院，托儿所，幼儿园，公共图书馆的阅览室，公共展览馆、博物馆的展示厅，劳动密集型企业的生产加工车间和员工集体宿舍，旅游、宗教活动场所等。

第七十四条　本法自 2009 年 5 月 1 日起施行。

附 录 2

重庆市人民代表大会常务委员会公告

[2010] 第 13 号

《重庆市消防条例》已于 2010 年 5 月 14 日经重庆市第三届人民代表大会常务委员会第十七次会议通过，现予公布，自 2010 年 9 月 1 日起施行。

重庆市人民代表大会常务委员会

2010 年 5 月 27 日

重庆市消防条例

第一章　总　则

第一条　为了预防火灾和减少火灾的危害，保护人身、财产安全，维护公共安全，根据《中华人民共和国消防法》，结合本市实际，制定本条例。

第二条　本市行政区域内的单位和个人应当遵守本条例。

第三条　消防工作贯彻预防为主、防消结合的方针，坚持政府统一领导、部门依法监管、单位全面负责、公民积极参与的原则，实行消防安全责任制。

第四条　市人民政府统一领导本市消防工作，区县（自治县）、乡镇人民政府负责本行政区域内的消防工作。

市、区县（自治县）人民政府应当将消防工作纳入国民经济和社会发展计划，保障消防工作与经济建设和社会发展相适应。

各级人民政府或者行政主管部门对在消防工作中做出显著成绩的单位和个人，应当给予表彰、奖励。

第五条 市、区县（自治县）公安机关对本行政区域内的消防工作实施监督管理，并由本级公安机关消防机构负责具体实施。

军事设施的消防工作，由其主管单位监督管理，公安机关消防机构协助；矿井地下部分、核电厂的消防工作，由其主管单位监督管理。

铁路、民航、航运、森林的消防工作由其专业公安机关在其职责范围内实施监督管理。

第六条 每年 11 月 9 日为本市消防活动日。

第二章 消防职责

第七条 市、区县（自治县）人民政府应当履行下列消防安全职责：

（一）统筹城乡消防发展，将消防规划纳入城乡规划，并负责组织实施；

（二）落实消防安全责任制，协调解决本行政区域内的消防安全重大问题；

（三）组织有关部门针对本行政区域内的火灾特点制定应急预案，建立应急反应和处置机制，加强综合性应急救援队伍建设；

（四）制定消防宣传计划，组织有关部门开展经常性的消防宣传教育活动；

（五）按照国家有关规定建设多种形式的消防组织，并根据消防工作需要配备消防装备；

（六）将消防业务经费纳入本级财政预算予以保障；

（七）法律、行政法规规定的其他职责。

乡镇人民政府、街道办事处应当履行前款第二、三、四、五、七项规定的消防安全职责，并指导、支持和帮助村民委员会、居民委员会开展群众性的消防安全工作。

第八条 公安机关消防机构应当履行下列职责：

（一）贯彻执行消防法律、法规和技术规范、标准；

（二）开展消防安全宣传，组织和指导消防安全培训；

（三）组织编制消防规划，协调、配合有关部门实施规划；

（四）依法实施建设工程消防设计审核、消防验收和备案、抽查，负责公众聚集场所投入使用、营业前的消防安全检查；

（五）依法实施消防监督检查，确定本行政区域内的消防安全重点单位，监督火灾隐患整改，及时报告、通报重大火灾隐患情况；

（六）督促、指导专职消防队、志愿消防队工作，开展消防业务训练和灭火演练；

（七）扑救火灾，调查火灾事故原因，统计火灾事故损失；

（八）依法承担灾害事故和其他应急救援工作；

（九）法律、行政法规规定的其他职责。

第九条 公安派出所依法实施消防监督检查、开展消防宣传教育，接受公安机关消防机构的委托实施火灾事故简易调查和消防行政处罚。

公安机关消防机构应当加强对公安派出所消防业务的指导和监督。

第十条 各级人民政府有关部门应当根据本系统的特点，有针对性地开展消防安全检查，督促整改火灾隐患。

教育、人力社保、规划、城乡建设、文化广电、商委、新闻出版、国土房管、交通、市政、工商、质监、卫生、旅游等行政主管部门应当按照各自的职责依法加强消防安全监督管理。

市政消火栓、消防车通道、消防通信等公共消防设施的建设、维护、管理，按照国家和本市的有关规定执行。

第十一条 各类学校和有关职业培训机构应当将消防知识纳入教育、教学、培训的内容。

新闻、广播、电视等有关单位应当有针对性地面向社会进行消防宣传教育。

工会、共青团、妇女联合会等团体应当结合各自工作对象的特点，组织开展消防宣传教育。

村民委员会、居民委员会应当协助人民政府以及公安机关等部门，加强消防宣传教育。

第十二条 单位应当履行下列职责：

（一）贯彻执行消防法律、法规和技术规范、标准；

（二）制定灭火和应急疏散预案，并定期组织有针对性的演练，提高组织疏散逃生的能力；

（三）落实消防安全责任制，组织防火安全检查，及时消除火灾隐患，提高隐患整改的能力；

（四）开展消防安全知识宣传教育，提高宣传教育的能力；

（五）按照国家有关规定配置、维护消防设施和器材，确保消防设施和器材完好、有效；

（六）保障消防车通道、疏散通道和安全出口畅通，满足扑救场地灭火救援的需要；

（七）依法组建、管理专职消防队、志愿消防队，开展消防业务演练，提高扑救初起火灾的能力；

（八）保护火灾现场，协助火灾调查；

（九）法律、行政法规规定的其他消防安全职责。

第十三条 发生火灾可能性较大以及一旦发生火灾可能造成人身重大伤亡或者财产重大损失的消防安全重点单位，除应当履行前条规定的职责外，还应当履行下列消防安全职责：

（一）确定消防安全管理人，组织实施本单位的消防安全管理工作，并报当地公安机关消防机构备案；

（二）建立消防档案，确定防火安全重点部位，严格管理；

（三）实行每日防火巡查制度，做好巡查记录；

（四）对职工进行消防安全培训。

第十四条 公民应当履行下列消防安全义务：

（一）遵守消防法律、法规和有关消防安全规定；

（二）安全用火、用电、用油、用气；

（三）爱护公共消防设施；

（四）不乱堆、乱放易燃、可燃物，不堵塞公共通道；

（五）学习、掌握相应的防火、报警、灭火和逃生、救生方法，增强自防自救能力；

（六）监护人对被监护人进行火灾预防教育。

第十五条 下列单位应当建立专职消防队：

（一）民用机场、大型发电厂、大型港口；

（二）生产、储存易燃易爆危险物品的大型企业，以及火灾危险性较大、距离公安消防队较远的其他大型企业；

（三）储备重要物资的大型仓库、大型储油、储气基地；

（四）距离公安消防队较远、被列为国家重点文物保护的古建筑管理单位；

（五）县级以上人民政府确定的其他单位。

高速公路的经营管理单位可以根据消防安全工作的实际需要，组建专职消防队。

专职消防队所需经费由组建单位承担。

第十六条 专职消防队的建立应当符合国家有关规定，并报所在地公安机关消防机构验收；专职消防队确需撤销的，应当经市级公安机关消防机构同意。

第十七条 专职消防队应当制定教育训练计划，开展业务训练，建立执勤制度，并在责任区内开展防火巡查和消防宣传教育，发生火灾时，应及时扑救。

专职消防人员的各项社会保险、福利待遇应当符合国家和本市的有关规定。

第十八条 本条例第十五条规定以外的单位和组织，可以建立志愿消防队。

志愿消防队应当根据需要配备必要的器材，组织消防演练，承担火灾自救工作。

第三章　火灾预防

第十九条　城镇应当制定消防规划。消防规划包括消防安全布局和消防站、消防给水、消防车通道、消防通信、消防装备等内容。

消防规划应当纳入城乡规划，公共消防设施应当与其他市政基础设施统一规划、统一设计、统一建设。

公共消防设施、消防装备应当按照国家有关技术规范的要求，增建、改建、配置或者进行技术改造。

第二十条　规划行政主管部门对依法批准的消防规划中确定的消防队（站）和设施用地，应当予以控制预留，任何单位和个人不得随意改变、占用。确需调整的，应当按照法定程序报批。

第二十一条　依法应当进行消防设计审核的新建、扩建、改建等建设工程，建设单位或者个人应当将消防设计文件报送公安机关消防机构审核，公安机关消防机构应当自受理申请之日起十个工作日内作出同意或者不同意的书面决定；对作出不同意决定的，应当说明理由。

其他建设工程，建设单位或者个人应当自依法取得施工许可之日起七个工作日内，将消防设计文件报公安机关消防机构备案，公安机关消防机构应当依法进行抽查。

依法应当进行消防设计审核的建设工程，未经依法审核或者经审核不合格的，建设单位或者个人、施工单位不得施工；其他建设工程取得施工许可后，消防设计文件经依法抽查不合格的，应当停止施工。

第二十二条　依法应当由专家评审的消防设计建设工程，市公安机关消防机构应当会同建设行政主管部门组织专家评审。

第二十三条　经依法审核合格的建设工程消防设计需要变更的，应当报经原审核的公安机关消防机构核准。未经核准的，任何单位和个人不得变更。

已备案的消防设计发生变更后，建设单位或者个人应当自变更之日起七个工作日内，将变更后的消防设计文件报原公安机关消防机构备案。

第二十四条　依法经审核合格的建设工程竣工后，建设单位或者个人应当向公安机关消防机构申请消防验收。公安机关消防机构应当自受理申请之日起十个工作日内作出同意或者不同意的书面决定；对作出不同意决定的，应当说明理由。

其他建设工程，建设单位或者个人应当组织设计、施工、工程监理单位进行消防竣工验收，并在竣工验收之日起七个工作日内报公安机关消防机构备案，公安机关消防机构应当依法进行抽查。

依法应当进行消防验收的建设工程，未经消防验收或者消防验收不合格的，禁止投入使用；其他建设工程经依法抽查不合格的，应当停止使用。

对设有建筑自动消防设施的建设工程，建设单位或者个人在申请验收时应当提交具备检测资质的检测机构出具的对相关系统的检测报告。

第二十五条 公众聚集场所在投入使用、营业前，建设单位或使用单位应当向当地公安机关消防机构申请消防安全检查。

公安机关消防机构应当自受理申请之日起七个工作日内，对该场所进行消防安全检查，自检查之日起三个工作日内作出同意或者不同意的书面决定；对作出不同意决定的，应当说明理由。

第二十六条 施工单位应当对在建工程施工现场的消防安全负责，制定消防安全管理制度，确定消防安全责任人，落实用火、用电防范措施，保障消防车通道畅通，配备必要的灭火器具。

建筑物施工高度超过二十四米时，施工单位应当根据施工进度落实消防水源。

不得在尚未竣工的建筑物内设置员工宿舍。

第二十七条 建筑物专有部分的消防安全由业主负责，共有部分的消防安全由所有业主共同负责，并确定责任人对建筑物共有部分的疏散通道、安全出口、消防设施和消防车通道等实行统一管理。

建筑物未实行统一管理的，其所在地的居民委员会、村民委员会应当协调、指导业主制定防火安全公约，督促确定消防安全管理人，落实消防安全措施。

第二十八条 建筑物的业主委托物业服务企业管理的，物业服务合同中应当明确消防安全责任、维护和管理共用消防设施、保障安全出口和消防通道畅通、开展防火安全巡查、组织消防宣传教育、制定并组织灭火和应急疏散预案的演练等消防安全防范的内容。

物业服务企业应当按照物业服务合同，在委托管理的范围内履行消防安全管理责任，提供消防安全防范服务。

第二十九条 建筑物实行承包、租赁或者委托经营管理的，业主应当提供符合消防安全要求的建筑物或者场所。

承包人、承租人或者受委托人应当在其使用、管理范围内履行消防安全义务。

第三十条 设有消防设施的建设工程投入使用后，业主或者管理人应当对消防设施进行日常管理、维护保养，并委托具备建筑消防设施检测资质的单位对建筑自动消防设施，每年至少进行一次全面检测，保证消防设施的正常使用。

对共用消防设施和器材进行检测、维修、更新、改造所需的经费，保修期内由建设单位承担；保修期满的按照物业专项维修资金的管理规定列支；未建立物业专项维修资金的，由业主约定承担；没有约定或者约定不明确的，由业主按照专有部分占建筑物总面积的比例确定。

第三十一条 建筑工程消防设计、施工、消防验收以及建筑构件、建筑材料和室内装修、装饰材料的防火性能应当符合国家标准；没有国家标准的，应当符合行业标准；没有行业标准的，应当符合地方标准；没有上述标准的，应当按照有关规定办理。

人员密集场所室内装修、装饰应当符合消防技术标准。装修材料应当报送法定的检验机构进行见证取样检验。

第三十二条 消防产品应当符合国家标准；没有国家标准的，应当符合行业标准。禁止生产、销售或者使用不合格的消防产品以及国家明令淘汰的消防产品。维修消防设施和器材禁止使用不合格的配件或者灭火剂。

对使用不合格的消防产品或者国家明令淘汰的消防产品的，公安机关消防机构应当依法查处，并自检查发现之日起三个工作日内将情况抄告质监、工商部门。质监、工商部门应当及时查处生产、销售不合格或者国家明令淘汰的消防产品的违法行为，并在处理后五个工作日内抄告公安机关消防机构。

第三十三条 生产、储存和装卸易燃易爆危险物品的工厂、仓库和专用车站、码头，必须设置在城镇边缘或者相对独立的安全地带。

易燃易爆气体和液体的充装站、供应站、调压站的设置应当符合防火防爆要求。

第三十四条 生产、储存、运输、销售、使用、销毁易燃易爆危险物品，必须执行国家有关消防安全的规定。

生产易燃易爆危险物品的单位，对产品应当附有燃点、闪点、爆炸极限等数据的说明书，标明防火防爆注意事项。

运输易燃易爆危险物品的车船应当按照规定的路线、时间及有关要求行驶，并配置危险货物标志和相应的灭火设施。

进入生产、储存易燃易爆危险物品的场所，必须执行国家有关消防安全的规定。禁止携带火种进入生产、储存易燃易爆危险物品的场所。禁止非法携带易燃易爆危险物品进入公共场所或者乘坐公共交通工具。禁止载客进入加油站加油和燃气充装站充气。

第三十五条 高层建筑的消防安全，应当立足自防自救的原则，实行严格和科学的管理。

第三十六条 重要隧道、桥梁应当设置和完善必要的防火、灭火和抢险救援设施、设备。

第三十七条 城镇人民防空地下工程和其他地下工程，和平时期严禁用于生产、储存和销售易燃易爆危险物品。

第三十八条 单位或者场所设有消防控制室的，必须实行专人二十四小时值班制度。

政府鼓励人员密集场所设置的火灾自动报警系统与城市消防安全远程监控系统联网。

第三十九条 大型储油、储气罐等易燃易爆装置和具有火灾和爆炸危险性的场所从事明火作业，必须事先报经单位消防安全管理人，办理明火作业手续，制定安全操作流程，专人现场监护，落实安全防范措施。

第四十条 搭建临时建（构）筑物应当符合消防安全要求，不得占用消防通道和妨碍消防车通行。

第四十一条 公共交通工具应当按照国家、本市的有关规定配备消防器材、逃生救助工具和设施，保持其完好、有效，并设置明显标识和使用说明。

公共交通工具的从业人员应当掌握消防器材的使用方法，在火灾等突发事件发生时，应当立即组织、引导乘客疏散。

各类停车场应当根据停车规模配置一定数量的消防设施设备。

第四十二条 禁止在高层建筑、地下工程消防重点部位的安全距离内、垃圾道和其他容易引起火灾及人员伤亡的场所焚烧物品。

第四十三条 消防车（艇）和消防设施、设备，不得用于与消防和应急救援工作无关的事项。任何单位和个人不得损毁消防设施，不得埋压、圈占消防水源，不得擅自移动、拆卸消火栓和取用消防用水，不得在消防水池内放养家禽和向池内倾倒垃圾杂物。

距市政消火栓五米半径内不准设置固定设施。因施工可能影响消火栓使用的，应当报告公安机关消防机构，并采取相应补救措施，设立醒目标志。

人员密集场所的门窗不得设置影响逃生和灭火救援的障碍物。

第四十四条 旧城改造、新区开发应当按照国家工程建设消防技术标准和城乡消防规划要求，合理规划、建设和改造消防车通道、消防安全疏散通道。

无市政消火栓或者消防供水不足且无消防车通道的街道和大面积棚户区，建设或者管理单位应当根据消防需要，修建或者完善消防供水设施。

第四十五条 因道路施工或者因停水、停电、切断通信线路可能影响灭火救援工作的，有关单位应当事先通知公安机关消防机构。

第四十六条 下列人员应当参加有关单位组织的消防安全培训：

（一）公众聚集场所从业人员、人员密集场所的保安人员、物业服务企业的工作人员应当由用人单位或委托社会培训机构进行消防安全培训；

（二）居民委员会和村民委员会的负责人、专职消防队和志愿消防队的负责人、单位的消防安全责任人，应当由公安机关消防机构组织消防安全培训；

（三）实施消防安全管理、建筑防火和自动消防设施施工、操作、检测、维护工作的人员应当由消防安全专业培训机构进行消防安全专业培训。

进行电焊、气焊等具有火灾危险的作业人员和自动消防系统的操作人员，必须持证上岗，并严格遵守消防安全操作规程。

第四十七条 单位应当结合实际制定灭火和应急疏散预案。预案应当包括下列内容：

（一）确定灭火行动、通讯联络、疏散引导、安全防护救护等人员分工；

（二）报警和接警处置措施；

（三）扑救初起火灾和应急疏散措施；

（四）通信联络、安全防护救护措施。

托儿所、幼儿园、学校、养老院、福利院、医院等单位的灭火和应急疏散预案，应当包含在火灾发生时保护婴幼儿、学生、老人、残疾人、病人的相应措施。

第四十八条 单位应当按照灭火和应急疏散预案实施消防演练；演练时，应当设置明显标识，并事先告知演练范围内的人员。

人员密集场所经营单位、物业服务企业在开展消防演练时，应当有针对性地培训员工在火灾或者灾害事故发生时组织、引导在场人员有序疏散的技能。

单位、物业业主及使用人应当配合公安消防队、专职消防队开展灭火救援演练。

第四十九条 从事消防产品质量认证、消防设施检测、消防安全监测、消防技术咨询、消防安全评估、火灾损失核定等技术服务的机构及其人员，应当依法取得相应的资质和从业资格，并对所提供的服务质量负责，承担相应的法律责任。公安机关消防机构及其他有关部门应当对其进行监督。

第五十条 公众聚集场所的经营者或者所有者，应当根据国家有关规定和消防安全的需要投保火灾公众责任险。鼓励和引导生产、储存、运输、销售易燃易爆危险品的企业投保火灾公众责任险。

第四章 灭火救援

第五十一条 任何人发现火灾，都应当立即报警。任何单位和个人都应当无偿为报警提供便利，不得阻拦报警。严禁谎报火警和非法占用消防通信设施。

发生火灾的单位，应当立即疏散人员，并组织力量扑救。邻近单位和个人应当主动参加灭火救援工作，并提供物资支援。

人员密集场所发生火灾时，该场所工作人员必须组织、引导在场群众疏散。

消防队接到报警后必须立即赶赴火灾现场，抢救遇险人员，排除险情，扑灭火灾。

第五十二条 消防车（艇）赶赴火灾现场或者执行其他抢险救援任务时，在确保安全的前提下，不受行驶速度、行驶路线、行驶方向和指挥信号的限制，其他车（船）和行人必须避让，并不得穿插、超越。交通管理指挥人员应当保证消防车（艇）迅速通行。

消防车（艇）免缴行驶、停靠等费用。

第五十三条 公安机关消防机构统一组织和指挥火灾现场扑救。火灾现场总指挥根据扑救火灾的需要，有权决定下列事项，任何单位、个人不得拒绝、干扰和阻拦：

（一）使用各种水源及供水设施、设备；

（二）截断电力、可燃气体和液体的输送，限制用火用电；

（三）划定警戒区，实行局部交通管制，命令人员转移；

（四）拆除使火灾蔓延或者阻碍灭火进行的建（构）筑物，使用邻近的建（构）筑物和有关设施；

（五）调动供水、供电、供气、医疗救护、通信、交通运输、环境保护等单位协助灭火救援；

（六）扑救火灾需要采取的其他紧急事项。

根据扑救火灾的需要，有关地方人民政府应当组织有关人员、调集所需物资支援灭火；在灭火救援中，因采取强制排除险情给第三方的财产造成损失的，应当依法给予补偿。

公安机关消防机构参与应急救援时，现场总指挥可以根据应急救援需要参照本条第一款的规定行使职权。

第五十四条 火灾扑灭后，起火单位或者个人应当接受公安机关消防机构火灾事故调查，协助统计火灾损失，如实提供有关情况，未经公安机关消防机构同意，不得擅自处理火灾现场。

第五十五条 消防职业活动中消防员的职业健康，应当符合有关国家标准。

对在灭火救援、执勤训练中受伤、致残或者牺牲的人员，按照国家规定给予表彰奖励和抚恤救助。

第五章 法律责任

第五十六条 违反本条例规定的行为，《中华人民共和国消防法》等法律、行政法规已有规定的，从其规定。

第五十七条 违反本条例规定，个人有下列行为之一的，责令停止施工、停止使用或者停产停业，并处二千元以上一万元以下罚款：

（一）依法应当经公安机关消防机构进行消防设计审核的建设工程，未经依法审核或者审核不合格，擅自施工的；

（二）经公安机关消防机构审核合格的建设工程未经原审核的公安机关消防机构核准，擅自变更的；

（三）消防设计经公安机关消防机构依法抽查不合格，不停止施工的；

（四）依法应当进行消防验收的建设工程，未经消防验收或者消防验收不合格，擅自投入使用的；

（五）建设工程投入使用后经公安机关消防机构依法抽查不合格，不停止使用的；

（六）公众聚集场所未经消防安全检查或者经检查不符合消防安全要求，擅自投入使用、营业的。

第五十八条 经公安机关消防机构审核合格的建设工程未经原审核的公安机关消防机构核准，单位擅自变更的，责令停止施工、停止使用或者停产停业，并处三万元以上三十万元以下罚款。

第五十九条 违反本条例规定，有下列行为之一的，责令限期改正，对单位处一千元以上五千元以下罚款；个人违反的，对个人处五百元以上二千元以下罚款：

（一）未按规定将消防设计文件报公安机关消防机构备案，或者在竣工验收后未报公安机关消防机构备案的；

（二）已备案的消防设计变更后，未报原公安机关消防机构备案的。

第六十条 违反本条例规定，有下列行为之一的，责令限期改正；逾期不改正的，对单位处二千元以上一万元以下罚款；个人违反的，对个人处二百元以上一千元以下罚款：

（一）建筑构件、建筑材料和室内装修、装饰材料的防火性能不符合国家标准、行业标准或者地方标准的；

（二）人员密集场所室内装修、装饰材料未报送法定的检验机构进行见证取样检验的。

第六十一条 违反本条例规定，单位有下列行为之一的，责令限期改正；逾期不改正的，处一千元以上五千元以下罚款：

（一）施工单位不依法履行施工现场消防安全职责的；

（二）建筑物施工高度超过二十四米时，施工单位未根据施工进度落实消防水源的；

（三）施工单位在尚未竣工的建筑物内设置员工集体宿舍的。

第六十二条 违反本条例规定，个人有下列行为之一的，责令改正，处一百元元以上五百元以下罚款：

（一）消防设施、器材配置不符合国家有关规定，或者未保持完好有效的；

（二）人员密集场所在门窗上设置影响逃生和灭火救援的障碍物的。

第六十三条 违反本条例规定，有下列行为之一的，责令改正，单位违反的，对单位处二千元以上一万元以下罚款；个人违反的，对个人处五百元以下罚款：

（一）公共交通工具、停车场未按规定配置消防设施设备的；

（二）违反消防安全规定焚烧物品的；

（三）载客进入加油站加油和燃气充装站充气的。

第六十四条 违反本条例规定，消防控制室无人值班的，属于有关单位未事先安排的，责令改正，对单位处五千元以上一万元以下罚款；属于有关人员擅离岗位的，责令改正，对个人处五百元以上一千元以下罚款。

第六十五条 违反本条例规定，有关单位未组织人员参加消防安全培训的，责令改正，对单位处二千元以上五千元以下罚款；有关人员未参加消防安全培训的，责令改正，对个人处二百元以上五百元以下罚款。

第六十六条 违反本条例规定，过失引起火灾的，对单位处一万元以上十万元以下罚款。

第六十七条 公安机关消防机构对不符合消防安全的场所或者违法的消防产品、易燃易爆危险品，可以依法查封或者扣押。

第六十八条 对违反本条例实施的处罚，由县级以上公安机关消防机构决定。其中，拘留处罚由县级以上公安机关依照《中华人民共和国治安管理处罚法》的规定决定。

责令停产停业，对经济和社会生活影响较大的，由公安机关报请本级人民政府依法决定。

第六十九条 公安机关消防机构的工作人员在消防工作中滥用职权、玩忽职守、徇私舞弊，有下列行为之一，依法给予处分；构成犯罪的，依法追究刑事责任：

（一）对不符合消防安全要求的消防设计文件、建设工程、场所通过审核、验收、消防安全检查的；

（二）对符合消防安全要求的消防设计文件、建设工程、场所，故意刁难，不予审核、验收、消防安全检查的；

（三）故意拖延消防设计审核、验收、消防安全检查，不在法定期限内履行职责的；

（四）发现火灾隐患不及时通知有关单位或者个人改正的；

（五）利用职务为用户指定消防产品的销售单位、品牌或者指定建筑消防设施施工安装单位的；

（六）其他滥用职权、玩忽职守、徇私舞弊的行为。

第六章　附　则

第七十条　本条例自 2010 年 9 月 1 日起施行。

附 录 3

中华人民共和国公安部令

第 61 号

《机关、团体、企业、事业单位消防安全管理规定》已于 2001 年 10 月 19 日经公安部部长办公会议通过，现予发布，自 2002 年 5 月 1 日起施行。

公安部部长　贾春旺

二〇〇一年十一月十四日

机关、团体、企业、事业单位消防安全管理规定

第一章　总　则

第一条　为了加强和规范机关、团体、企业、事业单位的消除安全管理、预防火灾和减少火灾危害，根据《中华人民共和国消防法》，制定本规定。

第二条　本规定适用于中华人民共和国境内的机关、团体、企业、事业单位（以下统称单位）自身的消防安全管理。

法律、法规另有规定的除外。

第三条　单位应当遵守消防法律、法规、规章（以下统称消防法规），贯彻预防为主、防消结合的消防工作方针，履行消防安全职责，保障消防安全。

第四条　法人单位的法定代表人或者非法人单位的主要负责人是单位的消防安全责任人，对本单位的消防安全工作全面负责。

第五条　单位应当落实逐级消防安全责任制和岗位消防安全责任制，明确逐级和岗

位消防安全职责，确定各级、各岗位的消防安全责任人。

第二章　消防安全责任

第六条　单位的消防安全责任人应当履行下列消防安全职责：

（一）贯彻执行消防法规，保障单位消防安全符合规定，掌握本单位的消防安全情况；

（二）将消防工作与本单位的生产、科研、经营、管理等活动统筹安排，批准实施年度消防工作计划；

（三）为本单位的消防安全提供必要的经费和组织保障；

（四）确定逐级消防安全责任，批准实施消防安全制度和保障消防安全的操作规程；

（五）组织防火检查，督促落实火灾隐患整改，及时处理涉及消防安全的重大问题；

（六）根据消防法规的规定建立专职消防队、义务消防队；

（七）组织制定符合本单位实际的灭火和应急疏散预案，并实施演练。

第七条　单位可以根据需要确定本单位的消防安全管理人。消防安全管理人对单位的消防安全责任人负责，实施和组织落实下列消防安全管理工作：

（一）拟订年度消防工作计划，组织实施日常消防安全管理工作；

（二）组织制订消防安全制度和保障消防安全的操作规程并检查督促其落实；

（三）拟订消防安全工作的资金投入和组织保障方案；

（四）组织实施防火检查和火灾隐患整改工作；

（五）组织实施对本单位消防设施、灭火器材和消防安全标志维护保养，确保其完好有效，确保疏散通道和安全出口畅通；

（六）组织管理专职消防队和义务消防队；

（七）组织开展对员工进行消防知识、技能的宣传教育和培训，组织灭火和应急疏散预案的实施和演练；

（八）单位消防安全责任人委托的其他消防安全管理工作。

消防安全管理人应当定期向消防安全责任人报告消防安全情况，及时报告涉及消防安全的重大问题。未确定消防安全管理人的单位，前款规定的消防安全管理工作由单位消防安全责任人负责实施。

第八条　实行承包、租赁或者委托经营、管理时，产权单位应当提供符合消防安全要求的建筑物，当事人在订立的合同中依照有关规定明确各方的消防安全责任；消防车通道、涉及公共消防安全的疏散设施和其他建筑消防设施应当由产权单位或者委托管理的单位统一管理。

承包、承租或者受委托经营、管理的单位应当遵守本规定，在其使用、管理范围内履行消防安全职责。

第九条 对于有两个以上产权单位和使用单位的建筑物，各产权单位、使用单位对消防车通道、涉及公共消防安全的疏散设施和其他建筑消防设施应当明确管理责任，可以委托统一管理。

第十条 居民住宅区的物业管理单位应当在管理范围内履行下列消防安全职责：

（一）制定消防安全制度，落实消防安全责任，开展消防安全宣传教育；

（二）开展防火检查，消防火灾隐患；

（三）保障疏散通道、安全出口、消防车通道畅通；

（四）保障公共消防设施、器材以及消防安全标志完好有效。

其他物业管理单位应当对受委托管理范围内的公共消防安全管理工作负责。

第十一条 举办集会、焰火晚会、灯会等具有火灾危险的大型活动的主办单位、承办单位以及提供场地的单位，应当在订立的合同中明确各方的消防安全责任。

第十二条 建筑工程施工现场的消防安全由施工单位负责。实行施工总承包的，由总承包单位负责。分包单位向总承包单位负责，服从总承包单位对施工现场的消防安全管理。

对建筑物进行局部改建、扩建和装修的工程，建设单位应当与施工单位在订立的合同中明确各方对施工现场的消防安全责任。

第三章　消防安全管理

第十三条 下列范围的单位是消防安全重点单位，应当按照本规定的要求，实行严格管理：

（一）商场（市场）、宾馆（饭店）、体育场（馆）、会堂、公共娱乐场所等公众聚集场所（以下统称公众聚集场所）；

（二）医院、养老院和寄宿制的学校、托儿所、幼儿园；

（三）国家机关；

（四）广播电台、电视台和邮政、通信枢纽；

（五）客运车站、码头、民用机场；

（六）公共图书馆、展览馆、博物馆、档案馆以及具有火灾危险性的文物保护单位；

（七）发电厂（站）和电网经营企业；

（八）易燃易爆化学物品的生产、充装、储存、供应、销售单位；

（九）服装、制鞋等劳动密集型生产、加工企业；

（十）重要的科研单位；

（十一）其他发生火灾可能性较大以及一旦发生火灾可能造成重大人身伤亡或者财产损失的单位。

高层办公楼（写字楼）、高层分寓楼等高层公共建筑，城市地下铁道、地下观光隧道等地下公共建筑和城市重要的交通隧道，粮、棉、木材、百货等物资集中的大型仓库和堆场，国家和省级等重点工程的施工现场，应当按照本规定对消防安全重点单位的要求，实行严格管理。

第十四条 消防安全重点单位及其消防安全责任人、消防安全管理人应当报当地公安消防机构备案。

第十五条 消防安全重点单位应当设置或者确定消防工作的归口管理职能部门，并确定专职或者兼职的消防管理人员；其他单位应当确定专职或者兼职消防管理人员，可以确定消防工作的归口管理职能部门。归口管理职能部门和专兼职消防管理人员在消防安全责任人或者消防安全管理人的领导下开展消防安全管理工作。

第十六条 公众聚集场所应当在具备下列消防安全条件后，向当地公安消防机构申报进行消防安全检查，经检查合格后方可开业使用：

（一）依法办理建筑工程消防设计审核手续，并经消防验收合格；

（二）建立健全消防安全组织，消防安全责任明确；

（三）建立消防安全管理制度和保障消防安全的操作规程；

（四）员工经过消防安全培训；

（五）建筑消防设施齐全、完好有效；

（六）制定灭火和应急疏散预案。

第十七条 举办集会、焰火晚会、灯会等具有火灾危险的大型活动，主办或者承办单位应当在具备消防安全条件后，向公安消防机构申报对活动现场进行消防安全检查，经检查合格后方可举办。

第十八条 单位应当按照国家有关规定，结合本单位的特点，建立健全各项消防安全制度和保障消防安全的操作规程，并公布执行。

单位消防安全制度主要包括以下内容：消防安全教育、培训；防火巡查、检查；安全疏散设施管理；消防（控制室）值班；消防设施、器材维护管理；火灾隐患整改；用火、用电安全管理；易燃易爆危险物品和场所防火防爆；专职和义务消防队的组织管理；灭火和应急疏散预案演练；燃气和电气设备的检查和管理（包括防雷、防静电）；

消防安全工作考评和奖惩；其他必要的消防安全内容。

第十九条 单位应当将容易发生火灾、一旦发生火灾可能严重危及人身和财产安全以及对消防安全有重大影响的部位，确定为消防安全重点部位，设置明显的防火标志，实行严格管理。

第二十条 单位应当对动用明火实行严格的消防安全管理。禁止在具有火灾、爆炸危险的场所使用明火；因特殊情况需要进行电、气焊等明火作业的，动火部门和人员应当按照单位的用火管理制度办理审批手续，落实现场监护人，在确认无火灾、爆炸危险后方可动火施工。动火施工人员应当遵守消防安全规定，并落实相应的消防安全措施。

公众聚集场所或者两个以上单位共同使用的建筑物局部施工需要使用明火时，施工单位和使用单位应当共同采取措施，将施工区和使用区进行防火分隔，清除动火区域的易燃、可燃物，配置消防器材，专人监护，保证施工及使用范围的消防安全。

公共娱乐场所在营业期间禁止动火施工。

第二十一条 单位应当保障疏散通道、安全出口畅通，并设置符合国家规定的消防安全疏散指示标志和应急照明设施，保持防火门、防火卷帘、消防安全疏散指示标志、应急照明、机械排烟送风、火灾事故广播等设施处于正常状态。

严禁下列行为：

（一）占用疏散通道；

（二）在安全出口或者疏散通道上安装栅栏等影响疏散的障碍物；

（三）在营业、生产、教学、工作等期间将安全出口上锁、遮挡或者将消防安全疏散指示标志遮挡、覆盖；

（四）其他影响安全疏散的行为。

第二十二条 单位应当遵守国家有关规定，对易燃易爆危险物品的生产、使用、储存、销售、运输或者销毁实行严格的消防安全管理。

第二十三条 单位应当根据消防法规的有关规定，建立专职消防队、义务消防队，配备相应的消防装备、器材，并组织开展消防业务学习和灭火技能训练，提高预防和扑救火灾的能力。

第二十四条 单位发生火灾时，应当立即实施灭火和应急疏散预案，务必做到及时报警，迅速扑救火灾，及时疏散人员，邻近单位应当给予支持。任何单位、人员都应当无偿为报火警提供便利，不得阻拦报警。

单位应当为公安消防机构抢救人员、扑救火灾提供便利和条件。

火灾扑灭后，起火单位应当保护现场，接受事故调查，如实提供火灾事故的情况，协助公安消防机构调查火灾原因，核定火灾损失，查明火灾事故责任。未经公安消防机构同意，不得擅自清理火灾现场。

第四章　防火检查

第二十五条　消防安全重点单位应当进行每日防火巡查，并确定巡查的人员、内容、部位和频次。其他单位可以根据需要组织防火巡查。巡查的内容应当包括：

（一）用火、用电有无违章情况；

（二）安全出口、疏散通道是否畅通，安全疏散指示标志、应急照明是否完好；

（三）消防设施、器材和消防安全标志是否在位、完整；

（四）常闭式防火门是否处于关闭状态，防火卷帘下是否堆放物品影响使用；

（五）消防安全重点部位的人员在岗情况；

（六）其他消防安全情况。

公众聚集场所在营业期间的防火巡查应当至少每二小时一次；营业结束时应当对营业现场进行检查，消除遗留火种。医院、养老院、寄宿制学校、托儿所、幼儿园应当加强夜间防火巡查，其他消防安全重点单位可以结合实际组织夜间防火巡查。

防火巡查人员应当及时纠正违章行为，妥善处置火灾危险，无法当场处置的，应当立即报告。发现初起火灾应当立即报警并及时扑救。

防火巡查应当填写巡查记录，巡查人员及其主管人员应当在巡查记录上签名。

第二十六条　机关、团体、事业单位应当至少每季度进行一次防火检查，其他单位应当至少每月进行一次防火检查。检查的内容应当包括：

（一）火灾隐患的整改情况以及防范措施的落实情况；

（二）安全疏散通道、疏散指示标志、应急照明和安全出口情况；

（三）消防车通道、消防水源情况；

（四）灭火器材配置及有效情况；

（五）用火、用电有无违章情况；

（六）重点工种人员以及其他员工消防知识的掌握情况；

（七）消防安全重点部位的管理情况；

（八）易燃易爆危险物品和场所防火防爆措施的落实情况以及其他重要物资的防火安全情况；

（九）消防（控制室）值班情况和设施运行、记录情况；

（十）防火巡查情况；

（十一）消防安全标志的设置情况和完好、有效情况；

（十二）其他需要检查的内容。

防火检查应当填写检查记录。检查人员和被检查部门负责人应当在检查记录上签名。

第二十七条 单位应当按照建筑消防设施检查维修保养有关规定的要求，对建筑消防设施的完好有效情况进行检查和维修保养。

第二十八条 设有自动消防设施的单位，应当按照有关规定定期对其自动消防设施进行全面检查测试，并出具检测报告，存档备查。

第二十九条 单位应当按照有关规定定期对灭火器进行维护保养和维修检查。对灭火器应当建立档案资料，说明配置类型、数量、设置位置、检查维修单位（人员）、更换药剂的时间等有关情况。

第五章 火灾隐患整改

第三十条 单位对存在的火灾隐患，应当及时予以消除。

第三十一条 对下列违反消防安全规定的行为，单位应当责成有关人员当场改正并督促落实：

（一）违章进入生产、储存易燃易爆危险物品场所的；

（二）违章使用明火作业或者在具有火灾、爆炸危险的场所吸烟、使用明火等违反禁令的；

（三）将安全出口上锁、遮挡，或者占用、堆放物品影响疏散通道畅通的；

（四）消火栓、灭火器材被遮挡影响使用或者被挪作他用的；

（五）常闭式防火门处于开启状态，防火卷帘下堆放物品影响使用的；

（六）消防设施管理、值班人员和防火巡查人员脱岗的；

（七）违章关闭消防设施、切断消防电源的；

（八）其他可以当场改正的行为。

违反前款规定的情况以及改正情况应当有记录并存档备查。

第三十二条 对不能当场改正的火灾隐患，消防工作归口管理职能部门或者专兼职消防管理人员应当根据本单位的管理分工，及时将存在的火灾隐患向单位的消防安全管理人或者消防安全责任人报告，提出整改方案。消防安全管理人或者消防安全责任人应当确定整改的措施、期限以及负责整改的部门、人员，并落实整改资金。

在火灾隐患未消除之前，单位应当落实防范措施，保障消防安全。不能确保消防安全，随时可能引发火灾或者一旦发生火灾将严重危及人身安全的，应当将危险部位停产停业整改。

第三十三条 火灾隐患整改完毕，负责整改的部门或者人员应当将整改情况记录报送消防安全责任人或者消防安全管理人签字确认后存档备查。

第三十四条 对于涉及城市规划布局而不能自身解决的重大火灾隐患，以及机关、团体、事业单位确无能力解决的重大火灾隐患，单位应当提出解决方案并及时向其上级主管部门或者当地人民政府报告。

第三十五条 对公安消防机构责令限期改正的火灾隐患，单位应当在规定的期限内改正并写出火灾隐患整改复函，报送公安消防机构。

第六章 消防安全宣传教育和培训

第三十六条 单位应当通过多种形式开展经常性的消防安全宣传教育。消防安全重点单位对每名员工应当至少每年进行一次消防安全培训。宣传教育和培训内容应当包括：

（一）有关消防法规、消防安全制度和保障消防安全的操作规程；

（二）本单位、本岗位的火灾危险性和防火措施；

（三）有关消防设施的性能、灭火器材的使用方法；

（四）报火警、扑救初起火灾以及自救逃生的知识和技能。

公众聚集场所对员工的消防安全培训应当至少每半年进行一次，培训的内容还应当包括组织、引导在场群众疏散的知识和技能。

单位应当组织新上岗和进入新岗位的员工进行上岗前的消防安全培训。

第三十七条 公众聚集场所在营业、活动期间，应当通过张贴图画、广播、闭路电视等向公众宣传防火、灭火、疏散逃生等常识。

学校、幼儿园应当通过寓教于乐等多种形式对学生和幼儿进行消防安全常识教育。

第三十八条 下列人员应当接受消防安全专门培训：

（一）单位的消防安全责任人、消防安全管理人；

（二）专、兼职消防管理人员；

（三）消防控制室的值班、操作人员；

（四）其他依照规定应当接受消防安全专门培训的人员。

前款规定中的第（三）项人员应当持证上岗。

第七章 灭火、应急疏散预案和演练

第三十九条 消防安全重点单位制定的灭火和应急疏散预案应当包括下列内容：

（一）组织机构，包括：灭火行动组、通讯联络组、疏散引导组、安全防护救护组；

（二）报警和接警处置程序；

（三）应急疏散的组织程序和措施；

（四）扑救初起火灾的程序和措施；

（五）通讯联络、安全防护救护的程序和措施。

第四十条 消防安全重点单位应当按照灭火和应急疏散预案，至少每半年进行一次演练，并结合实际，不断完善预案。其他单位应当结合本单位实际，参照制定相应的应急方案，至少每年组织一次演练。

消防演练时，应当设置明显标识并事先告知演练范围内的人员。

第八章 消防档案

第四十一条 消防安全重点单位应当建立健全消防档案。消防档案应当包括消防安全基本情况和消防安全管理情况。消防档案应当翔实，全面反映单位消防工作的基本情况，并附有必要的图表，根据情况变化及时更新。

单位应当对消防档案统一保管、备查。

第四十二条 消防安全基本情况应当包括以下内容：

（一）单位基本概况和消防安全重点部位情况；

（二）建筑物或者场所施工、使用或者开业前的消防设计审核、消防验收以及消防安全检查的文件、资料；

（三）消防管理组织机构和各级消防安全责任人；

（四）消防安全制度；

（五）消防设施、灭火器材情况；

（六）专职消防队、义务消防队人员及其消防装备配备情况；

（七）与消防安全有关的重点工种人员情况；

（八）新增消防产品、防火材料的合格证明材料；

（九）灭火和应急疏散预案。

第四十三条 消防安全管理情况应当包括以下内容：

（一）公安消防机构填发的各种法律文书；

（二）消防设施定期检查记录、自动消防设施全面检查测试的报告以及维修保养的记录；

（三）火灾隐患及其整改情况记录；

（四）防火检查、巡查记录；

（五）有关燃气、电气设备检测（包括防雷、防静电）等记录资料；

（六）消防安全培训记录；

（七）灭火和应急疏散预案的演练记录；

（八）火灾情况记录；

（九）消防奖惩情况记录。

前款规定中的第（二）、（三）、（四）、（五）项记录，应当记明检查的人员、时间、部位、内容、发现的火灾隐患以及处理措施等；第（六）项记录，应当记明培训的时间、参加人员、内容等；第（七）项记录，应当记明演练的时间、地点、内容、参加部门以及人员等。

第四十四条 其他单位应当将本单位的基本概况、公安消防机构填发的各种法律文书、与消防工作有关的材料和记录等统一保管备查。

第九章 奖 惩

第四十五条 单位应当将消防安全工作纳入内部检查、考核、评比内容。对在消防安全工作中成绩突出的部门（班组）和个人，单位应当给予表彰奖励。对未依法履行消防安全职责或者违反单位消防安全制度的行为，应当依照有关规定对责任人员给予行政纪律处分或者其他处理。

第四十六条 违反本规定，依法应当给予行政处罚的，依照有关法律、法规予以处罚；构成犯罪的，依法追究刑事责任。

第十章 附 则

第四十七条 公安消防机构对本规定的执行情况依法实施监督，并对自身滥用职权、玩忽职守、徇私舞弊的行为承担法律责任。

第四十八条 本规定自2002年5月1日起施行。本规定施行以前公安部发布的规章中的有关规定与本规定不一致的，以本规定为准。

附 录 4

人员密集场所消防安全管理

1 范围

本标准提出了人员密集场所使用和管理单位的消防安全管理要求和措施。

本标准适用于各类人员密集场所及其所在建筑的消防安全管理。

2 规范性引用文件

下列文件中的条款通过本标准的引用而成为本标准的条款。凡是注日期的引用文件，其随后所有的修改单（不包括勘误的内容）或修订版均不适用于本标准，然而，鼓励根据本标准达成协议的各方研究是否可使用这些文件的最新版本。凡是不注日期的引用文件，其最新版本适用于本标准。

GB/T 5907 消防基本术语 第一部分

GB/T 14107 消防基本术语 第二部分

GB 50045 高层民用建筑设计防火规范

GB 50084 自动喷水灭火系统设计规范

GB 50098 人民防空工程设计防火规范

GB 50116 火灾自动报警系统设计规范

GB 50140 建筑灭火器配置设计规范

GB 50222 建筑内部装修设计防火规范

GBJ 16 建筑设计防火规范

JGJ 48 商店建筑设计规范

GA 503 建筑消防设施检测技术规程

GA 587 建筑消防设施的维护管理

3 术语和定义

GB/T 5907、GB/T 14107、GB 50045、GB 50084、GB 50098、GB 50116、GB 50140、GB 50222、GBJ 16、JGJ 48、GA 503、GA 587 确立的以及下列术语和定义适

用于本标准。

3.1 公共娱乐场所 public entertainment occupancies

具有文化娱乐、健身休闲功能并向公众开放的室内场所。包括影剧院、录像厅、礼堂等演出、放映场所，舞厅、卡拉 OK 厅等歌舞娱乐场所，具有娱乐功能的夜总会、音乐茶座、酒吧和餐饮场所，游艺、游乐场所，保龄球馆、旱冰场、桑拿等娱乐、健身、休闲场所和互联网上网服务营业场所。

3.2 人员密集场所 assembly occupancies

人员聚集的室内场所。如：宾馆、饭店等旅馆，餐饮场所，商场、市场、超市等商店，体育场馆，公共展览馆、博物馆的展览厅，金融证券交易场所，公共娱乐场所，医院的门诊楼、病房楼，老年人建筑、托儿所、幼儿园，学校的教学楼、图书馆和集体宿舍，公共图书馆的阅览室，客运车站、码头、民用机场的候车、候船、候机厅（楼），人员密集的生产加工车间、员工集体宿舍等。

3.3 举高消防车作业场地 operating areas for ladder trucks

靠近建筑，供举高消防车停泊、实施灭火救援的操作场地。

3.4 专职消防队 private fire brigade

由专职灭火的人员组成，有固定消防站用房，配备消防车辆、装备、通讯器材，定期组织消防训练，能够每日 24h 备勤的消防组织。

3.5 志愿消防队 volunteer fire brigade

主要由志愿人员组成，有固定消防站用房，配备消防车辆、装备、通讯器材的消防组织。志愿人员有自己的主要职业、平时不在消防站备勤，能在接到火警出动信息后迅速集结，参加灭火救援。

3.6 义务消防队 dedicated crew

由本场所从业人员组成，平时开展防火宣传和检查，定期接受消防训练；发生火灾时能够实施灭火和应急疏散预案，扑救初期火灾、组织疏散人员，引导消防队到现场，协助保护火灾现场的消防组织。

3.7 火灾隐患 fire potential

可能导致火灾发生或火灾危害增大的各类潜在不安全因素。

3.8 重大火灾隐患 major fire potential

违反消防法律法规，可能导致火灾发生或火灾危害增大，并由此可能造成特大火灾事故后果和严重社会影响的各类潜在不安全因素。

4 总则

4.1 人员密集场所的消防安全管理应以通过有效的消防安全管理，提高其预防和控制火灾的能力，进而防止火灾发生，减少火灾危害，保证人身和财产安全为目标。

4.2 人员密集场所的消防安全管理应遵守消防法律、法规、规章（以下统称消防法规），贯彻“预防为主、防消结合”的消防工作方针，履行消防安全职责，制定消防安全制度、操作规程，提高自防自救能力，保障消防安全。

4.3 人员密集场所宜采用先进的消防技术、产品和方法，建立完善的消防安全管理体系和机制，定期开展消防安全评估，保障建筑具备经济合理的消防安全条件。

4.4 人员密集场所应落实逐级和岗位消防安全责任制，明确逐级和岗位消防安全职责，确定各级、各岗位的消防安全责任人。

4.5 实行承包、租赁或者委托经营、管理时，人员密集场所产权单位应提供符合消防安全要求的建筑物，当事人在订立相关租赁合同时，应依照有关规定明确各方的消防安全责任。

4.6 消防车通道、涉及公共消防安全的疏散设施和其他建筑消防设施应由人员密集场所产权单位或者委托管理的单位统一管理。承包、承租或者受委托经营、管理的单位应在其使用、管理范围内履行消防安全职责。

4.7 对于有两个或两个以上产权单位和使用单位的人员密集场所，除依法履行自身消防管理职责外，对消防车通道、涉及公共消防安全的疏散设施和其他建筑消防设施应明确统一管理的责任单位。

5 消防安全责任和职责

5.1 通则

5.1.1 人员密集场所的消防安全责任人应由该场所的法定代表人或者主要负责人担任。消防安全责任人可以根据需要确定本场所的消防安全管理人。承包、租赁场所的承租人是其承包、租赁范围的消防安全责任人，各部门负责人是部门消防安全责任人。

5.1.2 消防安全管理人、消防控制室值班员和消防设施操作维护人员应经过消防职业培训，持证上岗。保安人员应掌握防火和灭火的基本技能。电气焊工、电工、易燃易爆化学物品操作人员应熟悉本工种操作过程的火灾危险性，掌握消防基本知识和防火、灭火基本技能。

5.1.3 志愿和义务消防队员应掌握消防安全知识和灭火的基本技能，定期开展消防训练，火灾时应履行扑救火灾和引导人员疏散的义务。

5.2 人员密集场所产权单位、使用单位或委托管理单位的职责

5.2.1 落实消防安全责任，明确本场所的消防安全责任人和逐级消防负责人。

5.2.2 制定消防安全管理制度和保证消防安全的操作规程。

5.2.3 开展消防法规和防火安全知识的宣传教育，对从业人员进行消防安全教育

和培训。

5.2.4 定期开展防火巡查、检查，及时消除火灾隐患。

5.2.5 保障疏散通道、安全出口、消防车通道畅通。

5.2.6 确定各类消防设施的操作维护人员，保障消防设施、器材以及消防安全标志完好有效，处于正常运行状态。

5.2.7 组织扑救初期火灾，疏散人员，维持火场秩序，保护火灾现场，协助火灾调查。

5.2.8 确定消防安全重点部位和相应的消防安全管理措施。

5.2.9 制定灭火和应急疏散预案，定期组织消防演练。

5.2.10 建立防火档案。

5.3 消防安全责任人职责

5.3.1 贯彻执行消防法规，保障人员密集场所消防安全符合规定，掌握本场所的消防安全情况，全面负责本场所的消防安全工作。

5.3.2 统筹安排生产、经营、科研等活动中的消防安全管理工作，批准实施年度消防工作计划。

5.3.3 为消防安全管理提供必要的经费和组织保障。

5.3.4 确定逐级消防安全责任，批准实施消防安全管理制度和保障消防安全的操作规程。

5.3.5 组织防火检查，督促整改火灾隐患，及时处理涉及消防安全的重大问题。

5.3.6 根据消防法规的规定建立专职消防队、志愿消防队或义务消防队，并配备相应的消防器材和装备。

5.3.7 针对本场所的实际情况组织制定灭火和应急疏散预案，并实施演练。

5.4 消防安全管理人职责

5.4.1 拟订年度消防安全工作计划，组织实施日常消防安全管理工作。

5.4.2 组织制订消防安全管理制度和保障消防安全的操作规程，并检查督促落实。

5.4.3 拟订消防安全工作的资金预算和组织保障方案。

5.4.4 组织实施防火检查和火灾隐患整改。

5.4.5 组织实施对本场所消防设施、灭火器材和消防安全标志的维护保养，确保其完好有效和处于正常运行状态，确保疏散通道和安全出口畅通。

5.4.6 组织管理专职消防队、志愿消防队或义务消防队，开展日常业务训练。

5.4.7 组织从业人员开展消防知识、技能的教育和培训，组织灭火和应急疏散预案的实施和演练。

5.4.8 定期向消防安全责任人报告消防安全情况，及时报告涉及消防安全的重大问题。

5.4.9 消防安全责任人委托的其他消防安全管理工作。

5.5 部门消防安全责任人职责

5.5.1 组织实施本部门的消防安全管理工作计划。

5.5.2 根据本部门的实际情况开展消防安全教育与培训，制订消防安全管理制度，落实消防安全措施。

5.5.3 按照规定实施消防安全巡查和定期检查，管理消防安全重点部位，维护管辖范围的消防设施。

5.5.4 及时发现和消除火灾隐患，不能消除的，应采取相应措施并及时向消防安全管理人报告。

5.5.5 发现火灾，及时报警，并组织人员疏散和初期火灾扑救。

5.6 消防控制室值班员职责

5.6.1 熟悉和掌握消防控制室设备的功能及操作规程，按照规定测试自动消防设施的功能，保障消防控制室设备的正常运行。

5.6.2 对火警信号应立即确认，火灾确认后应立即报火警并向消防主管人员报告，随即启动灭火和应急疏散预案。

5.6.3 对故障报警信号应及时确认，消防设施故障应及时排除，不能排除的应立即向部门主管人员或消防安全管理人报告。

5.6.4 不间断值守岗位，做好消防控制室的火警、故障和值班记录。

5.7 消防设施操作维护人员职责

5.7.1 熟悉和掌握消防设施的功能和操作规程。

5.7.2 按照管理制度和操作规程等对消防设施进行检查、维护和保养，保证消防设施和消防电源处于正常运行状态，确保有关阀门处于正确位置。

5.7.3 发现故障应及时排除，不能排除的应及时向上级主管人员报告。

5.7.4 做好运行、操作和故障记录。

5.8 保安人员职责

5.8.1 按照本单位的管理规定进行防火巡查，并做好记录，发现问题应及时报告。

5.8.2 发现火灾应及时报火警并报告主管人员，实施灭火和应急疏散预案，协助灭火救援。

5.8.3 劝阻和制止违反消防法规和消防安全管理制度的行为。

5.9 电气焊工、电工、易燃易爆化学物品操作人员职责

5.9.1 执行有关消防安全制度和操作规程，履行审批手续。

5.9.2 落实相应作业现场的消防安全措施，保障消防安全。

5.9.3 发生火灾后应立即报火警，实施扑救。

6 消防组织

6.1 消防安全职责部门、专职消防队、志愿消防队和义务消防队等应履行相应的职责。

6.2 消防安全职责部门应由消防安全责任人或消防安全管理人指定，负责管理本场所的日常消防安全工作，督促落实消防工作计划，消除火灾隐患。

6.3 人员密集场所可以根据需要建立专职消防队或志愿消防队。

6.4 人员密集场所应组建义务消防队，义务消防队员的数量不应少于本场所从业人员数量的30%。

7 消防安全制度和管理

7.1 通则

7.1.1 人员密集场所使用、开业前依法应向公安消防机构申报的，或改建、扩建、装修和改变用途依法应报经公安消防机构审批的，应事先向当地公安消防机构申报，办理行政审批手续。

7.1.2 建筑四周不得搭建违章建筑，不得占用防火间距、消防通道、举高消防车作业场地，不得设置影响消防扑救或遮挡排烟窗（口）的架空管线、广告牌等障碍物。

7.1.3 人员密集场所不应与甲、乙类厂房、仓库组合布置及贴邻布置；除人员密集的生产加工车间外，人员密集场所不应与丙、丁、戊类厂房、仓库组合布置；人员密集的生产加工车间不宜布置在丙、丁、戊类厂房、仓库的上部。

7.1.4 人员密集场所不应擅自改变防火分区和消防设施、降低装修材料的燃烧性能等级。建筑内部装修不应改变疏散门的开启方向，减少安全出口、疏散出口的数量及其净宽度，影响安全疏散畅通。

7.1.5 设有生产车间、仓库的建筑内，严禁设置员工集体宿舍。

7.2 消防安全例会

7.2.1 人员密集场所应建立消防安全例会制度，处理涉及消防安全的重大问题，研究、部署、落实本场所的消防安全工作计划和措施。

7.2.2 消防安全例会应由消防安全责任人主持，有关人员参加，每月不宜少于一次。消防安全例会应由消防安全管理人提出议程，并应形成会议纪要或决议。

7.3 防火巡查、检查

7.3.1 人员密集场所应建立防火巡查和防火检查制度，确定巡查和检查的人员、内容、部位和频次。

7.3.2 防火巡查和检查时应填写巡查和检查记录，巡查和检查人员及其主管人员应在记录上签名。巡查、检查中应及时纠正违法违章行为，消除火灾隐患，无法整改的应立即报告，并记录存档。

7.3.3 防火巡查时发现火灾应立即报火警并实施扑救。

7.3.4 人员密集场所应进行每日防火巡查，并结合实际组织夜间防火巡查。

旅馆、商店、公共娱乐场所在营业时间应至少每 2h 巡查一次，营业结束后应检查并消除遗留火种。

医院、养老院及寄宿制的学校、托儿所和幼儿园应组织每日夜间防火巡查，且不应少于 2 次。

7.3.5 防火巡查应包括下列内容：

7.3.5.1 用火、用电有无违章情况；

7.3.5.2 安全出口、疏散通道是否畅通，有无锁闭；安全疏散指示标志、应急照明是否完好；

7.3.5.3 常闭式防火门是否处于关闭状态，防火卷帘下是否堆放物品；

7.3.5.4 消防设施、器材是否在位、完整有效。消防安全标志是否完好清晰；

7.3.5.5 消防安全重点部位的人员在岗情况；

7.3.5.6 其他消防安全情况。

7.3.6 防火检查应定期开展，各岗位应每天一次，各部门应每周一次，单位应每月一次。

A.1.1.1 对建筑消防设施检查，应执行 GA 503 和 GA 587 的相关规定。

7.3.7 防火检查应包括下列内容：

7.3.7.1 消防车通道、消防水源；

7.3.7.2 安全疏散通道、楼梯，安全出口及其疏散指示标志、应急照明；

7.3.7.3 消防安全标志的设置情况；

7.3.7.4 灭火器材配置及其完好情况；

7.3.7.5 建筑消防设施运行情况；

7.3.7.6 消防控制室值班情况、消防控制设备运行情况及相关记录；

7.3.7.7 用火、用电有无违章情况；

7.3.7.8 消防安全重点部位的管理；

7.3.7.9 防火巡查落实情况及其记录；

7.3.7.10 火灾隐患的整改以及防范措施的落实情况；

7.3.7.11 易燃易爆危险物品场所防火、防爆和防雷措施的落实情况；

7.3.7.12　楼板、防火墙和竖井孔洞等重点防火分隔部位的封堵情况；

7.3.7.13　消防安全重点部位人员及其他员工消防知识的掌握情况。

7.4　消防宣传与培训

7.4.1　人员密集场所应通过多种形式开展经常性的消防安全宣传与培训。

7.4.2　对公众开放的人员密集场所应通过张贴图画、消防刊物、视频、网络、举办消防文化活动等形式对公众宣传防火、灭火和应急逃生等常识。

7.4.3　学校、幼儿园和托儿所应对学生、儿童进行消防知识的普及和启蒙教育，组织参观当地消防站、消防博物馆，参加消防夏令营等活动。

7.4.4　人员密集场所应至少每半年组织一次对从业人员的集中消防培训。

7.4.5　应对新上岗员工或有关从业人员进行上岗前的消防培训。

7.4.6　消防培训应包括下列内容：

7.4.6.1　有关消防法规、消防安全管理制度、保证消防安全的操作规程等；

7.4.6.2　本单位、本岗位的火灾危险性和防火措施；

7.4.6.3　建筑消防设施、灭火器材的性能、使用方法和操作规程；

7.4.6.4　报火警、扑救初起火灾、应急疏散和自救逃生的知识、技能；

7.4.6.5　本场所的安全疏散路线，引导人员疏散的程序和方法等；

7.4.6.6　灭火和应急疏散预案的内容、操作程序。

7.5　安全疏散设施管理

7.5.1　安全疏散设施管理制度的内容应明确消防安全疏散设施管理的责任部门和责任人，定期维护、检查的要求，确保安全疏散设施的管理要求。

7.5.2　安全疏散设施管理应符合下列要求：

7.5.2.1　确保疏散通道、安全出口的畅通，禁止占用、堵塞疏散通道和楼梯间；

7.5.2.2　人员密集场所在使用和营业期间疏散出口、安全出口的门不应锁闭；

7.5.2.3　封闭楼梯间、防烟楼梯间的门应完好，门上应有正确启闭状态的标识，保证其正常使用；

7.5.2.4　常闭式防火门应经常保持关闭；

7.5.2.5　需要经常保持开启状态的防火门，应保证其火灾时能自动关闭；自动和手动关闭的装置应完好有效；

7.5.2.6　平时需要控制人员出入或设有门禁系统的疏散门，应有保证火灾时人员疏散畅通的可靠措施；

7.5.2.7　安全出口、疏散门不得设置门槛和其他影响疏散的障碍物，且在其 1.4m 范围内不应设置台阶；

7.5.2.8 消防应急照明、安全疏散指示标志应完好、有效，发生损坏时应及时维修、更换；

7.5.2.9 消防安全标志应完好、清晰，不应遮挡；

7.5.2.10 安全出口、公共疏散走道上不应安装栅栏、卷帘门；

7.5.2.11 窗口、阳台等部位不应设置影响逃生和灭火救援的栅栏；

7.5.2.12 在旅馆、餐饮场所、商店、医院、公共娱乐场等各楼层的明显位置应设置安全疏散指示图，指示图上应标明疏散路线、安全出口、人员所在位置和必要的文字说明；

7.5.2.13 举办展览、展销、演出等大型群众性活动，应事先根据场所的疏散能力核定容纳人数。活动期间应对人数进行控制，采取防止超员的措施。

7.6 消防设施管理

7.6.1 人员密集场所应建立消防设施管理制度，其内容应明确消防设施管理的责任部门和责任人，消防设施的检查内容和要求，消防设施定期维护保养的要求。

7.6.2 消防设施管理应符合下列要求：

7.6.2.1 消火栓应有明显标识；

7.6.2.2 室内消火栓箱不应上锁，箱内设备应齐全、完好；

7.6.2.3 室外消火栓不应埋压、圈占；距室外消火栓、水泵接合器 2.0m 范围内不得设置影响其正常使用的障碍物；

7.6.2.4 展品、商品、货柜，广告箱牌，生产设备等的设置不得影响防火门、防火卷帘、室内消火栓、灭火剂喷头、机械排烟口和送风口、自然排烟窗、火灾探测器、手动火灾报警按钮、声光报警装置等消防设施的正常使用；

7.6.2.5 应确保消防设施和消防电源始终处于正常运行状态；需要维修时，应采取相应的措施，维修完成后，应立即恢复到正常运行状态；

7.6.2.6 按照消防设施管理制度和相关标准定期检查、检测消防设施，并做好记录，存档备查；

7.6.2.7 自动消防设施应按照有关规定，每年委托具有相关资质的单位进行全面检查测试，并出具检测报告，送当地公安消防机构备案。

7.6.3 消防控制室管理应明确值班人员的职责，应制订每日 24h 值班制度和交接班的程序与要求以及设备自检、巡检的程序与要求。

7.6.4 消防控制值班室内不得堆放杂物，应保证其环境满足设备正常运行的要求；应具备消防设施平面布置图、完整的消防设施设计、施工和验收资料、灭火和应急疏散预案等。

7.6.5 消防控制室值班记录应完整，字迹清晰，保存完好。

7.7 火灾隐患整改

7.7.1 因违反或不符合消防法规而导致的各类潜在不安全因素，应认定为火灾隐患。

7.7.2 发现火灾隐患应立即改正，不能立即改正的，应报告上级主管人员。

7.7.3 消防安全管理人或部门消防安全责任人应组织对报告的火灾隐患进行认定，并对整改完毕的进行确认。

7.7.4 明确火灾隐患整改责任部门、责任人、整改的期限和所需经费来源。

7.7.5 在火灾隐患整改期间，应采取相应措施，保障安全。

7.7.6 对公安消防机构责令限期改正的火灾隐患和重大火灾隐患，应在规定的期限内改正，并将火灾隐患整改复函送达公安消防机构。

7.7.7 重大火灾隐患不能立即整改的，应自行将危险部位停产停业整改。

7.7.8 对于涉及城市规划布局而不能自身解决的重大火灾隐患，应提出解决方案并及时向其上级主管部门或当地人民政府报告。

7.8 用电防火安全管理

7.8.1 人员密集场所应建立用电防火安全管理制度，并应明确下列内容：

7.8.1.1 明确用电防火安全管理的责任部门和责任人；

7.8.1.2 电气设备的采购要求；

7.8.1.3 电气设备的安全使用要求；

7.8.1.4 电气设备的检查内容和要求；

7.8.1.5 电气设备操作人员的岗位资格及其职责要求。

7.8.2 用电防火安全管理应符合下列要求：

7.8.2.1 采购电气、电热设备，应选用合格产品，并应符合有关安全标准的要求；

7.8.2.2 电气线路敷设、电气设备安装和维修应由具备职业资格的电工操作；

7.8.2.3 不得随意乱接电线，擅自增加用电设备；

7.8.2.4 电气设备周围应与可燃物保持 0.5m 以上的间距；

7.8.2.5 对电器线路、设备应定期检查、检测，严禁长时间超负荷运行；

7.8.2.6 商店、餐饮场所、公共娱乐场所营业结束时，应切断营业场所的非必要电源。

7.9 用火、动火安全管理

7.9.1 人员密集场所应建立用火、动火安全管理制度，并应明确用火、动火管理的责任部门和责任人，用火、动火的审批范围、程序和要求以及电气焊工的岗位资格及其职责要求等内容。

7.9.2 用火、动火安全管理应符合下列要求：

7.9.2.1　需要动火施工的区域与使用、营业区之间应进行防火分隔；

7.9.2.2　电气焊等明火作业前，实施动火的部门和人员应按照制度规定办理动火审批手续，清除易燃可燃物，配置灭火器材，落实现场监护人和安全措施，在确认无火灾、爆炸危险后方可动火施工；

7.9.2.3　商店、公共娱乐场所禁止在营业时间进行动火施工；

7.9.2.4　演出、放映场所需要使用明火效果时，应落实相关的防火措施；

7.9.2.5　人员密集场所不应使用明火照明或取暖，如特殊情况需要时应有专人看护；

7.9.2.6　炉火、烟道等取暖设施与可燃物之间应采取防火隔热措施；

7.9.2.7　旅馆、餐饮场所、医院、学校等厨房的烟道应至少每季度清洗一次；

7.9.2.8　厨房燃油、燃气管道应经常检查、检测和保养。

7.10　易燃易爆化学物品管理

7.10.1　应明确易燃易爆化学物品管理的责任部门和责任人。

7.10.2　人员密集场所严禁生产、储存易燃易爆化学物品。

7.10.3　人员密集场所需要使用易燃易爆化学物品时，应根据需要限量使用，存储量不应超过一天的使用量，且应由专人管理、登记。

7.11　消防安全重点部位管理

7.11.1　人员集中的厅（室）以及储油间、变配电室、锅炉房、厨房、空调机房、资料库、可燃物品仓库、化学实验室等应确定为消防安全重点部位，并明确消防安全管理的责任部门和责任人。

7.11.2　应根据实际需要配备相应的灭火器材、装备和个人防护器材。

7.11.3　应制定和完善事故应急处置操作程序。

7.11.4　应列入防火巡查范围，作为定期检查的重点。

7.12　消防档案

7.12.1　应建立消防档案管理制度，其内容应明确消防档案管理的责任部门和责任人，消防档案的制作、使用、更新及销毁的要求。

7.12.2　消防档案管理应符合下列要求：

7.12.2.1　按照有关规定建立纸质消防档案，并宜同时建立电子档案；

7.12.2.2　消防档案应包括消防安全基本情况、消防安全管理情况、灭火和应急疏散预案；

7.12.2.3　消防档案内容应翔实，全面反映消防工作的基本情况，并附有必要的图纸、图表；

7.12.2.4　消防档案应由专人统一管理，按档案管理要求装订成册。

7.12.3　消防安全基本情况应包括下列内容：

7.12.3.1　基本概况和消防安全重点部位情况；

7.12.3.2　所在建筑消防设计审核、消防验收以及场所使用或者开业前消防安全检查的许可文件和相关资料；

7.12.3.3　消防组织和各级消防安全责任人；

7.12.3.4　消防安全管理制度和保证消防安全的操作规程；

7.12.3.5　消防设施、灭火器材配置情况；

7.12.3.6　专职消防队、志愿消防队、义务消防队人员及其消防装备配备情况；

7.12.3.7　消防安全管理人、自动消防设施操作人员、电气焊工、电工、易燃易爆化学物品操作人员的基本情况；

7.12.3.8　新增消防产品、防火材料的合格证明材料。

7.12.4　消防安全管理情况应包括下列内容：

7.12.4.1　消防安全例会纪要或决定；

7.12.4.2　公安消防机构填发的各种法律文书；

7.12.4.3　消防设施定期检查记录、自动消防设施全面检查测试的报告以及维修保养记录；

7.12.4.4　火灾隐患、重大火灾隐患及其整改情况记录；

7.12.4.5　防火检查、巡查记录；

7.12.4.6　有关燃气、电气设备检测等记录资料；

7.12.4.7　消防安全培训记录；

7.12.4.8　灭火和应急疏散预案的演练记录；

7.12.4.9　火灾情况记录；

7.12.4.10　消防奖惩情况记录。

8　消防安全措施

8.1　通则

8.1.1　设置在多种用途建筑内的人员密集场所，应采用耐火极限不低于 1.0h 的楼板和 2.0h 的隔墙与其他部位隔开，并应满足各自不同工作或使用时间对安全疏散的要求。

8.1.2　设有人员密集场所的建筑内的疏散楼梯宜通至屋面，且宜在屋面设置辅助疏散设施。

8.1.3　营业厅、展览厅等大空间疏散指示标志的布置，应保证其指向最近的疏散出口，并使人员在走道上任何位置都能看见和识别。

8.1.4　防火巡查宜采用电子寻更设备。

8.1.5　设有消防控制室的人员密集场所或其所在建筑，其火灾自动报警和控制系统宜接入城市火灾报警网络监控中心。

8.1.6　除国家标准规定外，其他人员密集场所需要设置自动喷水灭火系统时，可按 GB50084 的规定设置自动喷水灭火局部应用系统或简易自动喷水灭火系统。

8.1.7　除国家标准规定外，其他人员密集场所需要设置火灾自动报警系统时，可设置点式火灾报警设备。

8.1.8　学校、医院、超市、娱乐场所等人员密集场所需要控制人员随意出入的安全出口、疏散门，或设有门禁系统的，应保证火灾时不需使用钥匙等任何工具即能易于从内部打开，并应在显著位置设置“紧急出口”标识和使用提示。可以根据实际需要选用以下方法：

A.1.1.1.2　——设置报警延迟时间不应超过 15s 的安全控制与报警逃生门锁系统。

A.1.1.1.3　——设置能与火灾自动报警系统联动，且具备远程控制和现场手动开启装置的电磁门锁装置。

A.1.1.1.4　——设置推闩式外开门。

8.2　旅馆

8.2.1　高层旅馆的客房内应配备应急手电筒、防烟面具等逃生器材及使用说明，其他旅馆的客房内宜配备应急手电筒、防烟面具等逃生器材及使用说明。

8.2.2　客房内应设置醒目、耐久的“请勿卧床吸烟”提示牌和楼层安全疏散示意图。

8.2.3　客房层应按照有关建筑火灾逃生器材及配备标准设置辅助疏散、逃生设备，并应有明显的标志。

8.3　商店

8.3.1　商店（市场）建筑物之间不应设置连接顶棚，当必须设置时应符合下列要求：

8.3.1.1　消防车通道上部严禁设置连接顶棚；

8.3.1.2　顶棚所连接的建筑总占地面积不应超过 2 500m^2；

8.3.1.3　顶棚下面不应设置摊位，堆放可燃物；

8.3.1.4　顶棚材料的燃烧性能不应低于 B1 级；

8.3.1.5　顶棚四周应敞开，其高度应高出建筑檐口 1.0m 以上。

8.3.2　商店的仓库应采用耐火极限不低于 3.0h 的隔墙与营业、办公部分分隔，通向营业厅的门应为甲级防火门。

8.3.3　营业厅内的柜台和货架应合理布置，疏散走道设置应符合 JGJ 48 的规定，并应符合下列要求：

8.3.3.1 营业厅内的主要疏散走道应直通安全出口；

8.3.3.2 主要疏散走道的净宽度不应小于 3.0m，其他疏散走道净宽度不应小于 2.0m；当一层的营业厅建筑面积小于 500m^2 时，主要疏散走道的净宽度可为 2.0m，其他疏散走道净宽度可为 1.5m；

8.3.3.3 疏散走道与营业区之间应在地面上应设置明显的界线标识；

8.3.3.4 营业厅内任何一点至最近安全出口的直线距离不宜大于 30m，且行走距离不应大于 45m。

8.3.4 营业厅内设置的疏散指示标志应符合下列要求：

8.3.4.1 应在疏散走道转弯和交叉部位两侧的墙面、柱面距地面高度 1.0m 以下设置灯光疏散指示标志；确有困难时，可设置在疏散走道上方 2.2 ～ 3.0m 处；疏散指示标志的间距不应大于 20m；

8.3.4.2 灯光疏散指示标志的规格不应小于 0.85m×0.30m，当一层的营业厅建筑面积小于 500m^2 时，疏散指示标志的规格不应小于 0.65m×0.25m；

8.3.4.3 疏散走道的地面上应设置视觉连续的蓄光型辅助疏散指示标志。

8.3.5 营业厅的安全疏散不应穿越仓库。当必须穿越时，应设置疏散走道，并采用耐火极限不低于 2.0h 的隔墙与仓库分隔。

8.3.6 营业厅内食品加工区的明火部位应靠外墙布置，并应采用耐火极限不低于 2.0h 的隔墙与其它部位分隔。敞开式的食品加工区应采用电能加热设施，不应使用液化石油气作燃料。

8.3.7 防火卷帘门两侧各 0.5m 范围内不得堆放物品，并应用黄色标识线划定范围。

8.4 公共娱乐场所

8.4.1 公共娱乐场所的外墙上应在每层设置外窗（含阳台），其间隔不应大于 15.0m；每个外窗的面积不应小于 1.5m^2，且其短边不应小于 0.8m，窗口下沿距室内地坪不应大于 1.2m。

8.4.2 使用人数超过 20 人的厅、室内应设置净宽度不小于 1.1m 的疏散走道，活动座椅应采用固定措施。

8.4.3 休息厅、录像放映室、卡拉 OK 室内应设置声音或视像警报，保证在火灾发生初期，将其画面、音响切换到应急广播和应急疏散指示状态。

8.4.4 各种灯具距离周围窗帘、幕布、布景等可燃物不应小于 0.50m。

8.4.5 在营业时间和营业结束后，应指定专人进行消防安全检查，清除烟蒂等火种。

8.5 学校

8.5.1 图书馆、教学楼、实验楼和集体宿舍的公共疏散走道、疏散楼梯间不应设置卷帘门、栅栏等影响安全疏散的设施。

8.5.2 集体宿舍严禁使用蜡烛、电炉等明火；当需要使用炉火采暖时，应设专人负责，夜间应定时进行防火巡查。

8.5.3 每间集体宿舍均应设置用电超载保护装置。

8.5.4 集体宿舍应设置醒目的消防设施、器材、出口等消防安全标志。

8.6 医院的病房楼、托儿所、幼儿园

8.6.1 病房楼内严禁使用液化石油气罐。

8.6.2 托儿所、幼儿园的儿童用房及儿童游乐厅等儿童活动场所不应使用明火取暖、照明，当必须使用时，应采取防火、防护措施，设专人负责；厨房、烧水间应单独设置。

8.7 体育场馆、展览馆、博物馆的展览厅等场所

8.7.1 临时举办活动时，应制定相应消防安全预案，明确消防安全责任人；大型演出或比赛等活动期间，配电房、控制室等部位须有专人值班。

8.7.2 需要搭建临时建筑时，应采用燃烧性能不低于B1级的材料。临时建筑与周围建筑的间距不应小于6.0m。

8.7.3 展厅等场所内的主要疏散走道应直通安全出口，其净宽度不应小于4.0m，其他疏散走道净宽度不应小于2.0m。

8.8 人员密集的生产加工车间、员工集体宿舍

8.8.1 生产车间内应保持疏散通道畅通，通向疏散出口的主要疏散走道的净宽度不应小于2.0m，其他疏散走道净宽度不应小于1.5m，且走道地面上应划出明显的标示线。

8.8.2 车间内中间仓库的储量不应超过一昼夜的使用量。生产过程中的原料、半成品、成品应集中摆放，机电设备、消防设施周围0.5m的范围内不得堆放可燃物。

8.8.3 生产加工中使用电熨斗等电加热器具时，应固定使用地点，并采取可靠的防火措施。

8.8.4 应按操作规程定时清除电气设备及通风管道上的可燃粉尘、飞絮。

8.8.5 生产加工车间、员工集体宿舍不应擅自拉接电气线路、设置炉灶。

8.8.6 员工集体宿舍隔墙的耐火极限不应低于1.0h，且应砌至梁、板底。

9 灭火和应急疏散预案编制和演练

9.1 预案

9.1.1 单位应根据人员集中、火灾危险性较大和重点部位的实际情况，制订有针对性的灭火和应急疏散预案。

9.1.2 预案应包括下列内容：

9.1.2.1　明确火灾现场通信联络、灭火、疏散、救护、保卫等任务的负责人。规模较大的人员密集场所应由专门机构负责，组建各职能小组。并明确负责人、组成人员及其职责；

9.1.2.2　火警处置程序；

9.1.2.3　应急疏散的组织程序和措施；

9.1.2.4　扑救初起火灾的程序和措施；

9.1.2.5　通信联络、安全防护和人员救护的组织与调度程序和保障措施。

9.2　组织机构

9.2.1　消防安全责任人或消防安全管理人担负公安消防队到达火灾现场之前的指挥职责，组织开展灭火和应急疏散等工作。规模较大的单位可以成立火灾事故应急指挥机构。

9.2.2　灭火和应急疏散各项职责应由当班的消防安全管理人、部门主管人员、消防控制室值班人员、保安人员、义务消防队承担。规模较大的单位可以成立各职能小组，由消防安全管理人、部门主管人员、消防控制室值班人员、保安人员、义务消防队及其他在岗的从业人员组成。主要职责如下：

A.1.1.1.5　通信联络：负责与消防安全责任人和当地公安消防机构之间的通讯和联络；

A.1.1.1.6　灭火：发生火灾立即利用消防器材、设施就地进行火灾扑救；

A.1.1.1.7　疏散：负责引导人员正确疏散、逃生；

A.1.1.1.8　救护：协助抢救、护送受伤人员；

A.1.1.1.9　保卫：阻止与场所无关人员进入现场，保护火灾现场，并协助公安消防机构开展火灾调查；

A.1.1.1.10　后勤：负责抢险物资、器材器具的供应及后勤保障。

9.3　预案实施程序

当确认发生火灾后，应立即启动灭火和应急疏散预案，并同时开展下列工作：

A.1.1.1.11　向公安消防机构报火警；

A.1.1.1.12　当班人员执行预案中的相应职责；

A.1.1.1.13　组织和引导人员疏散，营救被困人员；

A.1.1.1.14　使用消火栓等消防器材、设施扑救初起火灾；

A.1.1.1.15　派专人接应消防车辆到达火灾现场；

A.1.1.1.16　保护火灾现场，维护现场秩序。

9.4 预案的宣贯和完善

9.4.1 应定期组织员工熟悉灭火和应急疏散预案，并通过预案演练，逐步修改完善。

9.4.2 地铁、高度超过 100m 的多功能建筑等，应根据需要邀请有关专家对灭火和应急疏散预案进行评估、论证。

9.5 消防演练

9.5.1 目的

9.5.1.1 检验各级消防安全责任人、各职能组和有关人员对灭火和应急疏散预案内容、职责的熟悉程度。

9.5.1.2 检验人员安全疏散、初期火灾扑救、消防设施使用等情况。

9.5.1.3 检验本单位在紧急情况下的组织、指挥、通讯、救护等方面的能力。

9.5.1.4 检验灭火应急疏散预案的实用性和可操作性。

9.5.2 组织

9.5.2.1 旅馆、商店、公共娱乐场所应至少每半年组织一次消防演练，其他场所应至少每年组织一次。

9.5.2.2 宜选择人员集中、火灾危险性较大和重点部位作为消防演练的目标，根据实际情况，确定火灾模拟形式。

9.5.2.3 消防演练方案可以报告当地公安消防机构，争取其业务指导。

9.5.2.4 消防演练前，应通知场所内的从业人员和顾客或使用人员积极参与；消防演练时，应在建筑入口等显著位置设置“正在消防演练”的标志牌，进行公告。

9.5.2.5 消防演练应按照灭火和应急疏散预案实施。

9.5.2.6 模拟火灾演练中应落实火源及烟气的控制措施，防止造成人员伤害。

9.5.2.7 地铁、高度超过 100m 的多功能建筑等，应适时与地公安消防队组织联合消防演练。

9.5.2.8 演练结束后，应将消防设施恢复到正常运行状态，做好记录，并及时进行总结。

10 火灾事故处置与善后

10.1 确认火灾发生后，起火单位应立即启动灭火和应急疏散预案，通知建筑内所有人员立即疏散，实施初期火灾扑救，并报火警。

10.2 火灾发生后，受灾单位应保护火灾现场。公安消防机构划定的警戒范围是火灾现场保护范围；尚未划定时，应将火灾过火范围以及与发生火灾有关的部位划定为火灾现场保护范围。

10.3 未经公安消防机构允许，任何人不得擅自进入火灾现场保护范围内，不得擅自移动火场中的任何物品。

10.4 未经公安消防机构同意，任何人不得擅自清理火灾现场。

10.5 有关单位应接受事故调查，如实提供火灾事故情况，查找有关人员，协助火灾调查。

10.6 有关单位应做好火灾伤亡人员及其亲属的安排、善后事宜。

10.7 火灾调查结束后，有关单位应总结火灾事故教训，改进消防安全管理。

附 录 5

消防控制室通用技术要求

前 言

本标准的第 3、4、5、6、7 章内容为强制性，其余为推荐性。

本标准由公安部消防局提出。

本标准由全国消防标准化技术委员会第六分技术委员会（SAC/TC113/SC6）归口。

本标准负责起草单位：公安部沈阳消防研究所。

本标准参加起草单位：辽宁省公安消防总队、浙江省公安消防总队、西安盛赛尔电子有限公司、海湾安全技术有限公司、上海市松江电子仪器厂、北京利达华信电子有限公司、北京狮岛消防电子有限公司、河北北大青鸟环宇消防设备有限公司、南京消防器材股份有限公司、中国中安消防安全工程有限公司、北京利华消防工程公司。

本标准主要起草人：郭铁男、朱力平、丁宏军、马恒、潘刚、沈纹、屈励、张颖琮、刘阿芳、赵庆平、马辛、宇平。

1 范围

本标准规定了消防控制室的一般要求、消防安全管理、控制和显示要求、信息记录要求、信息传输要求。

本标准适用于 GB 50116 中规定的集中火灾报警系统、控制中心报警系统中的消防控制室或消防控制中心。

2 规范性引用文件

下列文件中的条文通过本标准的引用而成为本标准的条文。凡是注日期的引用文件，其随后所有的修改单（不包括勘误的内容）或修订版均不适用于本标准，然而，鼓励根据本标准达成协议的各方研究使用这些文件的最新版本。凡是不注日期的引用文件，其最新版本适用于本标准。

GB 50116 火灾自动报警系统设计规范

GA 587 建筑消防设施的维护管理

3　一般要求

3.1　消防控制室应至少由火灾报警控制器、消防联动控制器、消防控制室图形显示装置或其组合设备组成。

3.2　消防控制室应能监控并显示建筑消防设施运行状态信息、显示消防安全管理信息，并向城市消防远程监控中心（以下称监控中心）传输相关信息。建筑消防设施运行动态信息见附录 A；消防安全管理信息见附录 B。

3.3　消防控制室对消防系统及设备的控制、显示、信息传输及信息记录均应满足本标准要求。

3.4　两个及以上消防控制室联网时，上一级消防控制室应能显示下一级消防控制室的消防系统及设备的状态信息，并可对下一级消防控制室进行控制；下一级消防控制室应能将所控制的消防系统及设备的状态信息传输到上一级消防控制室；相同级别消防控制室之间可以互相传输、显示状态信息，但不应互相控制。

3.5　消防控制室的消防设备应为符合国家有关市场准入制度的产品。消防控制室的其它要求应符合国家现行有关标准的规定。

3.6　消防控制室系统之间应满足系统兼容性要求。

4　消防安全管理

4.1　消防控制室资料

4.1.1　消防控制室应有建（构）筑物竣工后的总平面布局图、建筑消防设施平面布置图、建筑消防设施系统图及安全出口布置图、重点部位位置图等。

4.1.2　消防控制室应有消防安全管理规章制度、应急灭火预案、应急疏散预案等。

4.1.3　消防控制室应有消防安全组织结构图，包括消防安全责任人、管理人、专职、义务消防人员等内容。

4.1.4　消防控制室应有员工消防安全培训记录、应急灭火和应急疏散预案的演练记录。

4.1.5　消防控制室应有值班情况、消防安全检查情况及巡查情况的记录。

4.1.6　消防控制室应有消防设施一览表，包括消防设施的类型、数量、状态等内容。

4.1.7　消防控制室应有消防系统控制逻辑关系说明、设备使用说明书、系统操作规程、系统和设备维护保养制度等。

4.1.8　消防控制室应定期保存和归档设备运行状况、接报警记录、火灾处理情况、设备检修检测报告等资料。

4.2　消防控制室管理及应急程序

4.2.1　消防控制室管理

4.2.1.1　消防控制室应当实行每日 24 小时专人值班制度，每班不应少于 2 人。

4.2.1.2　消防控制室的日常管理应符合 GA 587 的有关要求。

4.2.1.3　消防控制室应确保火灾自动报警系统和灭火系统处于正常工作状态。

4.2.1.4　消防控制室应确保高位消防水箱、消防水池、气压水罐等消防储水设施水量充足；确保消防泵出水管阀门、自动喷水灭火系统管道上的阀门常开；确保消防水泵、排烟风机、防火卷帘等消防用电设备的配电柜开关处于自动（接通）位置。

4.2.2　消防控制室应急程序

4.2.2.1　接到火灾警报后，消防控制室必须立即以最快方式确认。

4.2.2.2　火灾确认后，消防控制室必须立即将火灾报警联动控制开关转入自动状态（处于自动状态的除外），同时拨打“119”报警。

4.2.2.3　消防控制室必须立即启动单位内部应急灭火、疏散预案，并应同时报告单位负责人。

5　控制和显示要求

5.1　基本要求

5.1.1　消防控制室应能显示 4.1.1 ～ 4.1.6 条规定的有关管理信息及附录 B 规定的其他相关信息。

5.1.2　消防控制室应能用同一界面显示建（构）筑物周边消防车道、消防登高车操作场地、消防水源位置，以及相邻建筑的防火间距、建筑面积、建筑高度、使用性质等情况。

5.1.3　消防控制室应能显示消防系统及设备的名称、位置和动态信息。

5.1.4　当有火灾报警信号、监管报警信号、反馈信号、屏蔽信号、故障信号输入时，消防控制室应有相应状态的专用总指示，在总平面布局图中应显示输入信号的建（构）筑物的位置，在建筑平面图上应显示输入信号所在的位置和名称，并记录时间、信号类别和部位等信息。火灾报警专用总指示应仅能在消防控制室内复位。

5.1.5　消防控制室应在火灾报警信号、反馈信号输入 10s 内显示其状态信息，其他信号应在输入 100s 内显示其状态信息。

5.1.6　显示应有中文标注和中文界面，界面对角线长度不应小于 430mm。

5.2　火灾探测报警系统

5.2.1　消防控制室应能显示保护区域内火灾报警控制器、火灾探测器、火灾显示盘、手动火灾报警按钮的正常工作状态、火灾报警状态、屏蔽状态及故障状态等相关信息。

5.2.2　建（构）筑物内安装有可燃气体探测报警系统、电气火灾监控系统时，消防控制室应能接收保护区域内的可燃气体探测报警系统、电气火灾监控系统的报警信号，并应显示相关联动反馈信息。

5.2.3 消防控制室应能控制火灾声和（或）光警报器启动和停止。

5.3 消防联动控制

5.3.1 消防联动控制器

5.3.1.1 对消防系统及设备的联动控制应由设置在消防控制室内的消防联动控制器实现。

5.3.1.2 消防联动控制器应能将消防系统及设备的状态信息传输到消防控制室图形显示装置。

5.3.2 自动喷水灭火系统

5.3.2.1 消防控制室应能显示喷淋泵电源的工作状态。

5.3.2.2 消防控制室应能显示喷淋泵（稳压或增压泵）的启、停状态和故障状态，并显示水流指示器、信号阀、报警阀、压力开关等设备的正常工作状态和动作状态、消防水箱（池）最低水位信息和管网最低压力报警信息。

5.3.2.3 消防控制室应能手动控制喷淋泵的启、停，并显示其手动启、停和自动启动的动作反馈信号。

5.3.3 消火栓系统

5.3.3.1 消防控制室应能显示消防水泵电源的工作状态。

5.3.3.2 消防控制室应能显示消防水泵（稳压或增压泵）的启、停状态和故障状态，并显示消火栓按钮的正常工作状态和动作状态及位置等信息、消防水箱（池）最低水位信息和管网最低压力报警信息。

5.3.3.3 消防控制室应能手动控制消防水泵启、停，并显示其动作反馈信号。

5.3.4 气体灭火系统

5.3.4.1 消防控制室应能显示系统的手动、自动工作状态及故障状态。

5.3.4.2 消防控制室应能显示系统的驱动装置的正常工作状态和动作状态，并能显示防护区域中的防火门（窗）、防火阀、通风空调等设备的正常工作状态和动作状态。

5.3.4.3 消防控制室应能自动和手动控制系统的启动，并显示延时状态信号、紧急停止信号和管网压力信号。

5.3.5 水喷雾、细水雾灭火系统

水喷雾灭火系统、采用水泵供水的细水雾灭火系统应符合 5.3.2 的要求；采用压力容器供水的细水雾灭火系统应符合 5.3.4 的要求。

5.3.6 泡沫灭火系统

5.3.6.1 消防控制室应能显示消防水泵、泡沫液泵电源的工作状态。

5.3.6.2　消防控制室应能显示系统的手动、自动工作状态及故障状态。

5.3.6.3　消防控制室应能显示消防水泵、泡沫液泵的启、停状态和故障状态，并显示消防水池（箱）最低水位和泡沫液罐最低液位信息。

5.3.6.4　消防控制室应能手动控制消防水泵和泡沫液泵的启、停，并显示其动作反馈信号。

5.3.7　干粉灭火系统

5.3.7.1　消防控制室应能显示系统的手动、自动工作状态及故障状态。

5.3.7.2　消防控制室应能显示系统的驱动装置的正常工作状态和动作状态，并能显示防护区域中的防火门窗、防火阀、通风空调等设备的正常工作状态和动作状态。

5.3.7.3　消防控制室应能手动控制系统的启动和停止，并显示延时状态信号、紧急停止信号和管网压力信号。

5.3.8　防烟排烟系统及通风空调系统

5.3.8.1　消防控制室应能显示防烟排烟系统风机电源的工作状态。

5.3.8.2　消防控制室应能显示防烟排烟系统的手动、自动工作状态及防烟排烟系统风机的正常工作状态和动作状态。

5.3.8.3　消防控制室应能控制防烟排烟系统风机和电动排烟防火阀、电控挡烟垂壁、电动防火阀、常闭送风口、排烟阀（口）、电动排烟窗的动作，并显示其反馈信号。

5.3.9　防火门及防火卷帘系统

5.3.9.1　消防控制室应能显示防火门控制器、防火卷帘控制器的工作状态和故障状态等动态信息。

5.3.9.2　消防控制室应能显示防火卷帘、常开防火门、人员密集场所中因管理需要平时常闭的疏散门及具有信号反馈功能的防火门的工作状态。

5.3.9.3　消防控制室应能关闭防火卷帘和常开防火门，并显示其反馈信号。

5.3.10　电梯

5.3.10.1　消防控制室应能控制所有电梯全部回降首层，非消防电梯应开门停用，消防电梯应开门待用，并显示反馈信号及消防电梯运行时所在楼层。

5.3.10.2　消防控制室应能显示消防电梯的故障状态和停用状态。

5.3.11　消防电话

5.3.11.1　消防控制室应能与各消防电话分机通话，并具有插入通话功能。

5.3.11.2　消防控制室应能接收来自消防电话插孔的呼叫，并能通话。

5.3.11.3　消防控制室应有消防电话通话录音功能。

5.3.11.4　消防控制室应能显示消防电话的故障状态。

5.3.12 消防应急广播系统

5.3.12.1 消防控制室应能显示处于应急广播状态的广播分区、预设广播信息。

5.3.12.2 消防控制室应能分别通过手动和按照预设控制逻辑自动控制选择广播分区、启动或停止应急广播，并在扬声器进行应急广播时自动对广播内容进行录音。

5.3.12.3 消防控制室应能显示应急广播的故障状态。

5.3.13 消防应急照明和疏散指示系统

5.3.13.1 消防控制室应能手动控制自带电源型消防应急照明和疏散指示系统的主电工作状态和应急工作状态的转换。

5.3.13.2 消防控制室应能分别通过手动和自动控制集中电源型消防应急照明和疏散指示系统和集中控制型消防应急照明和疏散指示系统从主电工作状态切换到应急工作状态。

5.3.14 消防电源

消防控制室应能显示消防用电设备的供电电源和备用电源的工作状态和欠压报警信息。

6 信息记录要求

6.1 消防控制室应记录附录 A 中规定的建筑消防设施运行状态信息和日常检查信息（包括时间、部位、设备名称等）；记录容量不应少于 10 000 条，记录备份后方可被覆盖；日常检查的内容应符合国家相关规范要求。

6.2 消防控制室应具有产品维护保养的内容和时间、系统程序的进入和退出时间、操作人员姓名或代码等内容的记录，存储记录容量不应少于 10 000 条，记录备份后方可被覆盖。

6.3 消防控制室应保存附录 B 中规定的消防安全管理信息及系统内各个消防设备（设施）的制造商、产品有效期的记录，存储记录容量不应少于 10 000 条，记录备份后方可被覆盖。

6.4 消防控制室应能对历史记录打印归档或刻录存盘归档。

7 信息传输要求

7.1 消防控制室应能在接收到火灾报警信号或联动信号后 10s 内将相应信息按规定的通讯协议格式传送给监控中心。

7.2 消防控制室应能在接收到建筑消防设施运行状态信息后 100s 内将相应信息按规定的通讯协议格式传送给监控中心。

7.3 具有自动向监控中心传输消防安全管理信息功能的消防控制室，应能在发出传输信息指令后 100s 内将相应信息按规定的通讯协议格式传送给监控中心。

7.4　消防控制室应能接收监控中心的查询指令并按规定的通讯协议格式将附录A、附录B规定的信息传送给监控中心。

7.5　消防控制室应有信息传输指示灯，在处理和传输信息时，该指示灯应闪亮，在得到监控中心的正确接收确认后，该指示灯应常亮并保持直至该状态复位。当信息传送失败时应有声、光指示。

7.6　火灾报警信息应优先于其他信息传输。

7.7　消防控制室的信息传输不应受保护区域内消防系统及设备任何操作的影响。

附　录　A

（规范性附录）

建筑消防设施运行状态信息

A.1　运行状态信息

消防控制室向监控中心传输的建筑消防设施运行状态信息内容应符合表A.1要求。

表A.1　建筑消防设施运行状态信息

设施名称		内容
火灾探测报警系统		火灾报警信息、可燃气体探测报警信息、电气火灾监控报警信息、屏蔽信息、故障信息
消防联动控制系统	消防联动控制器	动作状态、屏蔽信息、故障信息
	消火栓系统	消防水泵电源的工作状态，消防水泵的启、停状态和故障状态，消防水箱（池）水位、管网压力报警信息及消火栓按钮的报警信息
	自动喷水灭火系统、水喷雾（细水雾）灭火系统（泵供水方式）	喷淋泵电源工作状态，喷淋泵的启、停状态和故障状态，水流指示器、信号阀、报警阀、压力开关的正常工作状态和动作状态
	气体灭火系统、细水雾灭火系统（压力容器供水方式）	系统的手动、自动工作状态及故障状态，阀驱动装置的正常工作状态和动作状态，防护区域中的防火门（窗）、防火阀、通风空调等设备的正常工作状态和动作状态，系统的启、停信息，紧急停止信号和管网压力信号
	泡沫灭火系统	消防水泵、泡沫液泵电源的工作状态，系统的手动、自动工作状态及故障状态，消防水泵、泡沫液泵的正常工作状态和动作状态
	干粉灭火系统	系统的手动、自动工作状态及故障状态，阀驱动装置的正常工作状态和动作状态，系统的启、停信息，紧急停止信号和管网压力信号
	防烟排烟系统	系统的手动、自动工作状态，防烟排烟风机电源的工作状态，风机、电动防火阀、电动排烟防火阀、常闭送风口、排烟阀（口）、电动排烟窗、电动挡烟垂壁的正常工作状态和动作状态
	防火门及卷帘系统	防火卷帘控制器、防火门控制器的工作状态和故障状态。卷帘门的工作状态，具有反馈信号的各类防火门、疏散门的工作状态和故障状态等动态信息
	消防电梯	消防电梯的停用和故障状态
	消防应急广播	消防应急广播的启动、停止和故障状态
	消防应急照明和疏散指示系统	消防应急照明和疏散指示系统的故障状态和应急工作状态信息
	消防电源	系统内各消防用电设备的供电电源和备用电源工作状态和欠压报警信息

附 录 B

（规范性附录）

消防安全管理信息

B.1 消防安全管理信息

消防控制室向监控中心传输的消防安全管理信息内容应符合表 B.1 要求。

表 B. 1 消防安全管理信息

序号	名 称		内 容
1	基本情况		单位名称、编号、类别、地址、联系电话、邮政编码，消防控制室电话；单位职工人数、成立时间、上级主管（或管辖）单位名称、占地面积、总建筑面积、单位总平面图（含消防车道、毗邻建筑等）；单位法人代表、消防安全责任人、消防安全管理人及专兼职消防管理人的姓名、身份证号码、电话
2	主要建构筑物等信息	建（构）筑物	建筑物名称、编号、使用性质、耐火等级、结构类型、建筑高度、地上层数及建筑面积、地下层数及建筑面积、隧道高度及长度等、建造日期、主要储存物名称及数量、建筑物内最大容纳人数、建筑立面图及消防设施平面布置图；消防控制室位置，安全出口的数量、位置及形式（指疏散楼梯）；毗邻建筑的使用性质、结构类型、建筑高度、与本建筑的间距
		堆场	堆场名称、主要堆放物品名称、总储量、最大堆高、堆场平面图（含消防车道、防火间距）
		储罐	储罐区名称、储罐类型（指地上、地下、立式、卧式、浮顶、固定顶等）、总容积、最大单罐容积及高度、储存物名称、性质和形态、储罐区平面图（含消防车道、防火间距）
		装置	装置区名称、占地面积、最大高度、设计日产量、主要原料、主要产品、装置区平面图（含消防车道、防火间距）
3	单位（场所）内消防安全重点部位信息		重点部位名称、所在位置、使用性质、建筑面积、耐火等级、有无消防设施、责任人姓名、身份证号码及电话
4	室内、外消防设施信息	火灾自动报警系统	设置部位、系统形式、维保单位名称、联系电话；控制器（含火灾报警、消防联动、可燃气体报警、电气火灾监控等）、探测器（含火灾探测、可燃气体探测、电气火灾探测等）、手动报警按钮、消防电气控制装置等的类型、型号、数量、制造商；火灾自动报警系统图
		消防水源	市政给水管网形式（指环状、支状）及管径、市政管网向建（构）筑物供水的进水管数量及管径、消防水池位置及容量、屋顶水箱位置及容量、其他水源形式及供水量、消防泵房设置位置及水泵数量、消防给水系统平面布置图
		室外消火栓	室外消火栓管网形式（指环状、支状）及管径、消火栓数量、室外消火栓平面布置图
		室内消火栓系统	室内消火栓管网形式（指环状、支状）及管径、消火栓数量、水泵接合器位置及数量、有无与本系统相连的屋顶消防水箱
		自动喷水灭火系统（含雨淋、水幕）	设置部位、系统形式（指湿式、干式、预作用，开式、闭式等）、报警阀位置及数量、水泵接合器位置及数量、有无与本系统相连的屋顶消防水箱、自动喷水灭火系统图

表 B.1（续）

序号	名称		内容
4	室内、外消防设施信息	水喷雾（细水雾）灭火系统	设置部位、报警阀位置及数量、水喷雾（细水雾）灭火系统图
		气体灭火系统	系统形式（指有管网、无管网，组合分配、独立式，高压、低压等）、系统保护的防护区数量及位置、手动控制装置的位置、钢瓶间位置、灭火剂类型、气体灭火系统图
		泡沫灭火系统	设置部位、泡沫种类（指低倍、中倍、高倍，抗溶、氟蛋白等）、系统形式（指液上、液下，固定、半固定等）、泡沫灭火系统图
		干粉灭火系统	设置部位、干粉储罐位置、干粉灭火系统图
		防烟排烟系统	设置部位、风机安装位置、风机数量、风机类型、防烟排烟系统图
		防火门及卷帘	设置部位、数量
		消防应急广播	设置部位、数量、消防应急广播系统图
		应急照明及疏散指示系统	设置部位、数量、应急照明及疏散指示系统图
		消防电源	设置部位、消防主电源在配电室是否有独立配电柜供电、备用电源形式（市电、发电机、EPS 等）
		灭火器	设置部位、配置类型（指手提式、推车式等）、数量、生产日期、更换药剂日期
5	消防设施定期检查及维护保养信息		检查人姓名、检查日期、检查类别（指日检、月检、季检、年检等）、检查内容（指各类消防设施相关技术规范规定的内容）及处理结果，维护保养日期、内容
6	日常防火巡查记录	基本信息	值班人员姓名、每日巡查次数、巡查时间、巡查部位
		用火用电	用火、用电、用气有无违章情况
		疏散通道	安全出口、疏散通道、疏散楼梯是否畅通，是否堆放可燃物；疏散走道、疏散楼梯、顶棚装修材料是否合格
		防火门、防火卷帘	常闭防火门是否处于正常工作状态，是否被锁闭；防火卷帘是否处于正常工作状态，防火卷帘下方是否堆放物品影响使用
		消防设施	疏散指示标志、应急照明是否处于正常完好状态；火灾自动报警系统探测器是否处于正常完好状态；自动喷水灭火系统喷头、末端放（试）水装置、报警阀是否处于正常完好状态；室内、室外消火栓系统是否处于正常完好状态；灭火器是否处于正常完好状态
7	火灾信息		起火时间、起火部位、起火原因、报警方式（指自动、人工等）、灭火方式（指气体、喷水、水喷雾、泡沫、干粉灭火系统，灭火器，消防队等）

附 录 6

建筑消防设施的维护管理

1 范围

本标准规定了建筑消防设施维护管理的内容、方法和要求。

本标准适用于在用建筑消防设施的维护管理。

2 规范性引用文件

下列文件中的条款通过本标准的引用而成为本标准的条款。凡是注日期的引用文件，其随后所有的修改单（不包括勘误的内容）或修订版均不适用于本标准，然而，鼓励根据本标准达成协议的各方研究是否可使用这些文件的最新版本。凡是不注日期的引用文件，其最新版本适用于本标准。

GB/T 14107 消防基本术语（第 2 部分）

GA 503 建筑消防设施检测技术规程

GA 767 消防控制室通用技术条件

3 术语和定义

GB/T 14107 确定的以下及下列术语和定义适用于本标准。

3.1 巡查 exterior inspection

对建筑消防设施直观属性的检查。

3.2 检测 test

依照相关标准，对各类建筑消防设施的功能进行测试性的检查。

4 总则

4.1 建筑消防设施的维护管理包括值班、巡查、检测、维修、保养、建档等工作。

4.2 建筑物的产权单位或受其委托管理建筑消防设施的单位，应当明确建筑消防设施的维护管理归口部门、管理人员及其工作职责，建立建筑消防设施值班、巡查、检测、维修、保养、建档等制度，确保建筑消防设施正常运行。

4.3 同一建筑物有两个以上产权、使用单位的，应明确建筑消防设施的维护管理责任，对建筑消防设施实行统一管理，并以合同方式约定各自的权利与义务。委托物业等单位统一管理的，物业等单位应严格按合同约定履行建筑消防设施维护管理职责，建立建筑消防设施值班、巡查、检测、维修、保养、建档等制度，确保管理区域内的建筑消防设施正常运行。

4.4 建筑消防设施维护管理单位应与消防设备生产厂家、消防设施施工安装企业等有维修、保养能力的单位签订消防设施维修、保养合同。维护管理单位自身有维修、保养能力的，应明确维修、保养职能部门和人员。

4.5 建筑消防设施投入使用后，应处于正常工作状态。建筑消防设施的电源开关、管道阀门，均应处于正常运行位置，并标示开、关状态；对需要保持常开或常闭状态的阀门，应采取铅封、标识等限位措施；对具有信号反馈功能的阀门，其状态信号反馈到消防控制室；消防设施及其相关设备电气控制柜具有控制方式转换装置的，其所控制方式宜反馈至消防控制室。

4.6 严禁擅自关停消防设施。值班、巡查、检测时发现故障，应及时组织修复。因故障维修等原因需要暂时停用消防系统的，应有确保消防安全的有效措施，并经单位消防安全责任人批准。

4.7 城市消防远程监控系统联网用户，应按规定协议向监控中心发送建筑消防设施运行状态信息和消防安全管理信息。

5 值班

5.1 设有建筑消防设施的单位应根据消防设施操作使用要求制定操作规程，明确操作人员。

5.1.1 负责消防设施操作的人员应通过消防行业特有工种职业技能鉴定，持有初级技能以上等级的职业资格证书，能熟练操作消防设施。消防控制室、具有消防配电功能的配电室、消防水泵房、防排烟机房等重要的消防设施操作控制场所，应根据工作、生产、经营特点建立值班制度，确保火灾情况下有人能按操作规程及时、正确操作建筑消防设施。

5.1.2 单位制定灭火和应急疏散预案以及组织预案演练时，应将建筑消防设施的操作内容纳入其中，对操作过程中发现的问题应及时纠正。

5.2 消防控制室值班时间和人员应符合以下要求：

a）实行每日24h值班制度。值班人员应通过消防行业特有工种职业技能鉴定，持有初级技能以上等级的职业资格证书。

b）每班工作时间不大于8h，每班人员不少于2人。值班人员对火灾报警控制器进行检查、接班、交班时，应填写《消防控制值班记录表》（见附录A中表A.1）相关内容。值班期间每2h记录一次消防控制室内消防设备的运行情况，及时记录消防控制室内消防设备的火警或故障情况。

c）正常工作状态下，严禁将自动喷水灭火系统、防烟排烟系统和联动控制的防火卷帘等防火分隔设施设置在手动控制状态。其他消防设施及其相关设备如设置在手动状态时，应有在火灾情况下迅速将手动控制转换为自动控制的可靠措施。

5.3 消防控制室值班人员接到报警信号后，应按下列程序进行处理：

a）接到火灾报警信息后，应以最快方式确认；

b）确认属于误报时，查找误报原因并填写《建筑消防设施故障维修记录表》（见附录 B 中表 B.1）；

c）火灾确认后，立即将火灾报警联动控制开关转入自动状态（处于自动状态的除外），同时拨打“119”火警电话报警；

d）立即启动单位内部灭火和应急疏散预案，同时报告单位消防安全责任人。单位消防安全责任人接到报告后应立即赶赴现场。

5.4 消防控制室的安全管理信息、控制及显示要求应满足 GA 767 的规定。

6 巡查

6.1 一般要求

6.1.1 建筑消防设施的巡查应由归口管理消防设施的部门或单位实施，也可以按照工作、生产、经营的实际情况，将巡查的职责落实到相关工作岗位。

6.1.2 从事建筑消防设施巡查的人员，应通过消防行业特有工种职业技能鉴定，持有初级技能以上等级的职业资格证书；

6.1.3 建筑消防设施巡查应明确各类建筑消防设施的巡查部位、频次和内容。巡查时应填写《建筑消防设施巡查记录表》（见附录 C 中表 C.1）。巡查时发现故障，应按本标准第 8 章要求处理。

6.1.4 建筑消防设施巡查频次应满足下列要求：

a）公共娱乐场所营业时，应结合公共娱乐场每 2h 巡查一次的要求，视情况将建筑消防设施的巡查部分或全部纳入其中，但全部建筑消防设施应保证每日至少巡查一次。

b）消防安全重点单位，每日巡查一次；

c）其他单位，每周至少巡查一次。

6.2 巡查内容

6.2.1 消防供配电设施的巡查内容见附录 C 表 C.1 中“消防供配电设施”部分。

6.2.2 火灾自动报警系统的巡查内容见附录 C 表 C.1 中“火灾自动报警系统”部分。

6.2.3 电气火灾监控系统的巡查内容见附录 C 表 C.1 中“电气火灾监控系统”部分。

6.2.4 可燃气体探测报警系统的巡查内容见附录 C 表 C.1 中“可燃气体探测报警

系统”部分。

6.2.5　消防水源及供水设施的巡查内容见附录C表C.1中“消防水源及供水设施”部分。

6.2.6　消火栓（消防炮）灭火系统的巡查内容见附录C表C.1中“消火栓（消防炮）灭火系统”部分。

6.2.7　自动喷水灭火系统的巡查内容见附录C表C.1中“自动喷水灭火系统”部分。

6.2.8　泡沫灭火系统的巡查内容见附录C表C.1中“泡沫灭火系统”部分。

6.2.9　气体灭火系统的巡查内容见附录C表C.1中“气体灭火系统”部分。

6.2.10　防烟排烟系统的巡查内容见附录C表C.1中“防烟排烟系统”部分。

6.2.11　应急照明和疏散指示标志的巡查内容见附录C表C.1中“应急照明和疏散指示标示”部分。

6.2.12　应急广播系统的巡查内容见附录C表C.1中“应急广播系统”部分。

6.2.13　消防专用电话的巡查内容见附录C表C.1中“消防专用电话”部分。

6.2.14　防火分隔设施的巡查内容见附录C表C.1中“防火分隔设施”部分。

6.2.15　消防电梯的巡查内容见附录C表C.1中“消防电梯”部分。

6.2.16　细水雾灭火系统的巡查内容见附录C表C.1中“细水雾灭火系统”部分。

6.2.17　干粉灭火系统的巡查内容见附录C表C.1中“干粉灭火系统”部分。

6.2.18　灭火器的巡查内容见附录C表C.1中“灭火器”部分。

6.2.19　其他需要巡查的内容见附录C表C.1中“其他需要检查的内容”部分。单位也可根据实际情况，参考附录C表C.1的样式，自行制定有关消防安全巡查记录表。

7　检测

7.1　一般要求

7.1.1　建筑消防设施应每年至少检测一次，检测对象包括全部系统设备、组件等。设有自动消防系统的宾馆、饭店、商场、市场、公共娱乐场所等人员密集场所、易燃易爆单位以及其他一类高层公共建筑等消防安全重点单位，应自系统投入运行后每一年底前，将年度检测记录报当地公安机关消防机构备案。在重大节日、重大活动前或者期间，应根据当地公安机关消防机构的要求对建筑消防设施进行检测。

7.1.2　人事建筑消防设施检测的人员，应当通过消防行业特有工种职业技能鉴定，持有高级技能以上等级职业资格证书。

7.1.3　建筑消防设施检测应按GA 503的要求进行，并如实填写《建筑消防设施检测记录表》（见附录D中表D.1）的相关内容。

7.2 检测内容

7.2.1 消防供配电设施的检测内容见附录 D 表 D.1 中“消防供配电设施”部分。

7.2.2 火灾自动报警系统的检测内容见附录 D 表 D.1 中“火灾自动报警系统”部分。

7.2.3 电气火灾监控系统的检测内容见附录 D 表 D.1 中“电气火灾监控系统”部分。

7.2.4 消防供配电设施的检测内容见附录 D 表 D.1 中“消防供配电设施”部分。

7.2.5 消防供水设施的检测内容见附录 D 表 D.1 中“消防供水设施”部分。

7.2.6 消火栓（消防炮）系统的检测内容见附录 D 表 D.1 中“消火栓（消防炮）灭火系统”部分。

7.2.7 自动喷水灭火系统的检测内容见附录 D 表 D.1 中“自动喷水灭火系统”部分。

7.2.8 泡沫灭火系统的检测内容见附录 D 表 D.1 中“泡沫灭火系统”部分。

7.2.9 气体灭火系统的检测内容见附录 D 表 D.1 中“气体灭火系统”部分。

7.2.10 防烟排烟系统的检测内容见附录 D 表 D.1 中“防烟和排烟设施”部分。

7.2.11 应急照明系统的检测内容见附录 D 表 D.1 中“应急照明系统”部分。

7.2.12 消防应急广播系统的检测内容见附录 D 表 D.1 中“消防应急广播系统”部分。

7.2.13 消防专用电话的检测内容见附录 D 表 D.1 中“消防专用电话”部分。

7.2.14 防火分隔设施的检测内容见附录 D 表 D.1 中“防火分隔设施”部分。

7.2.15 消防电梯的检测内容见附录 D 表 D.1 中“消防电梯”部分。

7.2.16 细水雾灭火系统的检测内容见附录 D 表 D.1 中“细水雾灭火系统”部分。

7.2.17 干粉灭火系统的检测内容见附录 D 表 D.1 中“干粉灭火系统”部分。

7.2.18 灭火器的检测内容见附录 D 表 D.1 中“灭火器”部分。

7.2.19 其他需要检测的内容见附录 D 表 D.1 中“其他需要检查的内容”部分。从事检测工作的单位也可根据实际情况，参考附录 D 表 D.1 的样式，自行制定有关消防安全检测记录表。

8 维修

8.1 从事建筑消防设施维修的人员，应当通过消防行业特有工种职业技能鉴定，持有技师以上等级职业资格证书。

8.2 值班、巡查、检测、灭火演练中发现建筑消防设施存在问题和故障的，相关人员应填写《建筑消防设施故障维修记录表》，并向单位消防安全管理人报告。

8.3 单位消防安全管理人对建筑消防设施存在的问题和故障，应立即通知维修人员进行维修。维修期间，应采取确保消防安全的有效措施。故障排除后应进行相应功能试验并经单位消防安全管理人检查确认。维修情况应记入《建筑消防设施故障维修记录表》。

9　保养

9.1　一般规定

9.1.1　建筑消防设施维护保养应制定计划，列明消防设施的名称、维护保养的内容和周期（见附录 E 中表 E.1）。

9.1.2　从事建筑消防设施保养的人员，应通过消防行业特有工种职业技能鉴定，持有高级技能以上等级职业资格证书。

9.1.3　凡依法需要计量检定的建筑消防设施所用称重、测压、测流量等计量仪器仪表以及泄压阀、安全阀等，应按有关规定进行定期校准并提供有效证明文件。单位应储备一定数量的建筑消防设施易损件或与有关产品厂家、供应商签订相关合同，以保证供应。

9.1.4　实施建筑消防设施的维护保养时，应填写《建筑消防设施维修保养记录表》（见附录 E 中 E.2）并进行相应功能试验。

9.2　保养内容

9.2.1　对易污染、易腐蚀生锈的消防设备、管道、阀门应定期清洁、除锈、注润滑剂。

9.2.2　点型感烟火灾探测器应根据产品说明书的要求定期清洗、标定；产品说明书没有明确要求的，应每 2 年清洗、标定一次。可燃气体探测器应根据产品说明书的要求定期进行标定。火灾探测器、可燃气体探测器的标定应由生产企业或具有资质的检测机构承担。承担标定的单位应出具标定记录。

9.2.3　储存灭火剂和驱动气体的压力容器应按有关气瓶安全监察规程的要求定期进行试验、标识。

9.2.4　泡沫、干粉等灭火剂应按产品说明书委托有资质单位进行包括灭火性能在内的测试。

9.2.5　以蓄电池作为后备电源的消防设备，应按照产品说明书的要求定期对蓄电池进行维护。

9.2.6　其他类型的消防设备应按照产品说明书的要求定期进行维护保养。

9.2.7　对于使用周期超过产品说明书标识寿命的易损件、消防设备，以及经检查测试已不能正常使用的火灾探测器、压力容器、灭火剂等产品设备应及时更换。

10　档案

10.1　内容

建筑消防设施档案应包含建筑消防设施基本情况和动态管理情况。基本情况包括建筑消防设施的验收文件和产品、系统使用说明书、系统调试记录、建筑消防设施平面布置图、建筑消防设施系统图等原始技术资料。动态管理情况包括建筑消防设施的值班记录、巡查记录、检测记录、故障维修记录以及维护保养计划表、维护保养记录、自动消防控制室值班人员基本情况档案及培训记录。

10.2 保存期限

10.2.1 建筑消防设施的原始技术资料应长期保存。

10.2.2 《消防控制室值班记录表》和《建筑消防设施巡查记录表》的存档时间不应少于 1 年。

10.2.3 《建筑消防设施检测记录表》、《建筑消防设施故障维修记录表》、《建筑消防设施维护保养计划表》、《建筑消防设施维护保养记录表》的存档时间不应少于 5 年。

附　录　A

（规范性附录）

消防控制室值班记录表

消防控制室值班记录表见表 A.1。

表 A.1　消防控制室值班记录表　　序号：________

<table>
<tr><td colspan="7">火灾报警控制器运行情况</td><td colspan="5">控制室内其他消防系统运行情况</td><td rowspan="3">报警、故障部位、原因及处理情况</td><td colspan="6">值班情况</td></tr>
<tr><td rowspan="2">正常</td><td rowspan="2">故障</td><td colspan="2">火警</td><td rowspan="2">故障报警</td><td rowspan="2">监管报警</td><td rowspan="2">漏报</td><td rowspan="2">消防系统及其相关设备名称</td><td colspan="3">控制状态</td><td>运行状态</td><td>值班员</td><td></td><td>值班员</td><td></td><td>值班员</td><td></td></tr>
<tr><td>火警</td><td>误报</td><td>自动</td><td>手动</td><td>正常</td><td>故障</td><td>时段</td><td>～</td><td>时段</td><td>～</td><td>时段</td><td>～</td></tr>
<tr><td colspan="13"></td><td colspan="6">时间记录</td></tr>
<tr><td></td><td></td><td></td><td></td><td></td><td></td><td></td><td></td><td></td><td></td><td></td><td></td><td></td><td></td><td></td><td></td><td></td><td></td><td></td></tr>
<tr><td></td><td></td><td></td><td></td><td></td><td></td><td></td><td></td><td></td><td></td><td></td><td></td><td></td><td></td><td></td><td></td><td></td><td></td><td></td></tr>
<tr><td></td><td></td><td></td><td></td><td></td><td></td><td></td><td></td><td></td><td></td><td></td><td></td><td></td><td></td><td></td><td></td><td></td><td></td><td></td></tr>
<tr><td colspan="2" rowspan="6">火灾报警控制器日检查情况记录</td><td colspan="2" rowspan="2">火灾报警控制器型号</td><td colspan="9">检查内容</td><td colspan="2" rowspan="2">检查时间</td><td colspan="2" rowspan="2">检查人</td><td colspan="2" rowspan="2">故障及处理情况</td></tr>
<tr><td colspan="3">自检</td><td>消音</td><td colspan="2">复位</td><td colspan="2">主电源</td><td>备用电源</td></tr>
<tr><td></td><td></td><td colspan="3"></td><td></td><td colspan="2"></td><td colspan="2"></td><td></td><td colspan="2"></td><td colspan="2"></td><td></td><td></td></tr>
<tr><td></td><td></td><td colspan="3"></td><td></td><td colspan="2"></td><td colspan="2"></td><td></td><td colspan="2"></td><td colspan="2"></td><td></td><td></td></tr>
<tr><td></td><td></td><td colspan="3"></td><td></td><td colspan="2"></td><td colspan="2"></td><td></td><td colspan="2"></td><td colspan="2"></td><td></td><td></td></tr>
<tr><td></td><td></td><td colspan="3"></td><td></td><td colspan="2"></td><td colspan="2"></td><td></td><td colspan="2"></td><td colspan="2"></td><td></td><td></td></tr>
</table>

注 1：交接班时，接班人员对火灾报警控制器进行日检查后，如实填写火灾报警控制器日检查情况记录；值班期间按规定时限、异常情况出现时间如实填写运行情况栏内相应内容，填写时，在对应项目栏中打“√”；存在问题或故障的，在报警、故障部位、原因及处理情况栏中填写详细信息；

注 2：对发现的问题应及时处理，当场不能处置的要填报《建筑消防设施故障维修记录表》，将处理记录表序号填入“故障及处理情况”栏；

注 3：本表为样表，使用单位可根据火灾报警控制器数量、其他消防系统及相关设备数量及值班时段制表。

消防安全责任人或消防安全管理人（签字）：

附 录 B

（规范性附录）

建筑消防设施故障维修记录表

建筑消防设施故障维修记录见表 B.1。

表 B.1 建筑消防设施故障维修记录表 序号：

故障情况				故障维修情况						故障排除确认
发现时间	发现人签名	故障部位	故障情况描述	是否停用系统	是否报消防部门备案	安全保护措施	维修时间	维修人员（单位）	维修方法	

注 1：“故障情况”由值班、巡查、检测、灭火演练时的当事者如实填写；

注 2：“故障维修情况”中因维修故障需要停用系统的由单位消防安全责任人在“是否停用系统”栏签字；停用系统超过 24 小时的，单位消防安全责任人在“是否报消防部门备案”及“安全保护措施”栏如实填写；其他信息由维护人员（单位）如实填写；

注 3：“故障排除情况”由单位消防安全管理人在确认故障排除后如实填写并签字；

注 4：本表为样表，单位可根据建筑消防设施实际情况制表。

附　录　C

（规范性附录）

建筑消防设施巡查记录表

建筑消防设施巡查记录表见表 C.1。

表 C.1　建筑消防设施巡查记录表　　　　序号：

巡查项目	巡查内容	巡查情况					
		部位	数量	正常	故障及处理		
					故障描述	当场处理情况	报修情况
消防供配电设施	消防电源主电源、备用电源工作状态						
	发电机启动装置外观及工作状态、发电机燃料储量、储油间环境						
	消防配电房、UPS 电池室、发电机房环境						
	消防设备末端配电箱切换装置工作状态						
火灾自动报警系统	火灾探测器、手动报警按钮、信号输入模块、输出模块外观及运行状态						
	火灾报警控制器、火灾显示器、CRT 图形显示器运行状况						
	消防联动控制器外观及运行状况						
	火灾报警装置外观						
	建筑消防设施远程监控、信息显示、信息传输装置外观及运行状况						
	系统接地装置外观						
电气火灾监控系统	电气火灾监控探测器的外观及工作状态						
	报警主机外观及运行状态						
可燃气体探测报警系统	可燃气体探测器的外观及工作状态						
	报警主机外观及运行状态						
消防供水设施	消防水池、消防水箱外观，液位显示装置外观及运行状况，天然水源水位、水量、水质情况，进户管外观						
	消防水泵及控制柜工作状态						

巡查项目	巡查内容	巡查情况					
		部位	数量	正常	故障及处理		
					故障描述	当场处理情况	报修情况
消防供水设施	稳压泵、增压泵、气压水罐及控制柜工作状态						
	水泵接合器外观、标识						
	系统减压、泄压装置、测试装置、压力表等外观及运行状况						
	管网控制阀门启闭状态						
	泵房照明、排水等工作环境						
消火栓（消防炮）灭火系统	室内消火栓、消防卷盘外观及配件完整情况						
	屋顶试验消火栓外观及配件完整情况、压力显示装置外观及状态显示						
	室外消火栓外观、地下消火栓标识、栓井环境						
	消防炮、炮塔、现场火灾探测控制装置、回旋装置等外观及周边环境						
	启泵按钮外观						
自动喷火灭火系统	喷头外观及距周边障碍物或保护对象的距离						
	报警阀组外观、试验阀门状况、排水设施状况、压力显示值						
	充气设备及控制装置、排气设备及控制装置、火灾探测传动及现场手动控制装置外观及运行状况						
	楼层或区域末端试验阀门处压力值及现场环境，系统末端试验装置外观及现场环境						
泡沫灭火系统	泡沫喷头外观及距周边障碍物或保护对象距离						
	泡沫消火栓、泡沫炮、泡沫产生器、泡沫比例混合器外观						
	泡沫液贮罐外观及罐间环境，泡沫液有效期及储存量						
	控制阀门外观、标识，管道外观、标识						
	火灾探测传动控制、现场手动控制装置外观、运行状况						

巡查项目	巡查内容	巡查情况					
		部位	数量	正常	故障及处理		
					故障描述	当场处理情况	报修情况
泡沫灭火系统	泡沫泵及控制柜外观及运行状况						
	冷却水系统的巡查内容可参考本标准第 6.2.7 条						
气体灭火系统	气体灭火控制器外观、工作状态						
	储瓶间环境，气体瓶组成储罐外观，检漏装置外观、运行状况						
	容器阀、选择阀、驱动装置等组件外观						
	紧急启 / 停按钮外观，喷嘴外观、防护区状况						
	预制灭火装置外观、设置位置、安全阀等组件外观、运行状况						
	放气指示灯及警报器外观						
	低压二氧化碳系统制冷装置、控制装置、安全阀等组件外观、运行状况						
防烟、排烟系统	送风阀外观						
	送风机及控制柜外观及工作状态						
	挡烟垂壁及其控制装置外观及工作状况、排烟阀及其控制装置外观						
	电动排烟窗、自然排烟设施外观						
	排烟机及控制柜外观及工作状况						
	送风、排烟机房环境						
应急照明和疏散指示标志	应急灯具外观、工作状态						
	疏散指示标志外观、工作状态						
	集中供电型应急照明灯具、疏散指示标志灯外观、工作状况，集中电源工作状态						
	字母型应急照明灯具、疏散指示灯标志灯外观，工作状态						

巡查项目	巡查内容	巡查情况					
		部位	数量	正常	故障及处理		
					故障描述	当场处理情况	报修情况
应急广播系统	扬声器外观						
	功放、卡座、分配盘外观及工作状态						
消防专用电话	消防电话主机外观、工作状况						
	分机电话外观，电话插孔外观，插孔电话机外观						
防火分隔设施	防火窗外观及固定情况						
	防火门外观及配件完整性，防火门启闭状况及周围环境						
	电动型防火门控制装置外观及工作状况						
	防火卷帘外观及配件完整性，防火卷帘控制装置外观及工作状况						
	防火墙外观、防火阀外观及工作状况						
	防火封堵外观						
消防电梯	紧急按钮外观，轿厢内电话外观						
	电梯井排水设施外观及工作状况						
	消防电梯工作状况						
细水雾灭火系统	灭火控制器工作状态，火灾探测部分巡查内容见本标准第 6.2.2 条						
	储气瓶和储水瓶（或储水罐）外观、工作环境						
	高压泵组、稳压泵外观及工作状态，末端试水状置压力值（闭式系统）						
	紧急启 / 停按钮、释放指示灯、报警器、喷头、分区控制阀等组件外观						
	防护区状况						

巡查项目	巡查内容	巡查情况					
		正常	数量	正常	故障及处理		
					故障描述	当场处理情况	报修情况
干粉灭火系统	灭火控制器工作状态，火灾探测部分巡查内容见本标准第 6.2.2 条						
	设备储存间环境、驱动气瓶和灭火剂储存装置外观						
	选择阀、驱动装置等组件外观						
	紧急启 / 停按钮、放气指示灯、警报器、喷嘴外观						
	防护区状况						
灭火器	灭火器外观						
	灭火器数量						
	灭火器压力表、维修标示						
	设置位置状况						
其他巡查内容	消防车道、疏散楼梯、疏散走道畅通情况、逃生自救设施配置及完好情况，消防安全标示使用情况，用火用电管理情况等						
巡查人（签名）		年　月　日					
消防安全责任人或消防安全管理人（签名）		年　月　日					
备注							

注 1：情况正常打“√”，存在问题或故障的应填写“故障及处理”栏中相关内容；

注 2：对发现的问题和故障应及时处理，当场不能处置的要填报《建筑消防设施故障维修记录表》；

注 3：本表为样表，单位可根据建筑消防设施实际情况和巡查时间段分系统、分部位制表。

附 录 D

（规范性附录）

建筑消防设施检测记录表

建筑消防设施检测记录表见表 D.1。

表 D.1 建筑消防设施检测记录表

检测项目		检测内容	实测记录	故障记录及处理		
				故障描述	当场处理情况	报修情况
消防供电配电	消防配电柜（箱）	试验主、备电切换功能；消防电源主、备电源供电能力测试				
	自备发电机组	试验发电机自动、手动启动功能，试验发电机启动电源充、放电功能				
	应急电源	试验应急电源充、放电功能				
	储油设施	核对储油量				
	联动试验	试验非消防电源的联动切断功能				
火灾报警系统	火灾控测器	试验报警功能				
	手动报警按钮	试验报警功能				
	监管装置	试验监管装置报警功能，屏蔽信息显示功能				
	警报装置	试验警报功能				
	报警控制器	试验火警报警、故障报警、火警优先、打印机打印、自检、消音等功能，火灾显示盘和 CRT 显示器的报警，显示功能				
	消防联动控制器	试验联动控制器及控制模场的手动、自动联动控制功能，试验控制器显示功能，试验电源部分主、备电源切换功能，备用电源充、放电功能				
	远程监控系统	核对储水量，自动进水阀进水功能，试验电源部分主、备电源切换，备用电源充、放电功能				
消防供水设施	消防水池	核对储水量、自动进水阀进水功能，液位检测装置报警功能				
	消防水箱	核对储水量、自动进水阀进水功能、模拟消防水箱出水，测试消防水箱供水能力、液位检测装置报警功能				

检测项目		检测内容	实测记录	故障记录及处理		
				故障描述	当场处理情况	报修情况
消防供水设施	稳（增）压泵及气压水罐	模拟系统渗漏，测试稳压泵、增压泵及气压水罐稳压、增压能力，自动启泵、停泵及联动启动主泵的压力工况，主、备泵切换功能				
	消防水泵及控制柜	试验手动 / 自动启泵功能和主、备泵切换功能，利用测试装置测试消防泵供水时的流量和压力				
	水泵接合器	利用消防车或机动泵测试其供水能力				
	阀门	试验控制阀门启闭功能、减压装置减压功能				
消火栓（消防炮）灭火系统	室内消火栓	试验屋顶消火栓出水压力、静压及水质，测试室内消火栓静压				
	消防水喉	射水试验				
	室外消火栓	试验室外消火栓出水及静压				
	消防炮	试验消防炮手动、遥控操作功能，试验手动按钮启泵功能、消防炮出水功能				
	启泵按钮	试验远距离启泵功能及信号指示功能				
	联动控制功能	自动方式下，分别利用远路离启泵按钮、消防联动控制盘控制按钮启动消防水泵，测试最不利点消火栓、消防炮出水压力及流量；具有火灾探测控制功能的消防炮系统，应模拟自动启动				
自动喷水系统	报警阀组	试验报警阀组试验排放阀排水功能，压力开关、水力警铃报警功能				
	末端试水装置	试验末端放水测试工作压力、水流指示器、压力开关动作信号、水质情况，楼层末端试验阀功能试验				
	水流指示器	核对反馈信号				
	探测、控制装置	测试火灾探测传动装置的火灾探测及控制功能、手动控制装置控制功能				
	充、排气装置	测试充气、排气装置充、排气功能				
	联动控制功能	在系统末端放水或排气，进行系统联动功能试验，测试水流指示器、压力开关、水力警铃报警功能；具有火灾探测传动功能应模拟系统自动启动				

检测项目		检测内容	实测记录	故障记录及处理		
				故障描述	当场处理情况	报修情况
泡沫灭火系统	泡沫液储罐	核对泡沫液有效期和储存量				
	泡沫栓、泡沫喷头、泡沫产生器	试验出水或出泡沫功能				
	泡沫泵	手动 / 自动启动主、备泵切换功能；阀门启闭功能及信号反馈功能				
	联动控制功能	具有火灾探测传动控制装置的泡沫灭火系统，应结合泡沫灭火剂到期更换进行系统自动启动，测试泡沫消火栓、泡沫喷头、泡沫产生器出泡沫功能，泡沫比例混合器混合配比功能，泡沫泵、水泵供泡沫液、供水能力				
	自吸液泡沫消火栓、移动泡沫产生装置、喷淋冷却系统	测试吸液出泡沫功能；喷淋冷却系统检测内容同本标准第 7.2.7 条				
气体灭火系统	瓶组与储罐	核对灭火剂储存量主、备瓶组切换试验				
	检漏装置	测试称重、检漏报警功能				
	紧急启 / 停功能	测试紧急启动 / 停止按钮的紧急功能				
	启动装置、选择阀	测试启动装置、选择阀手动启动功能				
	联动控制功能	以自动方式进行模拟喷气试验，检验系统报警、联动功能				
	通风换气设备	测试通风换气功能				
	备风瓶切换	测试主、备瓶组切换功能				
机械加压送风系统	送风口	测试手动 / 自动开启功能				
	送风机	测试手动 / 自动启动、停止功能				
	送风量、风速、风压	测试最大负荷状态下，系统送风量、风速、风压				
	联动控制功能	通过报警联动，检查防火阀、送风自动开启和启动功能				

检测项目		检测内容	实测记录	故障记录及处理		
				故障描述	当场处理情况	报修情况
机械排烟系统	自然排烟设施	测试自然排烟窗的开启面积、开启方式				
	排烟阀、电动排烟窗、电动挡烟垂壁、排烟防火阀	测试排烟阀、电动排烟窗手动 / 自动开启功能，测试挡烟垂壁的释放功能，测试排烟防火阀的动作性能				
	排烟风机	测试手动 / 自动启动、排烟防火阀联动停止功能				
	排烟风量、风速	测试最大负荷状态下，系统排烟风量、风速				
	联动控制功能	通过报警联动，检查电动挡烟垂壁、电动排烟阀、电动排烟窗的功能，检查排烟风机的性能				
应急照明系统		切断正常供电，测量应急灯具照度，电源切换、充电、放电功能；测试应急电源的供电时间；通过报警联动，检查应急灯具自动投入功能				
应急广播系统	扬声器	测试音量、音质				
	功放、卡座、分配盘	测试卡座的播音、录音功能，测试功放的扩音功能，测试分配盘的选层广播功能，测试合用广播系统应急强制切换功能，测试主、备扩音机切换功能				
	联动控制功能	通过报警联动，检查合用广播系统应急强制切换功能、扬声器播音质量及音量，卡座录音功能，分配盘分区及选层广播功能				
消防专用电话		测试消防电话机与电话分机、插队孔电话之间通话质量；电话主机录音功能；拨打“119”功能				
防火分隔	防火门	试验非电动防火门的启闭功能及密封性能，测试电动防火门自动，现场释放功能及信号反馈功能，通过报警联动，检查电动防火门释放功能、喷水冷却装置的联动启动功能				
	防火卷帘	试验防火卷帘的手动、机械应急和自动控制功能、信号反馈功能、封闭性能，通过报警联动，检查防火卷帘门自动释放功能及喷水冷却装置的联动启动功能，测试有延时功能的防火卷帘的延时时间、声、光指示				

检测项目		检测内容	实测记录	故障记录及处理		
				故障描述	当场处理情况	报修情况
防火分隔	电动防火阀	通过报警联动，检查电动防火阀的关闭功能及密封性				
消防电梯		测试首层按钮控制电梯回首层功能、消防电梯应急操作功能、电梯轿厢内消防电话通话质量、电梯井排水设备排水功能，通过报警联动，检查电梯自动迫降功能				
细水雾灭火系统		测试泵式细水雾灭火系统启动装置的启动性能、减压装置减压性能、喷头喷雾性能				
		测试泵式细水雾灭火系统手动 / 自动启、停泵功能，主、备有关方面切换功能，喷头喷雾性能				
		测试分区控制阀的手动 / 自动控制功能，具有火灾探测控制系统的，应模拟自动控制功能				
		通过报警联动，检验开式细水雾灭火系统控制功能，进行模拟喷放细水雾试验				
		通过末端放水，测试闭式细水雾灭火系统联动功能，测试水流指示器报警功能，压力开关报警功能				
干粉灭火系统		测试驱动气瓶压力和干粉储存量；通过报警联动，模拟干粉喷放试验，检验系统功能				
灭火器		核对选型、压力和有效期对同批次的灭火器随机抽取一定数量进行灭火、喷射等性能试验				
其他设施		逃生自救设施性能				
检测人（签名）： 等级证书编号：　　年　月　日			检测结论： 检测单位（盖章）：　　年　月　日			
消防安全责任人或消防安全管理人（签名）：						

注 1：检测项目应满足设计资料、国家工程建设消防技术规范等的要求；

注 2：发现的问题或存在故障应在“故障及处理”栏中填写，并及时处置；当场不能处置的要填报《建筑消防设施故障维修记录表》；

注 3：本表为样表，单位可根据建筑消防设施实际情况分系统制表，参与系统检测的人员均应在检测人一栏如实填写个人基本信息。

附 录E

（规范性附录）

建筑消防设施维护保养表

建筑消防设施维护保养计划表见表 E.1，建筑消防设施维护保养计划表见表 E.2。

表 E.1 建筑消防设施维护保养计划表

序号： 日期：

序号	检查保养项目		保养内容	周期
1	消防水泵	外观清洁	擦洗，除污	1 个月
		泵中心轴	长期不用时，定期盘动	半个月
		主回路控回路	测试，检查，紧固	半年
		水泵	检查或更换盘根填料	半年
		机械润滑	加 0 号黄油	3 个月
2	管道		补漏，除锈，刷漆	半年
	阀门		加或更换盘根，补漏，除锈，刷漆，润滑	半年
备注：消防泵、喷淋泵、送风机、排烟机应定期试验				

注 1：本表为样表，单位可根据建筑消防设施的类别，分别制表，如消火栓系统维护保养计划表、自动喷水灭火系统维护保养计划表、气体灭火系统维护保养计划表等；

注 2：保养内容应根据设施、设备使用说明书，以及国家有关标准，结合单位自身使用情况，综合确定；

注 3：保养周期应根据设施、设备使用说明书，结合安装场所环境以及国家有关标准，综合确定。

消防安全责任人或消防安全管理人（签字）： 制订人：

审核人：

表 E. 2 建筑消防设施维护保养计划表

序号：　　　　日期：

设备名称	消防泵	设备参数	
		额定功率	
保养项目	保养完成情况		
擦洗，除污			
长期不用时，定期盘动			
测试，检查，紧固			
检查或更换盘根填料			
加 0 号黄油			
备注：			

注 1：本表为样表，单位可根据制定的建筑消防设施维护保养计划表确定的保养内容分别制表；

注 2：保养人员或单位应如实填写保养完成情况；

注 3：保养作业完成后，应作相应功能试验并确保试验正常；遇有故障，应及时填写《建筑消防设施故障维修记录表》。

消防安全责任人或消防安全管理人（签字）：　　　　　　　　保养人：

审核人：

附 录 7

重大火灾隐患判定方法

1 范围

本标准规定了重大火灾隐患的判定原则，提供了重大火灾隐患的判定方法。

本标准适用于在用工业与民用建筑（包括人民防空工程）及相关场所因违反或不符合消防法规而形成的重大火灾隐患的判定。

2 规范性引用文件

下列文件中的条款通过本标准的引用而成为本标准的条款。凡是注日期的引用文件，其随后所有的修改单（不包括勘误的内容）或修订版均不适用于本标准，然而，鼓励根据本标准达成协议的各方研究是否可使用这些文件的最新版本。凡是不注日期的引用文件，其最新版本适用于本标准。

GB/T 5907 消防基本术语 第一部分

GB 12268 危险货物品名表

GB 13690 常用危险化学品分类及标志

GB/T 14107 消防基本术语 第二部分

GB 50045 高层民用建筑设计防火规范

GB 50067 汽车库、修车库、停车场设计防火规范

GB 50074 石油库设计规范

GB 50084 自动喷水灭火系统设计规范

GB 50116 火灾自动报警系统设计规范

GB 50156 汽车加油加气站设计与施工规范

GB 50157 地铁设计规范

GB 50222 建筑内部装修设计防火规范

GBJ 16 建筑设计防火规范

3 术语和定义

GB/T 5907、GB 12268、GB 13690、GB/T 14107、 GB 50045、GB 50067、GB

50074、GB 50084、GB 50116、GB 50156、GB 50157、GB 50222、GBJ 16 确立的以及下列术语和定义适用于本标准。

3.1 重大火灾隐患 major fire potential

违反消防法律法规，可能导致火灾发生或火灾危害增大，并由此可能造成特大火灾事故后果和严重社会影响的各类潜在不安全因素。

3.2 公共娱乐场所 public entertainment occupancies

具有文化娱乐、健身休闲功能并向公众开放的室内场所。包括影剧院、录像厅、礼堂等演出、放映场所，舞厅、卡拉 OK 厅等歌舞娱乐场所，具有娱乐功能的夜总会、音乐茶座、酒吧和餐饮场所，游艺、游乐场所，保龄球馆、旱冰场、桑拿等娱乐、健身、休闲场所和互联网上网服务营业场所。

3.3 人员密集场所 assembly occupancies

人员聚集的室内场所。如：宾馆、饭店等旅馆，餐饮场所，商场、市场、超市等商店，体育场馆，公共展览馆、博物馆的展览厅，金融证券交易场所，公共娱乐场所，医院的门诊楼、病房楼，老年人建筑、托儿所、幼儿园，学校的教学楼、图书馆和集体宿舍，公共图书馆的阅览室，客运车站、码头、民用机场的候车、候船、候机厅（楼），人员密集的生产加工车间、员工集体宿舍等。

3.4 易燃易爆化学物品场所 place of flammable & explosive chemical materials

生产、储存、经营易燃易爆化学物品的场所，包括工厂、仓库、储罐（区）、专业商店、专用车站和码头，可燃气体贮备站、充装站、调压站、供应站，加油加气站等。

3.5 举高消防车作业场地 operating areas for ladder trucks

靠近建筑，供举高消防车停泊、实施灭火救援的操作场地。

3.6 重要场所 important places

发生火灾可能造成重大社会影响和经济损失的场所。如：国家机关，城市供水、供电、供气、供暖调度中心，广播、电视、邮政、电信楼，发电厂（站），省级及以上博物馆、档案馆及文物保护单位，重要科研单位中的关键建筑设施，城市地铁。

4 总则

4.1 重大火灾隐患的判定应根据实际情况选择直接判定或综合判定的方法，按照判定程序和步骤实施。

4.2 符合第 5 章任意一条要素且不符合 4.5 规定的，应直接判定为重大火灾隐患。

4.3 不符合第 5 章任意一条要素且不符合 4.5 规定的，应根据场所类型、重大火灾隐患的综合判定要素，按照 6.3 进行综合判定。符合 6.2 所列情形之一的应综合判定为重大火灾隐患。

4.4 对火灾可能造成的财产损失，应根据场所类型、存在重大火灾隐患要素的具体情形和发生火灾可能的过火面积，以及物品价值等进行综合分析评估。

4.5 下列任一种情形可不判定为重大火灾隐患：

a）可以立即整改的；

b）因国家标准修订引起的（法律法规有明确规定的除外）；

c）对重大火灾隐患依法进行了消防技术论证，并已采取相应技术措施的；

d）发生火灾不足以导致特大火灾事故后果或严重社会影响的。

4.6 重大火灾隐患的判定程序：

a）进行现场检查核实，并获取相关影像、文字资料；

b）组织集体讨论判定，且参与人数不应少于 3 人；

c）对于涉及复杂疑难的技术问题，按照本标准判定重大火灾隐患有困难的，应由公安消防机构组织专家成立专家组进行技术论证。专家组应由当地政府有关行业主管、监管部门和相关消防技术的专家组成，人数不应少于 7 人；

d）集体讨论或专家技术论证时，建筑业主和管理、使用单位等涉及利害关系的人员可以参加讨论，但不应进入专家组；

e）集体讨论或专家技术论证应形成结论性意见，作为判定重大火灾隐患的依据。判定为重大火灾隐患的结论性意见应有 2/3 以上专家同意；

f）集体讨论和专家技术论证应当提出合理可行的整改措施和期限。

5　重大火灾隐患直接判定

下列重大火灾隐患可以直接判定：

a）生产、储存和装卸易燃易爆化学物品的工厂、仓库和专用车站、码头、储罐区，未设置在城市的边缘或相对独立的安全地带；

b）甲、乙类厂房设置在建筑的地下、半地下室；

c）甲、乙类厂房、库房或丙类厂房与人员密集场所、住宅或宿舍混合设置在同一建筑内；

d）公共娱乐场所、商店、地下人员密集场所的安全出口、楼梯间的设置形式及数量不符合规定；

e）旅馆、公共娱乐场所、商店、地下人员密集场所未按规定设置自动喷水灭火系统或火灾自动报警系统；

f）易燃可燃液体、可燃气体储罐（区）未按规定设置固定灭火、冷却设施。

6　重大火灾隐患的综合判定

6.1 综合判定要素

6.1.1 总平面布置

6.1.1.1 未按规定设置消防车道或消防车道被堵塞、占用。

6.1.1.2 建筑之间的既有防火间距被占用。

6.1.1.3 城市建成区内的液化石油气加气站、加油加气合建站的储量达到或超过GB50156对一级站的规定。

6.1.1.4 丙类厂房或丙类仓库与集体宿舍混合设置在同一建筑内。

6.1.1.5 托儿所、幼儿园的儿童用房及儿童游乐厅等儿童活动场所，老年人建筑，医院、疗养院的住院部分等与其他建筑合建时，所在楼层位置不符合规定。

6.1.1.6 地下车站的站厅乘客疏散区、站台及疏散通道内设置商业经营活动场所。

6.1.2 防火分隔

6.1.2.1 擅自改变原有防火分区，造成防火分区面积超过规定的50%。

6.1.2.2 防火门、防火卷帘等防火分隔设施损坏的数量超过该防火分区防火分隔设施数量的50%。

6.1.2.3 丙、丁、戊类厂房内有火灾爆炸危险的部位未采取防火防爆措施，或这些措施不能满足防止火灾蔓延的要求。

6.1.3 安全疏散及灭火救援

6.1.3.1 擅自改变建筑内的避难走道、避难间、避难层与其他区域的防火分隔设施，或避难走道、避难间、避难层被占用、堵塞而无法正常使用。

6.1.3.2 建筑物的安全出口数量不符合规定，或被封堵。

6.1.3.3 按规定应设置独立的安全出口、疏散楼梯而未设置。

6.1.3.4 商店营业厅内的疏散距离超过规定距离的25%。

6.1.3.5 高层建筑和地下建筑未按规定设置疏散指示标志、应急照明，或损坏率超过30%；其他建筑未按规定设置疏散指示标志、应急照明，或损坏率超过50%。

6.1.3.6 设有人员密集场所的高层建筑的封闭楼梯间、防烟楼梯间门的损坏率超过20%，其他建筑的封闭楼梯间、防烟楼梯间门的损坏率超过50%。

6.1.3.7 民用建筑内疏散走道、疏散楼梯间、前室室内的装修材料燃烧性能低于B1级。

6.1.3.8 人员密集场所的疏散走道、楼梯间、疏散门或安全出口设置栅栏、卷帘门。

6.1.3.9 除5.4规定外的其他场所，其安全出口、楼梯间的设置形式及数量不符合规定。

6.1.3.10 设有人员密集场所的建筑既有外窗被封堵或被广告牌等遮挡，影响逃生和灭火救援。

6.1.3.11 高层建筑的举高消防车作业场地被占用，影响消防扑救作业。

6.1.3.12 一类高层民用建筑的消防电梯无法正常运行。

6.1.4 消防给水及灭火设施

6.1.4.1 未按规定设置消防水源。

6.1.4.2 未按规定设置室外消防给水设施，或已设置但不能正常使用。

6.1.4.3 未按规定设置室内消火栓系统，或已设置但不能正常使用。

6.1.4.4 除 5.5 规定外的其他场所未按规定设置自动喷水灭火系统。

6.1.4.5 未按规定设置除自动喷水灭火系统外的其他固定灭火设施。

6.1.4.6 已设置的自动喷水灭火系统或其他固定灭火设施不能正常使用或运行。

6.1.5 防烟排烟设施

人员密集场所未按规定设置防烟排烟设施，或已设置但不能正常使用或运行。

6.1.6 消防电源

6.1.6.1 消防用电设备未按规定采用专用的供电回路。

6.1.6.2 未按规定设置消防用电设备末端自动切换装置，或已设置但不能正常工作。

6.1.7 火灾自动报警系统

6.1.7.1 除 5.5 规定外的其他场所未按规定设置火灾自动报警系统。

6.1.7.2 火灾自动报警系统处于故障状态，不能恢复正常运行。

6.1.7.3 自动消防设施不能正常联动控制。

6.1.8 其他

6.1.8.1 违反规定在可燃材料或可燃构件上直接敷设电气线路或安装电气设备。

6.1.8.2 易燃易爆化学物品场所未按规定设置防雷、防静电设施，或防雷、防静电设施失效。

6.1.8.3 易燃易爆化学物品或有粉尘爆炸危险的场所未按规定设置防爆电气设备，或防爆电气设备失效。

6.1.8.4 违反规定在公共场所使用可燃材料装修。

6.2 综合判定规则

6.2.1 人员密集场所存在 6.1.3.1 ～ 6.1.3.9 和 6.1.5、6.1.8.4 规定要素 2 条以上（含本数，下同）。

6.2.2 易燃易爆化学物品场所存在 6.1.1.1 ～ 6.1.1.4 、6.1.4.5 和 6.1.4.6 规定要素 2 条以上。

6.2.3 人员密集场所、易燃易爆化学物品场所、重要场所存在 6.1 规定任意要素 3 条以上。

6.2.4 其他场所存在 6.1 规定任意要素 4 条以上。

6.3 综合判定步骤

6.3.1 确定建筑或场所类别。

6.3.2 确定该建筑或场所是否存在 6.1 规定要素的情形及其数量。

6.3.3 按照 4.6 的规定，对照 6.2 规则进行重大火灾隐患综合判定。

6.3.4 对照 4.5 的规定进行核定。

附 录 8

中华人民共和国公共安全行业标准
社会单位消防安全四个能力建设规程

前　言

本标准按照 GB/T 1.1—2009 给出的规则负责起草。

本标准由重庆市公安局消防局提出。

本标准由重庆市公安局消防局归口并负责解释。

本标准起草单位：重庆市公安局消防局。

本标准主要起草人：傅纪成、周崇敏、李伟民、张绍彬、刘芸、邹俊、魏蔚、肖璐。

1　范围

本标准规定了单位消防安全四个能力建设规程的术语和定义、建设要求和自我评定。

本标准适用于重庆市行政区域内的单位。

2　规范性引用文件

下列文件对于本文件的应用是必不可少的。凡是注日期的引用文件，仅所注日期的版本适用于本文件。凡是不注日期的引用文件，其最新版本（包括所有的修改单）适用于本文件。

GB/T 5907　消防基本术语　第一部分

GB 25201　建筑消防设施的维护管理

GA 654　人员密集场所消防安全管理

GA 767　消防控制室通用技术要求

中华人民共和国公安部令　机关、团体、企业、事业单位消防安全管理规定

中华人民共和国公安部令　社会消防安全教育培训规定

3　术语和定义

下列术语和定义适用于本文件。

3.1　单位　social unit

有固定活动场所且依法注册名称或其它合法名称的组织。包括机关、团体、企业、事业单位、个体工商户及其他组织。

3.2 消防安全四个能力 four capacities of fire safety

包括检查消除火灾隐患能力、组织扑救初起火灾能力、组织人员疏散逃生能力和消防宣传教育培训能力。

3.3 第一灭火力量 the First Power of Putting out the Fire

失火现场单位员工在 1 分钟内形成的灭火救援力量。

3.4 第二灭火力量 the Second Power of Putting out the Fire

火灾确认后，单位按照灭火和应急疏散预案，组织员工 3 分钟内形成的灭火救援力量。

3.5 疏散引导员 Guide for Evacuation

发生火灾时，负责组织引导现场人员疏散的单位工作人员。

4 一般建设要求

4.1 检查消除火灾隐患能力

4.1.1 单位日常消防安全管理中，应重点加强对用火用电、燃油燃气、安全疏散、消防设施器材和消防控制室等的消防安全管理，重点管理内容见附录 A。

4.1.2 单位应定期组织防火检查，并填写《防火检查记录》，见附录 B。

4.1.2.1 机关、团体、事业单位每季度至少组织一次，其他单位每月至少组织一次。

4.1.2.2 防火检查应包括下列主要内容：

a）火灾隐患的整改情况以及防范措施的落实情况；

b）安全疏散通道、疏散指示标志，应急照明和安全出口情况；

c）消防车通道、消防水源情况；

d）灭火器材配置及有效情况；

e）用火、用电有无违章情况；

f）重点工种人员以及其他员工消防知识的掌握情况；

g）消防安全重点部位的管理情况；

h）易燃易爆危险物品和场所防火防爆措施的落实情况以及其他重要物资的防火安全情况；

i）消防（控制室）值班情况和设施运行、记录情况；

j）防火巡查情况；

k）消防安全标志的设置情况和完好、有效情况；

l）其他需要检查的内容。

4.1.3 单位应定期组织防火巡查，并填写《防火巡查记录》，见附录C。

4.1.3.1 消防安全重点单位应每日进行防火巡查，其他单位对消防安全重点部位应每日进行防火巡查。公众聚集场所在营业期间应至少每二小时进行一次防火巡查，填写《两小时防火巡查记录》，见附录D，并应在营业结束时对营业现场进行检查，避免遗留火种。医院、养老院、寄宿制的学校（托儿所、幼儿园）应加强夜间防火巡查，其他消防安全重点单位可以结合实际组织夜间防火巡查，填写《夜间防火巡查记录》，见附录E。

4.1.3.2 防火巡查包括下列内容：

a）用火、用电有无违章情况；

b）安全出口、疏散通道是否畅通，安全疏散指示标志、应急照明是否完好；

c）消防设施、器材和消防安全标志是否在位、完整；

d）常闭式防火门是否处于关闭状态，防火卷帘下是否堆放物品影响使用；

e）消防安全重点部位的人员在岗情况；

f）其他消防安全情况。

4.1.3.3 员工应每日进行岗位防火自查，检查包括下列内容：

a）用火用电、燃油燃气的使用有无违章；

b）安全出口、疏散通道是否畅通；

c）消防器材、消防安全标志是否完好；

d）场所有无遗留火种；

e）其他消防安全情况。

4.1.4 消防控制室值班人员每班不应少于2人；应对消防控制室的设备运行情况进行每日检查，并填写《消防控制室值班记录》，见附录F。

4.1.5 公众聚集场所营业期间严禁动用明火。因工作需要确需动火时，单位消防安全管理部门应指定专人到场监护，并进行下列内容的防火检查：

a）应办理动火审批手续，动火操作人员应具备动火资格，动火监护人应在动火现场；

b）动火地点与周围建筑、设施等防火间距应符合要求，动火地点附近四周严禁设置影响消防安全的物品；

c）电焊电源、接地点应符合防火要求；

d）焊具应合格，燃气、氧气瓶应符合安全要求，放置地点应符合规定；

e）动火期间应落实灭火应急措施和器材。

4.1.6 消防安全责任人应督促落实火灾隐患整改，消防安全管理人及消防工作归口管理职能部门应组织实施火灾隐患整改。火灾隐患整改应按如下程序进行：

a）火灾隐患能当场整改的，应立即改正；不能当场整改的，发现人应立即向消防工作归口管理职能部门或消防安全管理人报告，消防工作归口管理职能部门或消防安全管理人应及时研究制定整改方案，确定整改措施、时限、资金、部门和责任人，并报消防安全责任人或消防安全管理人审批；

b）整改期间应采取临时防范措施，确保消防安全；

c）火灾隐患整改完毕后，消防安全管理人或消防工作归口管理职能部门应组织验收，将验收结果报告消防安全责任人。

4.2 组织扑救初起火灾能力

4.2.1 单位消防安全责任人、消防安全管理人应组织制定灭火和应急疏散预案，消防安全重点单位至少每半年组织一次演练，其他单位至少每年组织一次演练。

4.2.2 发现火灾时，起火部位现场附近员工应在1分钟内形成第一灭火力量，采取如下措施：

a）立即呼救并拨打“119”电话报警；

b）其余员工应利用附近的火灾报警按钮或电话通知消防控制室或值班人员；

c）消防设施、器材附近的员工使用现场消火栓、灭火器等设施器材灭火；

d）疏散通道或安全出口附近的员工引导人员疏散。

4.2.3 火灾确认后，单位消防控制室或单位值班人员应立即启动灭火和应急疏散预案，在3分钟内形成第二灭火力量，采取如下措施：

a）通讯联络组按照灭火和应急疏散预案要求通知员工赶赴火场，与公安消防队保持联络，向火场指挥员报告火灾情况，将火场指挥员的指令下达至有关员工；

b）灭火行动组根据火灾情况使用本单位的消防设施、器材扑救初起火灾；

c）疏散引导组按分工组织引导现场人员疏散；

d）安全救护组协助抢救、护送受伤人员；

e）现场警戒组阻止无关人员进入火场，维持现场秩序。

4.3 组织人员疏散逃生能力

4.3.1 员工应熟悉本单位疏散通道、安全出口，掌握疏散程序、逃生技能。

4.3.2 单位应配置火场逃生及疏散引导器材。

4.3.2.1 人员密集场所应配置应急疏散器材箱：消防安全重点单位每1 000平方米至少配置1个器材箱，总数不少于2个；非消防安全重点单位1 000平方米以下至少配置1个器材箱，1 000平方米以上至少配置2个器材箱。每个器材箱内应配备不少于1根疏散荧光棒、1个电源型移动疏散指示标志、4个口哨、1个手持扩音器、2件反光背心、

2个手电筒、2具防烟面具、20条毛巾、10瓶瓶装矿泉水等器材；应急疏散器材箱应均匀分布在场所显眼位置，便于取用，并不得影响疏散。

4.3.2.2 其他单位应配备一定量口哨、手电筒、毛巾、瓶装矿泉水等应急疏散器材。

4.3.3 单位应明确疏散引导员，负责在楼层、疏散通道、安全出口组织引导在场人员安全疏散。

4.3.4 火灾发生时，疏散引导员应通过喊话、广播等方式，按照灭火和应急疏散预案要求通知、引导火场人员正确逃生。

4.3.5 火灾无法控制时，单位火场负责人应及时通知所有参加灭火救援人员撤离。

4.4 消防宣传教育培训能力

4.4.1 单位应根据本单位的特点，建立健全消防安全教育培训制度，明确机构和人员，保障教育培训工作经费，按照下列规定对职工进行消防安全教育培训：

a）定期开展形式多样的消防安全宣传教育；

b）对新上岗和进入新岗位的职工进行上岗前消防安全培训；

c）消防安全重点单位每半年至少组织一次、其他单位每年至少组织一次灭火和应急疏散演练。

d）公众聚集场所至少每半年组织一次、其他单位每年至少组织一次对在岗职工的消防安全教育培训。

4.4.2 单位消防安全责任人、消防安全管理人应熟知以下内容：

a）消防法律法规和消防安全职责；

b）本单位火灾危险性和防火措施；

c）灭火和应急疏散预案；

d）依法应承担的消防安全行政和刑事责任。

4.4.3 员工应熟知以下内容：

a）掌握消防常识；

b）掌握消防安全职责、制度、操作规程、灭火和应急疏散预案；

c）掌握本单位、本岗位火灾危险性和防火措施；

d）掌握有关消防设施、器材操作使用方法；

e）会报警、会扑救初起火灾、会疏散逃生自救。

4.4.4 消防控制室操作人员应熟知以下内容：

a）岗位职责制度；

b）本单位的消防设施；

c）控制室设备操作规程；

d）灭火和应急疏散预案。

4.4.5 消防控制室值班操作人员、电焊气焊操作人员应经培训合格，持证上岗。

4.4.6 单位应通过消防刊物、视频、网络、举办消防文化活动、在明显部位悬挂或张贴消防宣传标志、图画、动漫宣传物等多种形式，对公众宣传防火、灭火和应急逃生等常识。通过举办培训讲座、组织参观消防教育基地、组织消防知识竞赛、开展火灾案例分析讲评、出版宣传板报、开展广播宣传等活动，对员工开展经常性的消防安全宣传与培训。对员工的消防安全宣传与培训应做好记录。

4.4.7 单位根据相关国家标准规定，结合自身特点设置以下消防标识：

a）消防设施标志。应在消防设施、器材附近适当位置，用文字或图例标明名称和使用操作方法；在消防控制室应设置符合附录G、附录H的标牌；

b）提示性标志。应在显著位置设置单位总平面图，楼层、房间设置疏散指示图；疏散通道、安全出口应按规定设置疏散指示标志；

c）警示性标志。应在危险场所或重点部位设置禁止性标志。

5 特殊建设要求

5.1 宾馆（饭店）

5.1.1 客房内应设置醒目的“请勿卧床吸烟”、“请勿乱扔烟头”、“离开房间请切断电源”提示牌和楼层安全疏散示意图；在客房服务指南上提示消防安全。

5.1.2 客房内应配备应急手电筒、按床位数配备防烟面具等逃生器材及使用说明。

5.1.3 客房内闭路电视宜在开机时播放音视频，提示逃生技能及路线、消防设施、器材位置及使用方法等。

5.1.4 客房楼层宜按照有关建筑火灾逃生器材及配备标准设置辅助疏散、逃生设备，并设置明显标志。

5.1.5 厨房的灶台、油烟罩和烟道应至少每季度清洗一次。

5.1.6 应在主要出入口处设置“消防安全告知书”。

5.2 商场（市场）

5.2.1 营业厅内柜台、货架、商品不得占用、堵塞疏散通道，不得遮挡、圈占消防设施。

5.2.2 疏散走道与营业区之间应在地面上应设置明显的界线标识。

5.2.3 防火卷帘门两侧各0.5m范围内不得堆放物品，并应用黄色标识线划定范围。

5.2.4 营业结束时中庭、自动扶梯等部位四周的竖向分隔防火卷帘应下降至地面。

5.2.5 熟食加工区宜采用电能加热设施，严禁使用瓶装液化石油气作燃料。

5.2.6 熟食加工区的灶台、油烟罩和烟道应至少每季度清洗一次。

5.2.7 应在主要出入口处设置“消防安全告知书”。

5.3 公共娱乐场所

5.3.1 歌舞娱乐场所点歌系统应在开机时播放提示逃生常识及路线、消防设施、器材位置及使用方法等的音视频。

5.3.2 休息厅、录像放映室、卡拉OK室内应设置声音或视像警报，保证在火灾发生初期，将其画面、音响切换到应急广播和应急疏散指示状态。

5.3.3 严禁使用液化石油气。

5.3.4 严禁燃放烟花、使用明火演出、照明。

5.3.5 应在主要出入口处设置“消防安全告知书”。

5.4 学校（高等学校、中小学校、托儿所、幼儿园）

5.4.1 学生宿舍内严禁使用蜡烛、电炉、大功率加热电器等。

5.4.2 每间学生宿舍均应设置用电超载保护装置。

5.4.3 学校实验室应将储存的易燃易爆危险品的分类、性质、火灾危险性、安全及灭火措施等报送学校消防工作的归口管理职能部门。

5.4.4 厨房灶台、油烟罩和烟道至少每季度清洗一次。

5.4.5 学校实验室应将储存的易燃易爆危险品的分类、性质、火灾危险性、安全及灭火措施等报送学校消防工作的归口管理职能部门。

5.4.6 厨房灶台、油烟罩和烟道至少每季度清洗一次。

5.4.7 各级各类学校应当开展下列消防安全教育工作：

a）将消防安全知识纳入教学内容；

b）在开学初、放寒（暑）假前、学生军训期间，对学生普遍开展专题消防安全教育；

c）结合不同课程实验课的特点和要求，对学生进行有针对性的消防安全教育；

d）组织学生到当地消防站参观体验；

e）每学年至少组织学生开展一次应急疏散演练；

f）对寄宿学生开展经常性的安全用火用电教育和应急疏散演练。

5.4.8 中小学校和幼儿园、托儿所应当针对不同年龄阶段学生认知特点，采取保证课时或者学科渗透、专题教育的方式，每学年对学生开展消防安全教育。小学阶段应当重点开展火灾危险及危害性、消防安全标志标识、日常生活防火、火灾报警、火场自救逃生常识等方面的教育；初中和高中阶段应当重点开展消防法律法规、防火灭火基本知识和灭火器材使用等方面的教育；幼儿园、托儿所应当采取游戏、儿歌等寓教于乐的方式，对幼儿开展消防安全常识教育。

5.4.9 高等学校应当每学年至少举办一次消防安全专题讲座，在校园网络、广播、校内报刊等开设消防安全教育栏目，对学生进行消防法律法规、防火灭火知识、火灾自救他救知识和火灾案例教育。对每届新生进行的消防安全教育和培训不低于4学时。

5.4.10 各级各类学校应当至少确定一名熟悉消防安全知识的教师担任消防安全课教员，并选聘消防专业人员担任学校的兼职消防辅导员。

5.5 医院（养老院、福利院）

5.5.1 医院、养老院、福利院宜根据人员行动能力、病情轻重等情况分类进行疏散，明确每类人员的专门疏散引导人员。

5.5.2 病房楼醒目的位置宜设置消防安全知识资料取阅点供住院患者及其家属取阅。

5.5.3 严禁在疏散通道设置影响疏散的床位等障碍物。

5.5.4 病房楼内严禁使用瓶装液化石油气。

5.5.5 病房内禁止使用非医疗电热器具。

5.5.6 严禁在病房和走道存放氧气瓶。

5.5.7 厨房灶台、油烟罩和烟道应至少每季度清洗一次。

5.5.8 应在主要出入口处设置“消防安全告知书”。

5.6 物业服务企业

5.6.1 应对服务区域执行第4条的规定。

5.6.2 应确保物业服务区域的消防车道、公共通道、安全出口畅通，公共消防设施、器材完好有效。

5.6.3 应在办公室、保安室配置一定数量的疏散引导、灭火、破拆器材。

5.6.4 应每年至少组织物业服务区域的业主、使用人、单位消防安全责任人、消防安全管理人、专兼职消防管理人员进行一次消防安全教育和培训。

5.6.5 应组织制定符合物业服务区域实际的灭火和应急疏散预案，并按照预案，至少每半年组织本单位员工、业主和使用人进行一次演练。

6 单位自评

6.1 单位的消防安全责任人或消防安全管理人应每年按照本标准组织实施消防安全四个能力建设自我评定工作。

6.2 自评采取现场检查、模拟演练、情景预设、随机提问、查阅档案、组织考核等方法进行。

6.3 自评结果如实填写入《单位消防安全四个能力建设自评表》（见附录I），并存档备查。

6.4 自评中发现的问题，应由消防安全责任人或消防安全管理人负责督促整改。

附　录　A

（规范性附录）

A.1　用火管理应符合下列要求：

a）焊接等动火作业应办理动火许可证，动火审批人应前往现场检查并确认防火措施落实后，方可签批动火许可证；动火操作人员应持有有效的岗位工种作业证；现场应有动火监护人到场监护。

b）焊接、切割、烘烤或加热等动火作业，应检查清理作业现场的可燃物；对于作业现场附近无法移动的可燃物，应采用不燃材料覆盖、隔离等防护措施。

c） 焊接、切割、烘烤或加热等动火作业，应采取应急灭火措施，配备相应的灭火器材。

d）具有火灾、爆炸危险的场所严禁明火。进入易燃易爆危险场所和丙类可燃物品库房的车辆、设备应装有防止火花溅出的安全装置；生产、运营中可能产生静电的操作，应采取防静电措施。

e）采用炉火等明火设施取暖时，炉火与可燃物之间应采取防火隔热措施。人员密集的公共建筑不应采用明火取暖或照明。

f）炉灶等使用完毕后，应将炉火熄灭。厨房操作间的排油烟机及管道应定期清理油垢。

A.2　用电管理应符合下列要求：

a）电气设备及其线路、开关等应按规定负荷装设，电气线路的选材应与用电负荷相适应。

b）电气设备不应超负荷运行或带故障使用；尽量避免同时使用大功率电器。

c）电气设备的保险丝禁止加粗或者以其它金属代替。

d）禁止私自改装照明线路及随意更换与原设计不符的照明装置，严禁照明回路擅自连接其它电气设备。

e）电气线路应具有足够的绝缘强度、机械强度并应定期检查。禁止使用绝缘老化或失去绝缘性能的电气线路。

f）不得擅自架设临时线路，确需架设时，应符合有关规定。

g）电气设备应与周围可燃物保持一定的安全距离，电气设备附近不应堆放易燃、易爆和腐蚀性物品，禁止在架空线上放置或悬挂物品。

A.3　燃油燃气的管理应符合下列要求：

a）燃油燃气生产、储存等区域严禁明火、严禁违章作业并应设置相应标识，电气设备应采用防爆型设备；燃油燃气储存装置应设有防静电接地装置。

b）不得擅自安装、改装、拆除固定的燃气设施和燃气器具，不得遮挡、包裹、改动燃气设施及管道。

c）燃油燃气设备及管道的开关、阀门等应启闭正常，无泄漏。

d）燃气设施及管道严禁故障作业。

e）不得加热、摔砸、倒置、曝晒燃气钢瓶；不得倾倒残液，不得在钢瓶之间倒气。

f）液化石油气不得在地下、半地下室使用。

g）室内出现气体异味，应立即关闭阀门，打开门窗，严禁开关电气设备及使用固定和移动电话。

h）进行泄漏检查时，可采用肥皂水涂抹等方法，严禁采用明火测试。

A.4 安全出口、疏散通道及消防车道应符合下列要求：

a）安全出口及疏散通道应保持畅通，禁止堵塞、占用、锁闭及分隔，安全出口及疏散走道不应安装栅栏、卷帘门。

b）常闭式防火门的闭门器、顺序器应完好有效，并应保持常闭状态；常开式防火门应能在接到火灾动作信号之后自行关闭。

c）平时需要控制人员出入或设有门禁系统的疏散门，应有保证火灾时人员疏散畅通的可靠措施。

d）人员密集的公共建筑不宜在窗口、阳台等部位设置栅栏，当必须设置时，应设置易于从内部开启的装置。窗口、阳台等部位宜设置辅助疏散逃生设施。

e）举办会议、考试、表演等大型活动，应事先根据场所的疏散能力核定容纳人数。活动期间应对人数进行控制，采取防止超员的措施。

f）安全出口、疏散通道的疏散指示标志应指示正确、位置醒目、不应遮挡；火灾事故应急照明设施应完好有效。

g）消防车道应保持畅通。消防车道和消防车作业场地不得堵塞、占用、设置影响消防车通行的障碍物，上空不得有影响消防车操作的障碍物。

A.5 消防设施器材应符合下列要求：

a）室外消火栓及水泵接合器无埋压圈占、标志明显，管道、阀门及栓口无破损、泄漏、锈蚀，压力及水量满足设计要求；

b）室内消火栓无遮挡、标志明显，水枪、水带等配件齐全，箱门、栓口启闭正常，消火栓启泵按钮应正常启动消火栓泵，压力及水量满足设计要求；

c）灭火器配置选型正确、数量充足、位置合理、取用方便；

d）自动消防设施外观完好、运行正常。

A.6 消防控制室应符合下列要求：

a）实行每日 24 小时专人值班制度，每班不应少于 2 人；

b）保证火灾自动报警系统和灭火系统处于正常的工作状态；

c）保证高位水箱、消防水池、气压水罐等消防储水设施水量充足，保证消防泵出水管阀门、自动喷水灭火系统管道上的阀门常开，保证消防水泵、防排烟风机、防火卷帘等消防设施的配电柜开关处于自动状态；

d）接到火灾报警后，消防控制室必须立即以最快方式确认；

e）火灾确认后，消防控制室必须立即将火灾报警联动控制开关转入自动状态，并拨打“119”火警电话报警；

f）火灾确认后，消防控制室必须立即启动单位内部灭火和应急疏散预案，并报告单位负责人。

附 录 B

（资料性附录）

防火检查记录

年 月 日

检查内容	检查情况	处置情况
1. 火灾隐患的整改情况以及防范措施的落实情况		
2. 重点工种人员以及其他员工消防知识的掌握情况		
3. 易燃易爆危险物品和场所防火防爆措施的落实情况以及其他重要物资的防火安全情况		
4. 人员密集场所的门窗是否设置影响逃生和灭火救援的障碍物		
5. 防火间距是否被占用，防火分区是否改变，人员密集场所室内装修、装饰是否违章使用易燃可燃材料，防火墙、楼板上孔洞及电缆井、管道井与房间、走道等相通的孔洞防火封堵情况		

检查内容		检查情况	处置情况
6．消防供电配电	消防配电	试验主、备电源切换功能	
	自备发电机组	试验启动发电机组	
	储油设施	核对储油量	
7. 火灾报警系统	火灾报警探测器	试验报警功能	
	手动报警按钮	试验报警功能	
	警报装置	声光报警功能测试	
		应急广播功能测试	
	报警控制器	试验报警功能、故障报警功能、火警优先功能、打印机打印功能、火灾显示盘和CRT显示器的显示功能	
	消防联动控制器	试验联动控制和显示功能	
		远程操作水泵、风机、卷帘等	
8．应急照明		检查完好有效情况，试验切断正常供电	
9．疏散指示标志		检查完好有效情况，试验切断正常供电	
10．消防专用电话		试验通话质量	

检测项目		检测内容	实测记录
11．消防供水设施	消防水池	核对储水量	
	消防水箱	核对储水量	
	稳（增）压泵及气压水罐	试验启泵、停泵时的压力工况	
	消防水泵	试验启泵和主、备泵切换功能	
	管道阀门	试验管道阀门启闭功能	
12．消火栓、消防炮灭火系统	室内消火栓	试验屋顶消火栓出水及静压	
	室外消火栓	试验室外消火栓出水及静压	
	消防水炮	测试消防水炮的功能	
	启泵按钮	试验启泵按钮控制启泵功能	
13．自动喷水系统	报警阀组、末端试水装置、水流指示器	随机选择末端放水，试验系统联动功能及水压、流量情况，并核对控制室反馈信号	
	系统联动		
14．泡沫灭火系统	泡沫液储罐	核对泡沫液有效期和储存量	
	泡沫栓	试验泡沫栓出水或出泡沫	
15．气体灭火系统	瓶组与储罐	核对灭火剂储存量	
	气体灭火控制设备	模拟自动启动查看相关联动设备动作是否正常	
16．机械加压送风系统	风机	试验手动启动风机	
	系统联动	试验系统联动功能	
17．机械排烟系统	风机	试验手动启动风机	
	系统联动	试验系统联动功能	
18．防火分隔	防火门	试验启闭功能	
	防火卷帘	试验手动、机械应急和自动控制功能	
	电动防火阀	试验联动关闭功能	
19．消防电梯		试验按钮迫降和联动控制功能	
20．灭火器		核对选型、压力和有效期	
21．其他设施			
被检查部门相关人员		被检查部门主管	
检查人		检查部门主管	

附 录 C

（资料性附录）

防火巡查记录

年　　月　　日　　时

巡查内容		巡查情况	处置情况
用火、用电有无违章情况			
工作结束有无遗留火种，是否切断非必要电源			
安全出口是否锁闭			
疏散通道上是否堆放杂物			
安全出口、疏散通道是否堵塞			
安全疏散指示标志、应急照明是否完好有效			
消防供配电设施	消防电源、自备发电设备是否处于待工作状态		
	消防配电房、发电机房环境		
火灾自动报警系统	火灾报警探测器、手动报警按钮组件是否完好、标识是否明确		
应急广播系统	扬声器组件是否完好，扩音机是否处于待工作状态		
消防专用电话	消防电话组件是否完好、标识是否明确		
消防供水设施	消防水池、消防水箱水位是否位于标示线以上		
	消防水泵及控制柜是否处于自动状态		
	稳压泵、增压泵、气压水罐是否处于工作状态		
	水泵接合器组件是否完好、标识是否明确		
	管网控制阀门是否处于开启状态		
	泵房工作环境		
消火栓灭火系统	室内消火栓、室外消火栓、启泵按钮组件是否完好、标识是否明确		
	屋顶试验栓的压力值情况（标注具体值）		
自动喷水灭火系统	喷头、报警阀组组件是否完好、标识是否明确		
	各报警阀组控制最不利点末端试水装置压力值是否正常（不应小于 0.05MPa）		
气体灭火系统	气体瓶组或储罐外观、选择阀、驱动装置等组件是否完好、标识是否明确		
	紧急启、停按钮、放气指示灯及警报器、喷嘴等组件是否完好、标识是否明确，防护区状况		
	储瓶间环境		

<table>
<tr><th colspan="2">巡查内容</th><th>巡查情况</th><th>处置情况</th></tr>
<tr><td rowspan="4">泡沫灭火系统</td><td>泡沫喷头、泡沫消火栓、泡沫炮、泡沫产生器等组件是否完好、标识是否明确</td><td></td><td></td></tr>
<tr><td>泡沫液贮罐间环境</td><td></td><td></td></tr>
<tr><td>泡沫液贮罐、比例混合器等组件是否完好、标识是否明确</td><td></td><td></td></tr>
<tr><td>泡沫泵是否处于待工作状态</td><td></td><td></td></tr>
<tr><td rowspan="3">防烟排烟系统</td><td>挡烟垂壁、送风阀、排烟防火阀、电动排烟窗、自然排烟窗等组件是否完好、标识是否明确</td><td></td><td></td></tr>
<tr><td>送风机、排烟机是否处于待工作状态</td><td></td><td></td></tr>
<tr><td>送风机、排烟机是否处于待工作状态</td><td></td><td></td></tr>
<tr><td rowspan="3">防火分隔设施</td><td>防火门等组件是否完好、标识是否明确和启闭状况</td><td></td><td></td></tr>
<tr><td>防火卷帘等组件是否完好、标识是否明确、是否处于待工作状态</td><td></td><td></td></tr>
<tr><td>卷帘下是否堆放物品影响使用</td><td></td><td></td></tr>
<tr><td>消防电梯</td><td>紧急按钮、轿厢内电话等组件是否完好、标识是否明确、消防电梯是否处于工作状态</td><td></td><td></td></tr>
<tr><td>灭火器</td><td>灭火器设置位置、压力值是否正常（指针是否处于绿色区域）</td><td></td><td></td></tr>
<tr><td colspan="2">消防安全重点部位的人员在岗情况</td><td></td><td></td></tr>
<tr><td colspan="2">其他消防安全情况</td><td></td><td></td></tr>
<tr><td>被检查部门相关人员</td><td></td><td>被检查部门负责人</td><td></td></tr>
<tr><td>巡查人</td><td></td><td>巡查部门负责人</td><td></td></tr>
<tr><td rowspan="2">对不能当场改正的火灾隐患采取的解决方案、措施等情况</td><td colspan="3">巡查部门负责人：
年　　月　　日</td></tr>
<tr><td colspan="3">消防安全责任人或消防安全管理人（签名）：
年　　月　　日</td></tr>
</table>

附 录 D

（资料性附录）

两小时防火巡查记录

年 月 日

<table>
<tr><th colspan="2">巡查时间</th><th>巡查部位</th><th>巡查情况</th><th>处置情况</th><th>巡查人姓名</th></tr>
<tr><td>1</td><td>： 至 ：</td><td></td><td></td><td></td><td></td></tr>
<tr><td>2</td><td>： 至 ：</td><td></td><td></td><td></td><td></td></tr>
<tr><td>3</td><td>： 至 ：</td><td></td><td></td><td></td><td></td></tr>
<tr><td>4</td><td>： 至 ：</td><td></td><td></td><td></td><td></td></tr>
<tr><td>5</td><td>： 至 ：</td><td></td><td></td><td></td><td></td></tr>
<tr><td>6</td><td>： 至 ：</td><td></td><td></td><td></td><td></td></tr>
<tr><td>7</td><td>： 至 ：</td><td></td><td></td><td></td><td></td></tr>
<tr><td>8</td><td>： 至 ：</td><td></td><td></td><td></td><td></td></tr>
<tr><td>9</td><td>： 至 ：</td><td></td><td></td><td></td><td></td></tr>
<tr><td>10</td><td>： 至 ：</td><td></td><td></td><td></td><td></td></tr>
<tr><td>11</td><td>： 至 ：</td><td></td><td></td><td></td><td></td></tr>
<tr><td>12</td><td>： 至 ：</td><td></td><td></td><td></td><td></td></tr>
<tr><td colspan="2">巡查内容</td><td colspan="4">1．用火、用电有无违章情况；2．安全出口、疏散通道是否畅通，有无锁闭；3．安全疏散指示标志、应急照明是否完好；4．消防设施、器材和消防安全标志是否在位、完整；5．常闭式防火门是否处于关闭状态，防火卷帘下是否堆放物品影响使用；6．消防安全重点部位的人员在岗情况；7．其他消防安全情况。</td></tr>
<tr><td rowspan="2">对不能当场改正的火灾隐患</td><td>采取的整改方案、期限、负责整改的部门、人员、防范措施</td><td colspan="4">消防安全责任人或消防安全管理人（签名）： 年 月 日</td></tr>
<tr><td>整改情况</td><td colspan="4">消防安全责任人或消防安全管理人（签名）： 年 月 日</td></tr>
<tr><td colspan="2">说明</td><td colspan="4">1. 宾馆（饭店）、商场（市场）、公共娱乐场所在营业期间应至少每二小时巡查一次；
2. 表格填写完毕后及时归档，按月份装订成册。</td></tr>
</table>

附　录　E

（资料性附录）

夜间防火巡查记录

年　　月　　日

<table>
<tr><th colspan="2">巡查时间</th><th>巡查部位</th><th>巡查情况</th><th>处置情况</th><th>巡查人姓名</th></tr>
<tr><td>1</td><td>：　至　：</td><td></td><td></td><td></td><td></td></tr>
<tr><td>2</td><td>：　至　：</td><td></td><td></td><td></td><td></td></tr>
<tr><td>3</td><td>：　至　：</td><td></td><td></td><td></td><td></td></tr>
<tr><td colspan="2">巡查
内容</td><td colspan="4">1．用火、用电有无违章情况；2．安全出口、疏散通道是否畅通，有无锁闭；3．安全疏散指示标志、应急照明是否完好；4．消防设施、器材和消防安全标志是否在位、完整；5．常闭式防火门是否处于关闭状态，防火卷帘下是否堆放物品影响使用；6．消防安全重点部位的人员在岗情况；7．其他消防安全情况。</td></tr>
<tr><td rowspan="2">对不能当场改正的火灾隐患</td><td>采取的整改方案、期限、负责整改的部门、人员、防范措施</td><td colspan="4">消防安全责任人或消防安全管理人（签名）：　年　月　日</td></tr>
<tr><td>整改情况</td><td colspan="4">消防安全责任人或消防安全管理人（签名）：　年　月　日</td></tr>
<tr><td colspan="2">说明</td><td colspan="4">1. 医院、养老院、寄宿制的学校（托儿所、幼儿园）应当组织每日夜间防火巡查，且不少于 2 次；
2. 表格填写完毕后及时归档，按月份装订成册。</td></tr>
</table>

附 录 F

（资料性附录）

消防控制室值班记录

年　　月　　日

<table>
<tr><td rowspan="5">交接班检查情况记录</td><td>时间</td><td>自检</td><td>消音</td><td colspan="2">复位</td><td>主电源</td><td>备用电源</td><td colspan="2">交班人</td><td colspan="2">接班人</td><td colspan="2">故障及处理情况</td></tr>
<tr><td></td><td></td><td></td><td colspan="2"></td><td></td><td></td><td colspan="2"></td><td colspan="2"></td><td colspan="2"></td></tr>
<tr><td></td><td></td><td></td><td colspan="2"></td><td></td><td></td><td colspan="2"></td><td colspan="2"></td><td colspan="2"></td></tr>
<tr><td></td><td></td><td></td><td colspan="2"></td><td></td><td></td><td colspan="2"></td><td colspan="2"></td><td colspan="2"></td></tr>
<tr><td></td><td></td><td></td><td colspan="2"></td><td></td><td></td><td colspan="2"></td><td colspan="2"></td><td colspan="2"></td></tr>
<tr><td rowspan="12">消防安全责任人或消防安全管理人（签名）：
年　月　日</td><td rowspan="3">时间</td><td colspan="2">火灾报警控制器运行</td><td colspan="3">报警性质</td><td colspan="5">消防联动控制器运行</td><td rowspan="3">报警、故障部位、原因及处理情况</td><td rowspan="3">值班人签名</td></tr>
<tr><td rowspan="2">正常</td><td rowspan="2">故障</td><td rowspan="2">火警</td><td rowspan="2">误报</td><td rowspan="2">故障报警</td><td colspan="4">正常</td><td rowspan="2">故障</td></tr>
<tr><td colspan="2">自动</td><td colspan="2">手动</td></tr>
<tr><td></td><td></td><td></td><td></td><td></td><td></td><td colspan="2"></td><td colspan="2"></td><td></td><td></td><td></td></tr>
<tr><td></td><td></td><td></td><td></td><td></td><td></td><td colspan="2"></td><td colspan="2"></td><td></td><td></td><td></td></tr>
<tr><td></td><td></td><td></td><td></td><td></td><td></td><td colspan="2"></td><td colspan="2"></td><td></td><td></td><td></td></tr>
<tr><td></td><td></td><td></td><td></td><td></td><td></td><td colspan="2"></td><td colspan="2"></td><td></td><td></td><td></td></tr>
<tr><td></td><td></td><td></td><td></td><td></td><td></td><td colspan="2"></td><td colspan="2"></td><td></td><td></td><td></td></tr>
<tr><td></td><td></td><td></td><td></td><td></td><td></td><td colspan="2"></td><td colspan="2"></td><td></td><td></td><td></td></tr>
<tr><td></td><td></td><td></td><td></td><td></td><td></td><td colspan="2"></td><td colspan="2"></td><td></td><td></td><td></td></tr>
<tr><td></td><td></td><td></td><td></td><td></td><td></td><td colspan="2"></td><td colspan="2"></td><td></td><td></td><td></td></tr>
<tr><td></td><td></td><td></td><td></td><td></td><td></td><td colspan="2"></td><td colspan="2"></td><td></td><td></td><td></td></tr>
<tr><td rowspan="2">不能当场处理的故障采取的解决方案、措施等情况</td><td colspan="13">部门负责人（签名）：　　年　月　日</td></tr>
<tr><td colspan="13">消防安全责任人或消防安全管理人（签名）：　　年　月　日</td></tr>
</table>

附　录　G

（资料性附录）

消防控制室上墙制度

G.1　消防控制室日常管理制度

G.1.1　消防控制室值班人员，必须实行每日24小时专人值班制度，每班不少于2人，并应经过消防职业技能鉴定培训合格后，持证上岗，严禁无证上岗；值班过程中不得脱岗、睡岗、打游戏等，确保及时发现并准确处置火灾和误报火警。

G.1.2　消防控制室值班人员严禁室内吸烟或动用明火，随时保持室内卫生；严禁无关人员进入消防控制室，随意触动设备。

G.1.3　在消防控制室的入口处应设置明显的标志，并配备相应的灭火器材和通讯联络工具。

G.1.4　消防控制室内严禁存放易燃易爆危险物品和堆放与设备运行无关的物品或杂物，严禁与消防控制室无关的电气线路和管道穿过。

G.1.5　消防控制室值班人员每天交接班时，应当检查火灾报警控制器的自检、消音、复位功能以及主备电源切换功能，并认真填写交接班记录。

G.1.6　消防控制室应确保火灾自动报警系统和灭火系统处于正常工作状态。

G.1.7　消防控制室值班人员应每日收集相关部门对建筑消防设施的巡查情况，重点是高位水箱、消防水池、气压水罐等消防储水设施水量是否充足；消防泵出水管阀门、自动喷水灭火系统管道上的阀门是否常开；消防水泵、防排烟风机、防火卷帘等消防用电设备的配电柜开关是否处于自动（接通）位置，确保完好有效。

G.2　消防控制室火灾事故应急处置程序

G.2.1　受警：消防控制室值班人员在接到火灾报警后，应首先在建筑消防设施平面布置图中核实火灾报警点所对应的部位，利用对讲机、消防电话等通讯工具迅速通知就近安保人员迅速到现场核查。

G.2.2　核查：安保人员应持通讯工具和灭火器，迅速赶到报警部位核实情况，并将现场情况及时反馈回消防控制室，同时，通知楼层相关人员组织疏散和扑救初起火灾。

G.2.3　处置：

G.2.3.1　消防控制室火灾事故应急处置程序：

a）火灾确认后，值班人员应立即将火灾报警联动系统控制开关转入自动状态，启动火灾应急广播系统（二层及以上的楼层发生火灾，应先接通着火层及其相邻的上、下层；首层发生火灾，应先接通本层、二层及地下各层；地下室发生火灾，应先接通地下各层及首层），同时，迅速拨打“119”报警，说明发生火灾的单位名称、地点、起火部位、燃烧物质、联系电话等基本情况。

b）值班人员应立即启动单位内部应急灭火、疏散预案，通知有关人员到场组织疏散和灭火，并同时报告本单位负责人。

c）值班人员要随时监视各系统的运行状态，如设备运行无反馈信息，应手动启动相关设施，保证火灾情况下建筑自动消防设施的正常运行。

G.2.3.2 消防控制室火警误报处置程序：

现场核实为误报警时，应立即查明原因，若设备损坏或故障，要立即报告相关部门，并及时维修。

G.2.4 复位：处置完毕后，应将各系统消音复位，恢复到正常状态，做好记录。

G.2.5 建档：将报警记录、消防设施运行记录、火灾基本情况记录、火灾处理情况记录等相关资料建档。

附　录　H

（资料性附录）

消防控制室火灾事故应急处置程序图示

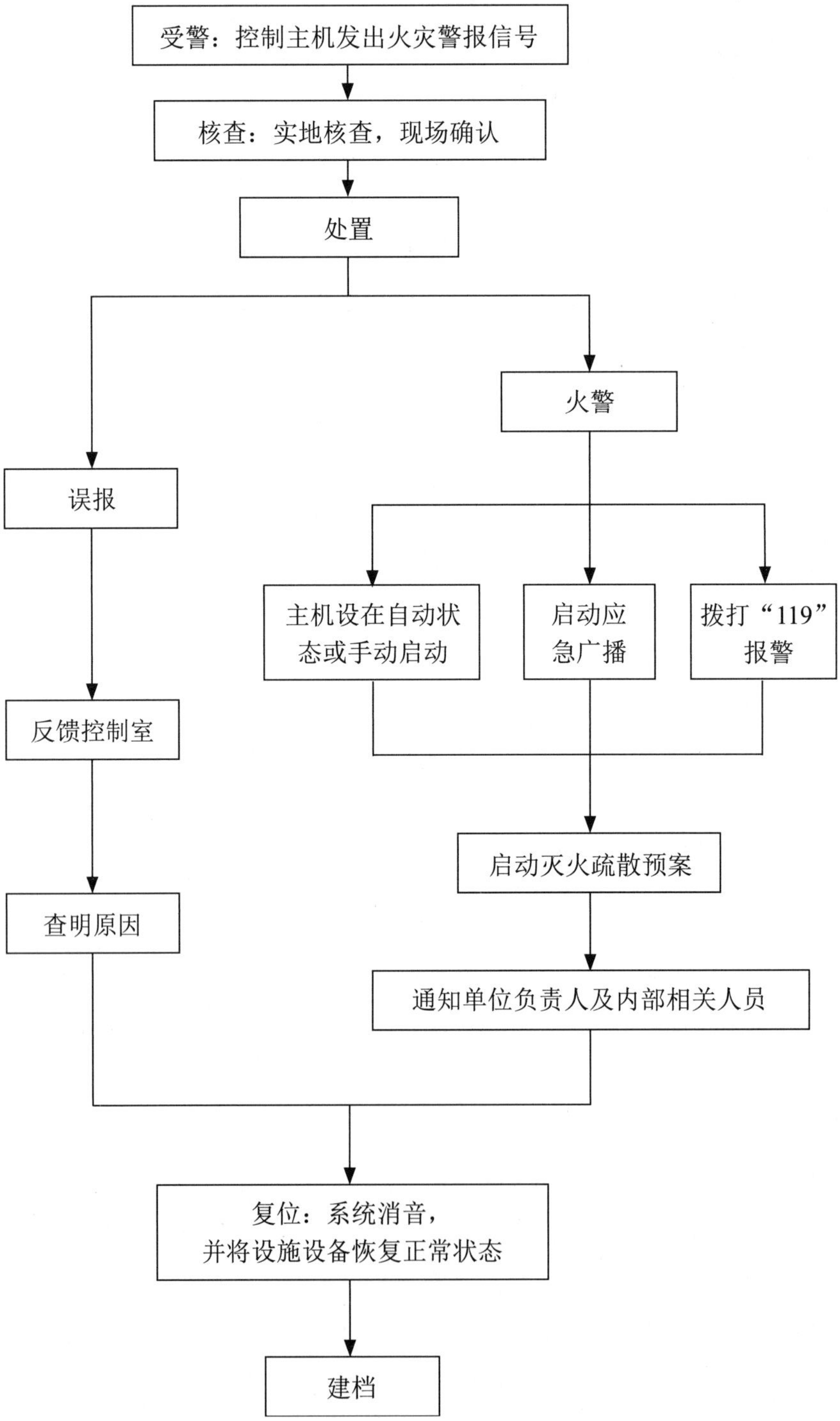

附 录 I

（资料性附录）

单位消防安全四个能力建设自评表

表 I.1 一般建设要求

项 目	内 容	分值	标 准	方 法	得分
消防安全管理基础工作（50）	1. 明确单位的消防安全责任人、消防安全管理人、消防安全专兼职人员，上述人员应熟知相应消防安全职责（见表后说明）	20	①未明确单位的消防安全责任人、消防安全管理人及消防安全专兼职人员的，缺 1 项扣 10 分，扣完为止； ②相关人员不清楚自身消防安全职责的，1 人次扣 10 分，扣完为止	查看资料 随机提问	
	2. 建立健全各项消防安全制度及特殊岗位员工操作规程（见表后说明）	10	未建立健全各项消防安全制度及特殊岗位员工操作规程的，缺 1 项扣 5 分；相关岗位人员不清楚制度内容及操作流程的，1 人次扣 5 分，扣完为止	查看资料 随机提问	
	3. 建立健全各项消防档案（见表后说明）	20	未按有关规定建立健全各项消防档案，缺 1 项扣 5 分，扣完为止	查看资料	
检查消除火灾隐患能力（200）	4. 应按照相关消防技术标准要求配置消防设施、器材，并保持完好有效	40	①未按照相关消防技术标准要求配置消防设施、器材的，发现 1 处扣 20 分，扣完为止； ②消防设施、器材未保持完好有效的，发现 1 处扣 15 分，扣完为止； ③消防水泵房供水阀门未保持常开状态或电源控制柜的控制开关未处于自动状态的，扣 40 分； ④消防设施未委托有资质的单位进行维保或维保单位未定期进行检测的，扣 40 分； ⑤检测记录未用数据体现的，扣 30 分	现场测试检查	
	5. 疏散通道、安全出口、消防车通道保持畅通	30	疏散通道、安全出口、消防车通道未保持畅通的，发现 1 处扣 30 分	现场检查	
	6. 单位应按要求的检查内容、频次、部位和人员组织开展防火巡查、检查，并填写相应的《防火巡查、检查记录》	30	未按要求的检查内容、部位和频次组织防火巡查、检查并完整记录，任 1 项不符合要求的，扣 30 分	查看资料	
	7. 消防控制室管理制度、应急程序及流程图的标牌应上墙；值班人员每班不少于 2 人；对消防控制室的设备运行情况是否进行每日检查，并认真填写《消防控制室值班记录》；值班操作人员是否熟知消防控制室管理及应急程序和设施设备操作方法	50	①消防控制室管理制度、应急程序及流程图的标牌未上墙的，缺 1 项扣 50 分； ②值班人员每班少于 2 人的，扣 30 分； ③每日未对消防控制室设备的运行情况进行检查或未如实填写检查记录的，扣 20 分； ④值班操作人员不熟悉应急处置程序和消防设施操作方法的，1 人扣 30 分	查看资料 现场提问	
	8. 电、气焊等明火作业应办理相关审批手续，确定现场消防安全监护人，并落实防护措施	10	①电、气焊等明火作业未办理相关审批手续的，扣 10 分； ②施工现场未确定现场消防安全监护人或未落实防护措施的，扣 10 分	查看资料 现场检查	
	9. 整改消除火灾隐患（40） 对发现能够立即消除的火灾隐患应立即整改并作好记录	5	未立即整改的，发现 1 处扣 5 分	查看资料 现场检查	

续表：

项 目	内 容		分值	标 准	方 法	得分
检查消除火灾隐患能力（200）	9. 整改消除火灾隐患（40）	对不能立即消除的火灾隐患，消防安全责任人或消防安全管理人应当制定整改计划，确定整改的措施、期限及负责整改的部门、人员，落实整改资金	20	①对不能立即消除的火灾隐患未制定整改计划，未确定整改措施、期限、人员、资金的，缺 1 环节扣 10 分 ②现场检查发现还存在火灾隐患的，1 处扣 20 分	查看资料 现场检查	
		在火灾隐患未消除前，应落实防范措施	10	未落实防范措施的，扣 10 分	查看资料 现场检查	
		火灾隐患整改完毕，消防安全管理人应当组织验收，并将整改情况记录报送消防安全责任人签字确认后存档备查	5	未组织火灾隐患整改情况验收的，扣 5 分	查看资料	
组织扑救初起火灾能力（200）	10. 建立志愿消防队伍，并明确职责分工		10	①未建立的，扣 10 分； ②无名册的，扣 10 分； ③未明确职责分工的，扣 10 分	查看资料 现场检查	
	11. 结合本单位特点，制订灭火和应急疏散预案，并根据制定的预案程序，定期组织灭火和应急疏散演练		40	①未制定预案的，扣 40 分； ②未结合本单位实际制定预案的，扣 30 分； ③未按规定定期开展消防演练并作好记录的，扣 40 分	查看资料（演练记录应提供图片）	
	12. 根据单位实际情况分级部署扑救力量 ①发生火灾时，起火部位现场员工即为初起火灾扑救第一灭火力量，应立即呼救并拨打“119”报警，按下手动火灾报警按钮或通知消防（控制室）值班人员，使用现场消火栓、灭火器等设施设备和器材扑救； ②消防控制室确认火灾后应立即拨打“119”报警，同时将消防主机打到联动位置，启动自动消防设备，开启应急广播，并启动灭火疏散预案，调度志愿消防队扑救火灾； ③志愿消防队应佩戴好防护装备、携带灭火器材、破拆工具，在 3 分钟内到达现场展开灭火行动		150	①未分级部署扑救力量的，扣 30 分； ②现场员工未立即呼救并拨打“119”报警的，扣 30 分；未立即按下手动火灾报警按钮或通知消防(控制室)值班人员的，扣 30 分；未使用现场消火栓、灭火器等设施设备和器材扑救的，扣 30 分； ③消防控制室确认火灾后未立即将消防主机打到联动位置的，扣 30 分；自动消防设施，应急广播等系统未启动的，1 项扣 20 分；未启动灭火疏散预案，调度志愿消防队扑救火灾的，扣 20 分；动作不熟练、迟缓的，扣 20 分； ④志愿消防队未在 3 分钟内到达现场的，扣 30 分；未佩戴好防护装备、携带灭火器材、破拆工具的，1 项扣 20 分； ⑤不清楚最近的消火栓、灭火器位置，不熟悉消火栓、灭火器具的使用或灭火动作不熟练的，扣 30 分	现场检查（随机设置火情，查看处置情况） 现场提问	
组织人员疏散逃生能力（200）	13. 明确火场疏散引导员		20	未明文确定疏散引导员或引导员确定不合理的，扣 20 分	查看资料 现场提问	

续表：

项目	内容		分值	标准	方法	得分
组织人员疏散逃生能力（200）	14. 人员密集场所消防安全重点单位应按规定配置应急疏散器材箱		80	①未按规定数量配置应急疏散器材箱的，发现 1 处扣 80 分； ②箱内器材配置品种、数量不足的，发现 1 处扣 30 分，扣完为止； ③应急疏散器材箱设置位置不合理的，1 处扣 20 分	现场检查	
	15. 员工应掌握逃生自救基本技能，熟悉逃生路线和引导人员疏散方法		20	①未掌握逃生自救基本技能，不熟悉逃生路线和引导人员疏散方法的，有 1 人即扣 20 分； ②员工不清楚本楼层有几个安全出口、疏散楼梯或不清楚最近的安全出口位置的，扣 20 分	现场提问（不少于 2 人）	
	16. 应按照下列程序实施人员疏散引导：		80	①使用扩音器、口哨等工具，通知人员疏散；使用移动疏散指示标志、荧光棒等引导疏散器材，组织人员携带毛巾、面罩等防护工具向最近的疏散通道、安全出口疏散； ②通过喊话、广播等方式，引导人员采取正确方法疏散逃生； ③搜索责任区域，组织未撤离人员疏散	现场检查（随机设置火情，查看处置情况）现场提问	
现场检查（随机设置火情，查看处置情况）现场提问	17. 人员培训（120）	消防控制室值班操作人员和电焊、气焊操作人员应经培训合格，持证上岗	50	①消防控制室值班操作人员未经培训合格持证上岗的，发现 1 人扣 50 分； ②电焊、气焊操作人员未经培训合格持证上岗的，发现 1 人扣 50 分	查看资料	
		消防安全责任人、消防安全管理人及消防安全专兼职管理人员应接受消防安全专门培训	20	未接受消防安全专门培训的，发现 1 人扣 20 分	查看资料	
		定期组织职工进行消防安全教育培训；新上岗和进入新岗位的员工应进行岗前消防安全教育培训，所有员工达到“三懂三会”要求	50	①单位未按期进行教育培训的，扣 50 分； ②未对新上岗和进入新岗位的员工进行岗前教育培训的，扣 30 分； ③员工达不到“三懂三会”要求的，每发现 1 人扣 30 分，扣完为止	查看资料 现场提问（不少于 2 人）	

项 目	内 容		分值	标 准	方 法	得分
现场检查（随机设置火情，查看处置情况）现场提问	18. 消防标识、标志（80）	通过广播、视频、张贴图画等方式开展消防宣传	20	未通过广播、视频、张贴图画等方式宣传“四个能力”及防火、灭火、疏散逃生等常识的，扣 20 分	现场检查	
		具有火灾、爆炸危险性的部位应设置警示标志、标识、提示； 安全出口、疏散通道设置提醒的标志、标识、提示； 消防设施、器材安放处设置使用方法的标志、标识、提示； 重点部位应设置醒目标志、标识、提示	60	具有火灾、爆炸危险性的部位未设置警示标志、标识、提示的，发现 1 处扣 20 分； 安全出口、疏散通道未设置提醒的标志、标识、提示的，发现 1 处扣 20 分； 消防设施、器材未设置使用方法的标志、标识、提示，发现 1 处扣 20 分； 消防安全重点部位未设置醒目标志、标识、提示的，扣 10 分； 消防水泵房未设置设备管理铭牌，显示阀门开闭状态标识、标牌的，扣 60 分	现场检查	
合计			850			

考评说明：

1. 单位的消防安全责任人消防安全职责：①贯彻执行消防法规，保证单位消防安全符合规定，掌握本单位的消防安全情况；②将消防工作与本单位的生产、科研、经营、管理等活动统筹安排，批准实施年度消防工作计划；③为本单位的消防安全提供必要的经费和组织保障；④确定逐级消防安全责任，批准实施消防安全制度和保障消防安全的操作规程；⑤组织防火检查，督促落实火灾隐患整改，及时处理涉及消防安全的重大问题；⑥根据消防法规的规定建立专职消防队、志愿消防队；⑦组织制订符合本单位实际的灭火和应急疏散预案，并实施演练。

2. 单位的消防安全管理人消防安全职责：①拟订年度消防工作计划，组织实施日常消防安全管理工作；②组织制定消防安全制度和保障消防安全的操作规程并检查督促其落实；③拟订消防安全工作的资金投入和组织保障方案；④组织实施防火检查和火灾隐患整改工作；⑤组织实施对本单位消防设施、灭火器材和消防安全标志的维护保养，确保其完好有效，确保疏散通道和安全出口畅通；⑥组织管理专职、志愿消防队；⑦在员工中组织开展消防知识、技能的宣传教育和培训，组织灭火和应急疏散预案的实施和演练；⑧定期向消防安全责任人报告消防安全情况，及时报告涉及消防安全的重大问题；⑨单位消防安全责任人委托的其他消防安全管理工作。

3．专兼职消防管理人员消防安全职责：①根据年度消防工作计划，实施日常消防安全管理工作；②制定消防安全制度和消防安全操作规程，并督促落实；③实施防火检查，督促火灾隐患整改；④督促对消防设施、器材和消防安全标志定期的完好有效情况进行检查和维修保养；⑤管理专职消防队、志愿消防队；⑥开展消防知识、技能的宣传教育和培训，制订灭火和应急疏散预案并组织消防演练；⑦及时向消防安全管理人报告消防安全情况；⑦单位消防安全责任人和消防安全管理人安排的其他消防安全管理工作。

4．各项消防安全制度：①消防安全宣传教育培训及灭火和应急疏散预案演练制度；②防火巡查、检查及火灾隐患整改制度；③安全疏散设施管理和消防设施、器材维护管理制度；④用火、用电安全管理、易燃易爆危险品和场所防火防爆、燃气和电气设备维护管理（包括防雷、防静电）制度；⑤消防（控制室）值班制度；⑥专职消防队、志愿消防队组织管理制度；⑧其他必要的消防安全制度。

5．各项消防档案：①消防管理组织机构和各级消防安全责任人、消防安全管理人、专兼职消防管理人员情况；②消防安全制度；③消防安全宣传教育培训、灭火和应急疏散预案及消防演练记录；④防火检查、巡查及火灾隐患整改记录；⑤消防设施定期检查和全面检测及维修保养记录，燃气和电气设备检测及维修保养（包括防雷、防静电）记录；⑥与消防安全有关的重点工种人员情况；⑦专职消防队、志愿消防队人员及消防装备配备情况。

6．“三懂三会”：懂本场所火灾危险性，懂火灾扑救方法，懂火灾预防措施；会报警，会使用灭火器材，会逃生自救。

7．特殊岗位：①消防控制室；②消防水泵房；③发电机房；④配电房。

表 I.2　特殊建设要求（公共娱乐场所）

项目	内容	分值	标准	方法	得分
安全疏散（40）	1. 在各楼层的明显位置应设置安全疏散指示图（楼层平面布置示意图），图上应标明疏散路线、安全出口、人员所在位置和必要的文字说明	15	①未在各楼层的明显位置设置安全疏散指示图（楼层平面布置示意图）的，发现 1 处扣 15 分； ②安全出口、疏散通道不畅通或不符合规定的，发现 1 处扣 15 分	现场检查	
	2. 门窗严禁设置影响排烟、逃生和灭火救援的障碍物	20	门窗设置影响排烟、逃生和灭火救援的障碍物的，发现 1 处扣 20 分	现场检查	
	3. 营业时场所内禁止超过额定人数	5	营业时场所内超过额定人数的，扣 5 分	现场检查	
消防安全管理（80）	4. 营业期间应至少每 2 小时进行 1 次防火巡查并作好记录	20	未开展 2 小时防火巡查的，扣 20 分	查看资料	
	5. 严禁使用聚氨酯等易燃可燃材料装修	10	使用聚氨酯等易燃可燃材料装修的，发现 1 处扣 10 分	现场检查	
	6. 营业结束后，岗位员工应消除遗留火种，切断营业场所的非必要电源	5	营业结束后，未消除遗留火种，切断营业场所的非必要电源的，扣 5 分	现场检查	
	7. 营业时间禁止进行设备维修、电气焊、油漆粉刷等施工、维修作业	5	营业时间进行设备维修、电气焊、油漆粉刷等施工、维修作业的，扣 5 分	现场提问	
	8. 严禁燃放烟花、使用明火演出、照明	10	燃放烟花、使用明火演出、照明的，扣 10 分	现场检查	
	9. 各种灯具距离周围窗帘、幕布、布景等可燃物不应小于 0.5m	10	各种灯具距离周围窗帘、幕布、布景等可燃物小于 0.5m 的，扣 10 分	现场检查	
	10. 禁止存放易燃易爆危险品，严禁使用液化石油气	10	①存放易燃易爆危险品的，扣 10 分； ②使用液化石油气的，扣 10 分	现场检查	
	11. 主要出入口处应设置“消防安全告知书”	10	未设置的，扣 10 分	现场检查	
消防设备配置及安全提醒（30）	12. 包房内应设置声音或视像警报，保证在火灾发生初期，将其画面、音响切换到应急广播和应急疏散指示状态	15	未设置的或不能自动切换的，扣 15 分	现场检查	
	13. 歌舞娱乐场所各卡拉 OK 厅、包房点歌系统应在开机时播放音视频，提示逃生常识及路线、消防设施、器材位置及使用方法等	15	未设置的或设置不具备考核内容之一的，扣 15 分	现场检查	
小计		150			

表 1.3 特殊建设要求（宾馆饭店）

项目	内容	分值	标准	方法	得分
安全疏散（50）	1. 在各楼层的明显位置应设置安全疏散指示图（楼层平面布置示意图），图上应标明疏散路线、安全出口、人员所在位置和必要的文字说明	20	①未在各楼层的明显位置设置安全疏散指示图（楼层平面布置示意图）的，发现 1 处扣 20 分； ②安全出口、疏散通道不畅通或不符合规定的，发现 1 处扣 20 分	现场检查	
	2. 客房疏散指示：旅馆的客房内应设置安全疏散指示图	10	客房内未设置安全疏散指示图的，扣 10 分	现场检查	
	3. 门窗严禁设置影响排烟、逃生和灭火救援的障碍物	20	门窗设置影响排烟、逃生和灭火救援的障碍物的，扣 20 分	现场检查	
消防安全管理（40）	4. 营业期间应至少每 2 小时进行 1 次防火巡查并作好记录	5	未开展 2 小时防火巡查的，扣 5 分	查看资料	
	5. 厨房、餐厅的燃油、燃气管道阀门无破损、泄漏；灶台、油烟罩和烟道至少每季度由专业清洗公司清洗一次	30	①燃油、燃气管道阀门破损、泄漏的，发现 1 处扣 10 分； ②灶台、油烟罩和烟道每季度未由专业清洗公司清洗一次的，扣 30 分	查看资料	
	6. 餐厅营业结束时，应切断非必要电源、关闭燃油、燃气阀门，遗留火源应有值班人员管理	5	餐厅营业结束时，未切断非必要电源、关闭燃油、燃气阀门，遗留火源无值班人员管理的，扣 5 分	现场检查	
消防设备配置及安全提醒（60）	7. 客房内应配备应急手电筒、防烟面具等逃生器材	15	客房内未配备应急手电筒、防烟面具等逃生器材的，缺一项扣 15 分	现场检查	
	8. 客房内应设置醒目的“请勿卧床吸烟”、“请勿乱扔烟头”、“离开房间请切断电源”等消防安全提示牌	5	客房内未设置消防安全提示牌的，扣 5 分	现场检查	
	9. 应在客房服务指南上提示消防安全	5	客房服务指南上无消防安全提示的，扣 5 分	现场检查	
	10. 客房内闭路电视应在开机时播放音视频，提示逃生技能及路线、消防设施、器材位置及使用方法等	20	未设置的，扣 20 分	现场检查	
	11. 电缆井、管道井禁止堆放物品	5	电缆井、管道井堆放物品的，扣 5 分	现场检查	
	12. 主要出入口处应设置“消防安全告知书”	10	未设置的，扣 10 分	现场检查	
小计		150		现场检查	

表 I.4　特殊建设要求（商场市场）

项目	内容	分值	标准	方法	得分
安全疏散（55）	1. 在各楼层的明显位置应设置安全疏散指示图（楼层平面布置示意图），图上应标明疏散路线、安全出口、人员所在位置和必要的文字说明	10	①未在各楼层的明显位置设置安全疏散指示图（楼层平面布置示意图）的，发现1处扣10分； ②安全出口、疏散通道不畅通或不符合规定的，发现1处扣10分	现场检查	
	2. 营业厅内柜台、货架布置不应影响疏散逃生，主疏散走道净宽度不小于3米，其他疏散走道的宽度不低于2米；当一层营业厅建筑面积小于500平方米时，主要疏散走道的净宽度不小于2米，其他疏散走道净宽度不小于1.5米	15	营业厅内柜台、货架布置影响疏散逃生或疏散通道宽度不足的，扣15分	现场检查	
	3. 疏散走道的地面上应设置视觉连续的蓄光型辅助疏散指示标志	10	疏散走道的地面上未设置视觉连续的蓄光型辅助疏散指示标志或设置不合理的，扣10分	现场检查	
	4. 门窗严禁设置影响排烟、逃生和灭火救援的障碍物	20	门窗设置影响排烟、逃生和灭火救援的障碍物的，扣20分	现场检查	
消防安全管理（110）	5. 营业期间应至少每2小时进行1次防火巡查并作好记录	5	未开展2小时防火巡查的，扣5分	查看资料	
	6. 营业结束时，应消除遗留火种，切断营业场所的非必要电源	5	营业结束时，未消除遗留火种，切断营业场所的非必要电源的，扣5分	查看资料	
	7. 防火卷帘下两侧各0.5米范围内禁止堆放物品	20	防火卷帘下两侧各0.5米范围内堆放物品的，扣20分	现场检查	
	8. 营业结束时中庭等部位防火卷帘应下降至地面	20	营业结束时中庭等部位防火卷帘未下降至地面的，扣20分	查看资料	
	9. 禁止在营业时间进行动火施工	10	在营业时间进行动火施工的，扣10分	现场检查	
	10. 建筑物间不应违章设置连接顶棚及占用防火间距的物品	10	建筑物间违章设置连接顶棚或占用防火间距物品的，扣10分	现场检查	
	11. 熟食加工区宜采用电加热设施，严禁使用瓶装液化石油气作燃料	15	使用瓶装液化石油气作燃料的，扣15分	现场检查	
	12. 熟食加工区的灶台、油烟罩和烟道应至少每季度清洗一次	15	未定期清洗的，扣15分	查看资料	
	13. 主要出入口处应设置“消防安全告知书”	10	未设置的，扣10分	现场检查	
小计		165			

表 I.5 特殊建设要求（医院、养老院、福利院）

项目	内容	分值	标准	方法	得分
安全疏散（60）	1. 在各楼层的明显位置应设置安全疏散指示图（楼层平面布置示意图），图上应标明疏散路线、安全出口、人员所在位置和必要的文字说明	10	①未在各楼层的明显位置设置安全疏散指示图（楼层平面布置示意图）的，发现1处扣10分； ②安全出口、疏散通道不畅通或不符合规定的，发现1处扣10分	现场检查	
	2. 应急疏散预案中宜根据人员行动能力、病情轻重等情况分类进行疏散，明确每类人员的专门疏散引导人员	15	未明确的，扣15分	查看资料	
	3. 门窗严禁设置影响排烟、逃生和灭火救援的障碍物	15	门窗设置影响排烟、逃生和灭火救援的障碍物的，扣15分	现场检查	
	4. 严禁在疏散通道设置影响疏散的床位等障碍物	20	在疏散通道设置影响疏散的床位等障碍物的，发现1处扣20分	现场检查	
消防安全管理（90）	5. 应当加强夜间防火巡查，每夜不少于2次	10	①未开展夜间防火巡查的，扣10分； ②每夜防火巡查不足2次的，扣5分	查看资料	
	6. 病房楼内严禁使用液化石油气瓶	10	病房楼内使用液化石油气瓶的，扣10分	现场检查	
	7. 病房内禁止使用非医疗电热器具	10	病房内使用非医疗电热器具的，扣10分	现场检查	
	8. 禁止在病房和走道存放氧气瓶	10	在病房和走道存放氧气瓶的，扣10分	现场检查	
	9. 应在病房楼醒目的位置设置消防安全知识资料取阅点供住院患者及其家属取阅	10	未设置消防安全知识资料取阅点的，扣10分	现场检查	
	10. 厨房、餐厅的燃油、燃气管道阀门无破损、泄漏；灶台、油烟罩和烟道应由专业清洗公司至少每季度清洗一次	30	①燃油、燃气管道阀门破损、泄漏的，发现1处扣10分； ②灶台、油烟罩和烟道每季度未由专业清洗公司清洗一次的，扣30分	查看资料	
	11. 主要出入口处应设置“消防安全告知书”	10	未设置的，扣10分	现场检查	
小计		150		现场检查	

表 1.6　特殊建设要求（高等学校）

项目	内容	分值	标准	方法	得分
安全疏散（40）	1. 在各楼层的明显位置应设置安全疏散指示图（楼层平面布置示意图），图上应标明疏散路线、安全出口、人员所在位置和必要的文字说明	10	①未在各楼层的明显位置设置安全疏散指示图（楼层平面布置示意图）的，发现1处扣10分； ②安全出口、疏散通道不畅通或不符合规定的，发现1处扣10分	现场检查	
	2. 教学楼、学生宿舍等应分别明确疏散引导员	10	教学楼、学生宿舍等未分别明确疏散引导员的，扣10分	查看资料	
	3. 门窗严禁设置影响排烟、逃生和灭火救援的障碍物	20	门窗设置影响排烟、逃生和灭火救援的障碍物的，扣20分	现场检查	
消防安全管理（80）	4. 应当加强夜间防火巡查，每夜不少于2次	10	①未开展夜间防火巡查的，扣10分； ②每夜防火巡查不足2次的，扣5分	查看资料	
	5. 宿舍严禁使用蜡烛、电炉、大功率加热电器等	20	宿舍使用蜡烛、电炉、大功率加热电器的，扣20分	现场检查	
	6. 宿舍均应设置用电超载保护装置	10	宿舍未设置用电超载保护装置的，扣10分	现场检查	
	7. 学校实验室应将储存的易燃易爆危险品的分类、性质、火灾危险性、安全及灭火措施等报送学校消防工作的归口管理职能部门	10	未报送的，扣10分	查看资料	
	8. 厨房、餐厅的燃油、燃气管道阀门无破损、泄漏；灶台、油烟罩和烟道至少每季度清洗一次	30	①燃油、燃气管道阀门破损、泄漏的，发现1处扣10分； ②灶台、油烟罩和烟道每季度未由专业清洗公司清洗一次的，扣30分	查看资料	
消防教育培训（50）	9. 应将消防安全知识纳入教学和培训内容	15	未将消防安全知识纳入教学和培训内容的，扣15分	现场检查	
	10. 在开学初、放寒（暑）假前、学生军训期间，应对学生普遍开展专题消防安全教育	10	在开学初、放寒（暑）假前、学生军训期间，未对学生普遍开展专题消防安全教育的，扣10分	查看资料	
	11. 对每届新生进行不低于4学时的消防安全教育和培训	5	未对每届新生进行不低于4学时的消防安全教育和培训的，扣5分	查看资料	
	12. 每学年至少举办一次消防安全专题讲座	10	未每学年至少举办一次消防安全专题讲座的，扣10分	查看资料	
	13. 应当至少确定一名熟悉消防安全知识的教师担任消防安全课教员，并选聘消防专业人员担任学校的兼职消防辅导员	10	未确定的，扣10分	查看资料	
小计		170		查看资料	

表 I.7 特殊建设要求（中小学校、托儿所、幼儿园）

项目	内容	分值	标准	方法	得分
安全疏散（45）	1. 在各楼层的明显位置应设置安全疏散指示图（楼层平面布置示意图），图上应标明疏散路线、安全出口、人员所在位置和必要的文字说明	10	①未在各楼层的明显位置设置安全疏散指示图（楼层平面布置示意图）的，发现1处扣10分； ②安全出口、疏散通道不畅通或不符合规定的，发现1处扣10分	现场检查	
	2. 教学楼、学生宿舍等应分别明确疏散引导员	15	教学楼、学生宿舍等未分别明确疏散引导员的，扣15分	查看资料	
	3. 门窗严禁设置影响排烟、逃生和灭火救援的障碍物	20	门窗设置影响排烟、逃生和灭火救援的障碍物的，扣20分	现场检查	
消防安全管理（65）	4. 应当加强夜间防火巡查，每夜不少于2次	10	①未开展夜间防火巡查的，扣10分； ②夜间防火巡查每夜不足2次的，扣5分	查看资料	
	5. 宿舍严禁使用蜡烛、电炉、大功率加热电器等	20	宿舍使用蜡烛、电炉、大功率电器的，扣20分	现场检查	
	6. 实验室应将储存的易燃易爆危险品的分类、性质、火灾危险性、安全及灭火措施等报送学校消防工作的归口管理部门	5	未报送的，扣5分	查看资料	
	7. 厨房、餐厅的燃油、燃气管道阀门无破损、泄漏；灶台、油烟罩和烟道至少每季度清洗一次	30	①燃油、燃气管道阀门破损、泄漏的，发现1处扣10分； ②灶台、油烟罩和烟道每季度未由专业清洗公司清洗一次的，扣30分	查看资料 现场检查	
消防教育培训（40）	8. 应将消防安全知识纳入教学内容	10	未将消防安全知识纳入教学内容的，扣10分	查看资料	
	9. 在开学初、放寒（暑）假前、学生军训期间，应对学生普遍开展专题消防安全教育	10	在开学初、放寒（暑）假前、学生军训期间，未对学生普遍开展专题消防安全教育的，扣10分	查看资料	
	10. 应组织学生到当地消防站参观体验	5	未按期组织学生参观体验的，扣5分	查看资料	
	11. 应至少确定一名熟悉消防安全知识的教师担任消防安全课教员，并选聘消防专业人员担任学校的兼职消防辅导员	10	未至少确定一名熟悉消防安全知识的教师担任消防安全课教员，并选聘消防专业人员担任学校的兼职消防辅导员的，扣10分	查看资料 现场提问	
	12. 应教育学生一旦发生火灾时应当选择的疏散逃生路线	5	无法回答的，扣5分	现场提问（不少于2名学生）	
小计		150			

表 1.8　特殊建设要求（物业服务企业）

项目	内容	分值	标准	方法	得分
安全疏散（20）	1. 确保物业服务区域的消防车道、公共通道、安全出口畅通，公共消防设施完好有效	20	未保持物业服务区域的消防车道、公共通道、安全出口畅通，公共消防设施完好有效，发现 1 处扣 20 分	现场检查	
消防安全管理（30）	2. 物业服务企业应在办公室、保安室配置一定数量的疏散引导、灭火、破拆器材	30	未配置疏散引导、灭火、破拆器材的，缺 1 项扣 10 分	查看资料 现场检查	
消防宣传培训（90）	3. 应在安全出口、疏散通道设置提醒的标志、标识、提示； 应在消防设施、器材安放处设置使用方法的标志、标识、提示	35	①未设置消防安全标志、标识、提示的，缺 1 项扣 10 分，扣完为止； ②消防水泵房的设备未设置管理铭牌、明确阀门开闭状态的，扣 35 分	现场检查	
	4. 物业服务企业应至少每年组织物业服务区域的业主、使用人、单位消防安全责任人、消防安全管理人、专兼职消防管理人员进行一次消防安全教育和培训	15	每年未组织物业服务区域的业主、使用人、单位消防安全责任人、消防安全管理人、专兼职消防管理人员进行一次消防安全教育和培训，缺 1 项扣 15 分	查看资料	
	5. 应组织制定符合物业服务区域实际的灭火和应急疏散预案，并按照预案，至少每半年组织本单位员工、业主和使用人进行一次演练	40	①未制定灭火和应急疏散预案的，扣 20 分； ②未每半年组织本单位员工、业主和使用人演练的，扣 20 分	查看资料	
小计		140			

表 1.9 人员密集场所一般单位四个能力建设自评表

项目	内容	分值	标准	方法	得分
检查消除火灾隐患能力（250）	1. 单位或场所的法定代表人或主要负责人及员工应明确消防安全职责，掌握本场所火灾危险性	50	单位或场所的法定代表人或主要负责人及员工不清楚场所火灾危险性及自身消防安全职责的，每发现 1 人扣 25 分，扣完为止	抽问主要负责人和 2 名员工	
	2. 单位员工每日班前、班后开展岗位消防安全检查；公众聚集场所营业期间每两小时开展防火巡查；对消防设施设备开展经常性检查，确保完好有效	50	①每日班前、班后未开展检查的，扣 50 分； ②未按要求开展检查巡查的，扣 50 分； ③消防设施设备未保持完好有效的，每发现 1 处扣 25 分，扣完为止	查看员工工作记录（无记录的现场提问），在班前、班后应该注意哪些消防安全事项以及检查情况	
	3. 通过检查巡查及时发现火灾隐患，并及时确定整改措施、落实资金、防范措施并整改到位	150	①营业期间疏散通道、安全出口不畅通的，扣 150 分；实地检查发现其他火灾隐患的，发现 1 处扣 50 分，扣完为止； ②发现火灾隐患未确定整改措施、未及时落实资金、防范措施的，发现 1 处扣 50 分，扣完为止	现场检查 查看资料	
组织扑救初起火灾能力（250）	4. 员工应熟悉室内消火栓、灭火器位置，并掌握室内消火栓、灭火器等消防设施器材使用方法，懂得初起火灾扑救方法	250	①不清楚其最近的消火栓、灭火器位置的，每发现 1 人扣 100 分，扣完为止； ②不懂操作室内消火栓、灭火器的，发现 1 人扣 150 分，扣完为止	现场随机抽问不少于 2 名员工，并实地演示	
组织人员疏散逃生能力（250）	5. 员工掌握火场逃生基本技能，熟悉逃生路线和引导人员疏散程序	100	①不熟悉本场所的安全出口数量或最近安全出口位置的，每发现 1 人扣 100 分，扣完为止； ②不熟悉逃生技巧、路线的，每发现 1 人扣 100 分，扣完为止； ③不懂如何引导人员疏散的，每发现 1 人扣 100 分，扣完为止	现场随机抽问不少于 2 名员工	
	6. 场所应按规定配备应急疏散器材	150	①未按规定数量配备应急疏散器材的，扣 100 分； ②应急疏散器材中未按规定配备应急疏散器材的，少 1 项扣 50 分，扣完为止	现场检查应急疏散器材箱及箱内器材	
消防宣传教育培训能力（250）	7. 单位或场所根据自身特点设置提示性和警示性标语、标识	150	未按要求设置的，每发现一处扣 50 分，扣完为止。	现场检查	
	8. 员工熟练掌握向公安消防队报告火警的基本方法、内容和要求	100	不懂报告火警的基本方法、内容和要求的，发现 1 人扣 100 分，扣完为止	现场随机抽问不少于 2 名员工	
合计		1 000			

注：属于公共娱乐场所、宾馆（饭店）、商场（市场）、医院（福利院、养老院）、高等学校、中小学校（托儿所、幼儿园）及物业服务企业的消防安全重点单位，验收成绩 = 一般建设要求验收得分 + 特殊建设要求验收得分。其他消防安全重点单位不涉及的验收项目，以缺项处理，在得分栏中填写“不涉及”，验收得分 = 实际得分 ×1000/（1000 － 缺项分之和）。属人员密集场所的一般单位按《人员密集场所一般单位四个能力建设自评表》打分。四个能力建设考核验收评定分 A、B、C、D 四个等级，900 分以上为 A 级单位，700 ～ 899 分为 B 级单位，600 ～ 699 分为 C 级单位，599 分以下为 D 级单位。A、B、C 级为达标单位，D 级为不达标单位。

参考文献

[1] 公安部令第 61 号. 机关、团体、企业、事业单位消防安全管理规定.

[2] GB 13495 消防安全标志.

[3] GB 15630 消防安全标志设置要求.

[4] GA 654—2006 人员密集场所消防安全管理.

[5] GA 767—2008 消防控制室通用技术要求.

附 录 9

灭火应急疏散预案及演练实例

XXX公司

灭火和应急疏散预案卷

预案编号：01

实施日期：XXXX年XX月

签 发 人：XXX

自　年　月至　年　月	保管期限	长期
本案(卷)共　卷(册) 第　卷(册)　共　页	立卷单位	XX店

全宗号	类别号	目录号	案卷号

引 言

为加强人员密集场所类的消防安全工作，提高单位职工对突发火灾事故的快速反应能力及处置能力，维护工作人员及单位内部的人身、财产安全。根据《中华人民共和国消防法》、《机关、团体、企业、事业单位消防安全管理规定》和社会单位“四个能力”工作建设要求，结合本单位实际，特制定本预案。

一、单位概况

（一）基本情况

建筑概况	建筑名称	×× 大厦	单位地址	海淀区 ××	联系人及电话	××
	占地面积	3 600 平方米	建筑面积	8 000 平方米		
	建筑层数	6	建筑高度	40 米	耐火等级	一级
	每层防火分区数量	4	最大防火分区面积	2 000	日均人 及车流量	2 000 300
	南北进深宽度	35	东西进深宽度	102.8	建筑东面	公交总站
	建筑南面	××	建筑西面	××	建筑北面	××
建筑功能分区情况	楼层	面积	使用	基本情况		
	一层	800 平方米	正常	接待台及供顾客等候处		
	五层	3 600 平方米	正常	包厢 64 间		
	六层	3 600 平方米	正常	包厢 48 间，厨房		

（二）建筑固定消防设施

	类别		基本情况
固定消防设施情况	消防水源	室内消火栓（单位内）	单位内消火栓共 26 只，分布在四周，范围为 25 米。由市政供水，消防水池容量为 540 立方米，常压大于 0.3 兆帕
		室外消火栓	周边 20 平方米内共有 6 个室外消火栓，市政供水
		消防水池	在地下室设置消防水池一个，消防水池用水市政管网引入，地下消防水池容量为 540 立方米，屋顶水池容量为 18 立方米
	自动消防设施	喷水灭火系统	喷淋泵房设置于地下，保护面积可达到 5 万平方米，共有 536 个喷淋头
		自动报警系统	配置消防报警系统 4 台，共装点位 8 483 个、共装烟温感 2 262 个（烟感 1 541 个、温感 721 个）、手动报警按钮 132 个，电源采用双电源供电，由两路供电所提供电力支持
		防排烟系统	配置排烟风机 23 台，机械防烟送风量。15 000（立方米 / 小时），机械排烟排烟量 623 200（立方米 / 小时）
		水幕系统	配置 250 千瓦水幕泵四台，三用一备，出水流量为 210 升 / 秒，扬程 78 米，出水口管径为 450 毫米。水幕系统主要用于防火分区及中庭防火分隔
		防火卷帘分隔	配置防火卷帘 12 樘，主要用于中庭的防火分隔
		水泵接合器	配置水泵结合器 10 只
		消防泵	配置消火栓泵两台，一用一备，功率 55 千瓦，出水流量为 40.4 升 / 秒
		疏散楼梯	共设疏散楼梯 5 部，通往楼梯的门均采用甲级防火门（原经专家论证）
		安全出口	可直接通往建筑外围的有 6 个出口，一层 2 个。5 层、 6 层各 6 个
		消防控制室	消防控制室设置在主楼 1 层，设置楼层显示器，配置视频监控及无线对讲机

（三）出入口线路

名称	具体位置	可达区域
1 号通道	各楼层 A 区，电梯口对面	楼北侧，由大厅正门出去
2 号通道	各楼层 A、D 区	楼北侧，A、D 区可直接至建筑外围
3 号通道	楼层 D 区	楼北侧，各楼层 D 区可直接至建筑外围
4 号通道	货梯口对面，楼层 C 区	楼南侧，各楼层 C 区及厨房可直接至建筑外围
5 号通道	楼层 B 区	楼南侧，可直接至建筑外围

（四）各区疏散出口数和总净宽

防火分区	疏散出口数	各区疏散出入口总净宽 / 厘米
一层	2	360
A 区	1	180
B 区	1	180
C 区	1	180
D 区	2	360

二、术语

（一）应急预案

针对可能发生的事故，为迅速、有序地开展应急行动而预先制定的行动方案。

（二）应急准备

针对可能发生的事故，为迅速、有序地开展应急行动而预先进行的组织准备和应急保障。

（三）应急救援

在应急响应过程中，为消除、减少事故危害，防止事故扩大或恶化，最大限度地降低事故造成的损失或危害而采取的救援措施或行动。

（四）灭火

在火灾过程中实施救援、延迟火灾发展以及其他一些减少火灾蔓延的行动。

（五）疏散

在紧急情况下有计划撤离事故现场的方式。

（六）第一灭火救援力量

失火现场单位员工在第一时间内形成的灭火救援力量。

（七）第二灭火救援力量

火灾确认后，单位按照灭火和应急救援预案，组织员工形成的灭火救援力量。

三、组织机构及职责

（一）指挥网络

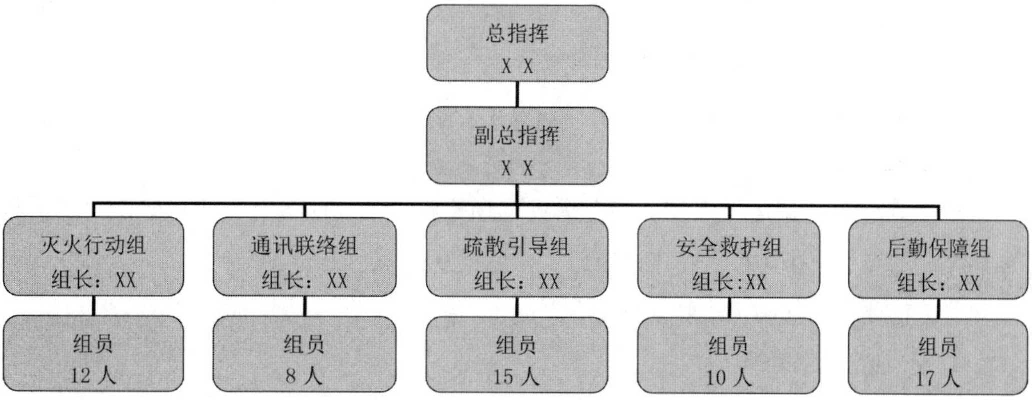

（二）指挥机构及职责

1. 总指挥

负责启动灭火和应急救援疏散预案，向外界求援和新闻发言人。

2. 副总指挥

协助总指挥做好指挥工作，为各行动小组下达具体命令。

3. 灭火行动组

① 主要任务：佩戴个人防护装备，接到火灾报警后迅速赶赴现场，使用灭火器、消火栓等消防设施进行灭火。

② 工作要求：检查个人防护装备是否完好，力争把火灾消灭在初起阶段，尽最大

努力避免人员伤亡、减少财产损失。

4. 通讯联络组

① 主要任务：迅速报告“119”接警中心，准确反映情况。开启应急疏散广播系统，利用喇叭、电话、对讲机等通讯设备及时沟通联络，力争把人力、物力用在最关键的地方。

② 工作要求：及时、正确使用应急疏散广播系统，确保灭火指挥机构通讯联络畅通、指挥正确及时。

5. 疏散引导组

① 主要任务：迅速开启公司疏散通道大门，组织人员从疏散通道有序撤离火灾现场。对逐个房间进行排查，确认无被困人员后，工作人员方可撤离。安全区域负责人及时对疏散出的人员进行清点，将情况上报总指挥及公司领导。

② 工作要求：听从指挥，有序疏散引导被困人员撤离火灾现场，疏散人员情况及时、准确上报。

6. 安全防护救护组

① 主要任务：负责火灾现场外围安全警戒，防止无关人员进入火场，设立救护站，携带急救药品、器材，根据火灾现场伤员情况进行医疗救护，与“119”、“120”、“999”急救中心联系，将伤势较重人员转送医院。

② 工作要求：掌握简单急救方法，做好火灾现场防护救护工作。

7. 后勤保障组

① 主要任务：调运灭火物资，对火灾现场抢救出的物品进行妥善保管，对贵重和危险物品要派专人看管并逐件登记造册，以免重复损坏、丢失。

② 工作要求：保障灭火物资充足。

（三）应急指挥部设置

应急指挥部设在 ×× 大厦消防控制室。

四、灾情设置

（一）重点火灾危险源分析

火灾特点：

1. 燃烧猛烈，蔓延迅速

由于公共娱乐场所可燃物多，一旦发生火灾处理不当，火势会迅速发展，并造成扩大蔓延。

2. 人员密度大，易造成群死群伤

建筑封闭较严，发生火灾产生大量的浓烟和有毒气体迅速扩散，火灾时室内人员惊慌一团，秩序混乱，出入口堵塞或因对出入口不熟悉，相对集中的人员短时间内无法逃离火场，易造成大量的人员中毒或窒息死亡，或互相踩踏造成人员伤亡。

3. 扑救难度大，损失大

多数公共娱乐场所位于城市繁华地带，并附设在宾馆酒店甚至是地下建筑内。发生火灾后若不能及时控制初起火灾，可能发展形成立体火灾或大面积火灾。内部由于浓烟、高温不易扩散，结构复杂，因此被困人员多，给灭火、救人带来了很大难度。

（二）灾情等级设置

按照火灾事件的性质、严重程度、可控性和影响范围等因素将预案分成 4 级，特别重大的是Ⅰ级、重大的是Ⅱ级、较大的是Ⅲ级、一般的是Ⅳ级，并分别以红色、黄色、橙色、蓝色为标识。

（三）力量调集设置

① Ⅳ级火情，1 分钟内形成由起火部位现场员工组成的第一灭火力量；

② Ⅲ级火情，3 分钟内形成由灭火和应急疏散预案规定的各行动小组组成的第二灭火力量；

③ Ⅱ级火情，5 分钟内由一个公安消防队组成的第三灭火力量；

④ Ⅰ级火情，10 分钟内由两个或两个以上公安消防队形成的第四灭火力量。

五、灭火应急疏散的程序和方法

（一）扑救初起火灾的程序和措施

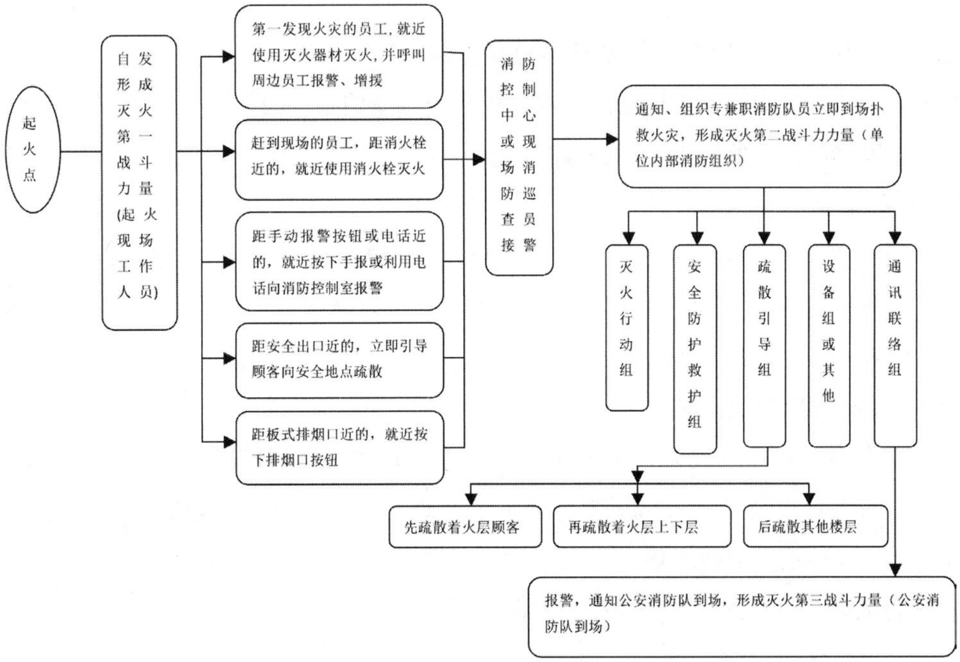

1．灭火第一战斗力量形成（1 分钟处置程序）

① 任何人员发现火灾应立即报警并呼喊附近员工参与灭火救援；

② 火灾现场或附近区域的工作人员（包括失火楼层的服务员、安保人员、巡查人员、管理人员等）应立即赶往失火地点，自发组成志愿消防队即“灭火救援第一战斗力”，哪里发生火灾，就在哪里形成第一战斗力量，开展初期火灾的报警、扑救和人员疏散。具体任务要求是：①火灾报警按钮或电话附近的员工，立即摁下按钮或拨打电话通知消防控制室或值班人员；②消防设施、器材附近的员工，使用消火栓、灭火器等设施器材灭火；③疏散通道或安全出口附近的员工，引导人员疏散。

2．灭火第二战斗力量形成（3 分钟处置程序）

火灾确认后，单位消防控制室或单位值班人员能立即启动灭火和应急疏散预案，在 3 分钟内形成第二灭火力量，采取如下措施：

① 通讯联络组按照灭火和应急疏散预案要求通知员工赶赴现场，与公安消防队保持联络，向火场指挥员报告火灾情况，将火场指挥员的指令下达有关员工；

② 灭火行动组根据火灾情况使用本单位的消防设施、器材，扑救初起火灾；

③ 疏散引导组按分工组织引导现场人员疏散；

④ 安全救护组协助抢救、护送受伤人员；

⑤ 现场警戒组阻止无关人员进入火场，维持火场秩序。

3．灭火第三战斗力量形成（5 分钟处置程序）

公安消防队到达现场后形成“灭火救援第三战斗力”。第二战斗力量应协助第三战斗力量工作。

4．灭火第四战斗力量形成（10 分钟处置程序）

两个以上公安消防队到达现场后形成“灭火救援第四战斗力”。

（二）报警和接警处置程序和措施

1．报警程序

任何部门和人员发现火灾，应立即向本单位消防控制中心（单位内部报警电话：×××，保卫处值班室电话：×××）和“119”消防队报警。报警要沉着冷静，应讲清以下内容（特别是向“119”报警时）：

① 失火场所的准确地理位置；

② 尽可能地说明失火现场的基本情况，如起火时间、燃烧特征、火势大小、有无被困人员、有无重要物品、失火周围有何重要建筑、行车路线、消防车和消防队员如何方便地进入或接近火灾现场等；

③ 报警人姓名、住址、工作单位、联系电话；

④ 耐心回答接警人员询问。

2. 接警处置程序

本单位消防控制中心在接到报警后，应立即按照《消防控制室管理及应急程序》处置：

① 接到报警，值守人员通过视频监控并通知巡查人员、报警区域的楼层值班、工作人员迅速赶到起火点证实，现场人员确认火灾后及时报告消防控制中心；

② 接到确切的报警后，要立即启动固定消防系统，如自动喷淋、防排烟风机、防火卷帘等，切断非消防电源，开起事故广播系统，依照烟、火蔓延和扩散威胁严重程度，区分不同区域层次顺序，逐区域通知，并沉着、镇静地指明疏散路线和方向；

③ 再次拨打“119”电话报警，并及时通知本单位消防应急指挥领导；

④ 履行消防通讯组职能，指派专人到商场附近的主要道口，迎接并引导消防车快捷到达火灾现场。

（三）应急疏散的组织程序和措施

1. 应急疏散的组织程序

火灾发生时，疏散引导员应通过喊话、广播等方式，按照以下顺序通知人员疏散：

（1）二层及以上的楼房发生火灾，应先通知着火层及其相邻的上下层；

② 首层发生火灾，应先通知本层、二层及地下各层；

③ 地下室发生火灾，应先通知地下各层及首层；

④ 多个防火分区的，应先通知着火区及其相邻的防火分区。

2. 应急疏散的措施

① 疏散引导组在发生火灾时，先疏散被火势围困的顾客，然后再进行火势周围的物资疏散，同时要注意疏散人员自己的安全。疏散后的物资要放在不影响消防通道和远离火场的安全地点。

② 疏散引导人员时要不断用手势和喊话的方式引导稳定人员的情绪，维护秩序。如：对周围惊惶失措的人喊“请往那边走，那里安全”，并正确指示疏散方位；或大声呼喊“请跟我走”，带领他们到达安全地带。

③ 引导人员疏散应首先利用距着火部位最近的防烟楼梯，其次利用未被烟火侵袭的普通楼梯，或其它能够回到安全地点的途径，将人流按照快捷合理的疏散路线引导到场外。疏散引导组人员应逐层（逐个房间）检查，以防疏漏人员。

④ 消防队到达火场后，应听从公安消防人员的指挥进行疏散工作。

（四）通讯联络、安全防护救助及后勤保障的程序和措施

1．通讯联络组（由消防控制室兼负）

① 通讯联络组接到火警后，立即通知商场消防应急指挥部及各行动小组到达火灾现场；

② 根据总指挥的要求，将停电、供水、车辆调配、灭火措施等指令传达到火灾现场的各行动小组；

③ 将火场的进展情况及时反馈，保障火灾现场与外界的信息畅通和寻求相邻单位支援的联络工作。

2．安全防护组

① 安全防护组接到火警后，应快速赶到火灾现场、进行现场保护、控制局面，同时控制车辆和无关人员进入火场，并迅速通知有关人员清理火场周围停放的车辆远离火场；

② 火灾扑灭后，要全面检查现场，消灭遗留火种，并派人保护好火灾现场，等待公安消防部门的监督检查与鉴定，并协助对火灾事故进行调查。

3．后勤保障组

① 根据火灾现场情况，及时补充调运灭火物资；

② 对现场抢救出的物品进行妥善保管，对贵重和危险物品派专人看管，并逐件登记造册，以免重复损坏、丢失；

③ 发生火灾时，要保证道路畅通，保证水源充足。

六、预案的培训

（一）培训的目的

通过培训，可以发现应急预案的不足和缺陷，并在实践中加以补充和改进。通过培训，可以使培训人员了解火灾发生后如何去做以及如何协调各应急部门人员的工作等。

（二）培训的范围

培训的范围包括：人员密集场所单位的消防安全责任人、消防安全管理人、专兼职消防安全管理人及单位员工。

（三）培训的内容

预案的培训应使参与应急救援行动的所有相关人员了解和掌握识别危险、采取必要的应急措施、启动紧急警报系统、安全疏散人群等基本操作。同时，培训要加强与灭火操作有关的训练，强调不同应急水平和注意事项等内容。具体培训内容有：

1. 报警

① 使应急人员了解并掌握如何利用身边工具最快最有效地报警，例如使用移动电话、固定电话、无线电、网络或其他方式报警；

② 使应急人员熟悉发布紧急情况通告的方法，如使用警笛、警铃、电话或广播等；

③ 当火灾发生后，为及时疏散火灾现场的所有人员，应急人员应掌握在现场贴发警示标志的方法。

2. 疏散

为避免火灾中不必要的人员伤亡，培训应使应急人员在火灾现场安全、有序地疏散被困人员或周围人员。对人员疏散的培训主要在应急演习中进行，通过演习还可以测试应急人员的疏散能力。

3. 火灾应急培训

要求应急人员必须掌握必要的灭火技术以便在火灾初期迅速灭火，降低或减少导致灾难性事故的危险，掌握灭火装置的识别、使用、保养和维修等基本技术。

×× 公司
下半年消防演练方案

一、演练的目的

1. 检验各级消防安全责任人、各职能组和有关人员对灭火和应急疏散预案内容、职责的熟悉程度。

2. 检验人员安全疏散、初期火灾扑救、消防设施使用等情况。

3. 检验本单位在紧急情况下的组织、指挥、通讯、救护等方面的能力。

4. 检验灭火应急疏散预案的实用性和可操作性。

二、演练的类型

此次演练采取现场实施的综合演练方式进行，通过演练检验指挥部的指挥、协调和救援队的救援能力及其配合情况，各种保障系统的完善情况等。

三、演练时间、地点和参演单位

时间：2010 年 9 月 20 日 9 时 00 分

地点：×× 店五层自助吧

参演单位：×× 店、×× 大厦、×× 消防中队

四、演练指挥机构及人员组成

总指挥：店长 ××

副指挥：消防经理 ××

机构成员：××、××、××、××、××

（一）灭火行动组（共 12 人）

××（组长）××（副组长）

××

主要任务：佩戴个人防护装备，接到火灾报警后迅速赶赴现场，使用灭火器、消火栓等消防设施进行灭火。

工作要求：检查个人防护装备是否完好，力争把火灾消灭在初起阶段，尽最大努力避免人员伤亡、减少财产损失。

（二）通讯联络组（共 8 人）

××（组长） ××（副组长）

××

主要任务：开启应急疏散广播系统，利用喇叭、电话、对讲机等通讯设备及时沟通联络，力争把人力、物力用在最关键的地方。

工作要求：及时、正确使用应急疏散广播系统，确保灭火指挥机构通讯联络畅通，指挥正确及时。

（三）疏散引导组（共 15 人）

××（组长） ××（副组长）

××

主要任务：迅速开启公司疏散通道大门，组织人员从疏散通道有序撤离火灾现场。

对逐个房间进行排查，确认无被困人员后，工作人员方可撤离。安全区域负责人及时对疏散出的人员进行清点，将情况上报总指挥及公司领导。

工作要求：听从指挥，有序疏散引导被困人员撤离火灾现场，疏散人员情况及时、准确上报。

（四）安全防护救护组（共 10 人）

××（组长）××（副组长）

××

主要任务：负责火灾现场外围安全警戒，防止无关人员进入火场，设立救护站，携带急救药品、器材，根据火灾现场伤员情况进行医疗救护，与“120”、“999”急救中心联系，将伤势较重人员转送医院。

工作要求：掌握简单急救方法，做好火灾现场防护救护工作。

（五）后勤保障组（共 17 人）

××（组长） ××（副组长）

××

主要任务：调运灭火物资，对火灾现场抢救出的物品进行妥善保管，对贵重和危险物品要派专人看管并逐件登记造册，以免重复损坏、丢失。

工作要求：保障灭火物资充足。

五、模拟火情设置

假设：2010 年 9 月 20 日 9 时，×× 店五层自助吧内由电器设备引起火灾，火势不断蔓延扩大，消防控制室接到报警信号，确认火警，拨打“119”电话报警，立即切断非消防电源，启动消防设施和灭火应急疏散预案，展开自救。

六、演练处置程序

（一）报警和接警的处置程序

1．报警程序

×× 发现火灾后，立即拨打“ 119 ” 报警，揿下附近的火灾报警按钮，通知消防中控室。报警时，应讲清楚以下情况：

海淀区 ×× 店发生火灾，地址在海淀区 ×× 大街 ×× 号，燃烧物为电器设备，楼内有被困人员，姓名 ××，联系电话 ××。

2．接警程序

×× 大厦中控室接到火灾报警，消防控制室必须立即将火灾报警联动控制开关转入自动状态（处于自动状态的除外），通知灭火行动组人员前往着火层。并将火灾情况迅速报告店长 ××。店长 ×× 接到报警后，立即启动单位内部灭火和应急疏散预案，组织初起火灾的扑救和人员疏散工作。

（二）1 分钟处置程序和措施

×× 发现火灾后，应立即呼救并拨打“119”电话报警，起火部位现场 ×× 在 1 分钟内形成由在场员工组成的第一灭火力量，采取如下措施：

×× 先负责报警，通知中控室，然后使用灭火器扑救火灾，扑救时背诵灭火器使用方法；

×× 寻找最近的灭火器直接扑救火灾，扑救时背诵使用方法；

火灾现场的 ×× 负责疏散周围客人，×× 疏散通道附近人员。

（三）3 分钟处置程序和措施

1. 火灾确认后，立即启动灭火和应急疏散预案，在 3 分钟内形成由消防控制室或单位值班人员组成的第二灭火力量，采取如下措施。

① 值班经理 ×× 赶到火灾现场，进行指挥工作。命令通讯联络组、灭火行动组、疏散引导组、安全救护组、后勤保障组采取行动。

② 通讯联络组组长 ×× 通知 ×× 与公安消防队保持联络并做好迎接消防车的准备，×× 向火场指挥员报告火灾情况，将火场指挥员的指令下达有关员工。

③ 灭火行动组组长 ×× 带领组员 ×× 使用东侧消火栓扑救火灾。

④ ×× 负责连接水枪、水带，连接时说出动作要领，×× 负责协助，并开启消火栓阀门，拉直水带，进行灭火。打开消火栓并取出消防水带用力甩出，接好消防接口处和消防喷头，消防接口处队员收到信息后，迅速打开消防水龙头开关（消防水带勿必笔直无褶皱）。

⑤ 疏散引导组组长 XX 负责指挥组员 XX 引导现场人员疏散，XX 负责安全出口、疏散通道，采用蹲姿不停晃动手电筒指引客人从安全出口离开。XX 确认房间内无人后应关闭房门，在房门上做记号。与客人说明目前 5 楼自助吧发生火灾请遵从工作人员指挥离开（注意要将包厢门打开，同时取出白毛巾捂住口鼻）。火灾发生时，疏散引导员应通过喊话、广播等方式，通知五层、六层客人，XX 要不断用手势和喊话的方式引导稳定人员的情绪，维护秩序。如：对周围惊惶失措的人喊“请往那边走，那里安全”，并正确指示疏散方位；或大声呼喊“请跟我走”，带领他们到达安全地带，不能乘坐电梯。

⑥ 安全救护组组长 XX 带领 XX 到五层 503 房间抢救受伤人员，对伤员进行包扎急救，抬出大楼。XX 负责联系“120”急救中心，将伤者送往医院。

⑦ 后勤保障组组长 XX 带领 XX 负责现场警戒，在停车场入口设置警戒带，阻止无关人员进入火场，维持火场秩序。

2.XX 大厦

大厦同步启动相应消防设施的联动状态，包括防排烟风阀、风机、消防广播、电梯归首、消防泵、卷帘门、切断非消防电源。大厦设备组人员于着火楼层一层电梯厅、消防泵房、配电室就位。

① 大厦工程部专业人员接到指令后迅速赶赴相应岗位开展工作。

② 根据指令进行相关设备的操作，保证消防用电供应，确保切断火灾层非消防动力和照明电源，根据火情扩展切断全楼非消防电源。

③ 保证消防电梯正常运行，其他电梯停止运行。

④ 监控中心远程启动消防泵和喷淋泵，如远程无法启动，设备组对消防泵进行倒泵或现场启泵，确保消防供水。

⑤ 大厦警戒组人员就位于与着火点相近的一层各步行梯外。

⑥ 维护现场秩序，确保消防车辆准确、快速停泊在有利地点展开灭火工作。方便为公安消防队指引室外消防栓和室外水泵结合器位置。

3. 消防队灭火救援

消防队接到报警，立即出动。到达火灾现场后，询问火场情况，根据人员被困情况及火势发展状况下达作战命令，抢救被困人员，迅速扑救火灾。

七、演练要求

① 参演公司和人员要统一思想、提高认识、认清演练的重要性。

② 加强组织领导，全体参演人员要明确职责任务，熟悉各自岗位和演练程序，做好充分准备，保证演练安全、顺利进行。

③ 服从命令，听从指挥，密切协作，确保演练任务的完成。

八、讲评和总结

演练后副指挥 XX 集合演练人员进行演练后的讲评。

总指挥 XX 要对整体演练情况进行总结，总结内容要整理成资料存档，并上报上级部门。总结报告内容如下：

① 通过演练发现的主要问题。

② 对演练准备情况的评价。

③ 对预案有关程序、内容的建议和改进意见。

④ 对训练、器材设备方面的改进意见。

⑤ 演练的最佳顺序和时间建议。

⑥ 对演练情况设置的意见。

⑦ 对演练指挥机关的意见等。